하늘을 향한
모든 종교는 하나다.

80 노교수가
우리들에게 보내는 메시지

김원경 지음

도서출판 신서원

하늘을 향한
모든 종교는 하나다.
80 노교수가 우리들에게 보내는 메시지

2007년 7월 20일 초판1쇄 인쇄
2007년 7월 30일 초판2쇄 발행

지은이 · 김원경

펴낸이 · 임성렬

펴낸곳 · 도서출판 신서원

서울시 종로구 교남동 47-2 협신빌딩 209호

전화 : 02)739-0222·3 팩스 : (02)739-0224

메일 : sinseowon@korea.com

등록 : 제1-1805(1994.11.9)

ISBN · 978-89-7940-057-1

신서원은 부모의 서가에서 자녀의 책꽂이로
'대물림'할 수 있기를 바라며 책을 만들고 있습니다.
잘못된 책은 연락주세요.

책머리에

"나는 무엇인가?"
"나는 지금 어디에 서 있는가?"
나는 스스로에게 이런 자문自問을 한다. 자문이라기보다는 오히려 자책自責이요, 힐난詰難이다.
나는 많이 살아왔다. 그러나 나는 대부분 삶의 헤맴 속에서 보냈다. 젊은 날에는 "공부란 무엇인가?" 속에서 헤매었고 대학강단에서는 '학문과 나', '삶과 나' 속에서 헤매었으며 정년이 되어 강의실, 그 연구실의 휘장을 내리고 나의 서재에 돌아와서는 "나는 지금 어디에 서 있는가?" "나의 하늘은 무엇인가?" 그런 초조와 불안·회의 속에서 방황하고 있다.
나는 나이를 먹었다.
그런데 인생을 헤맨다.
'종심소욕 불유구從心所欲 不踰矩'
옛날 성인들은 나이 70이 되면 마음먹은 대로 행해도 법도法度나 도리道理에 어긋나지 않는다고 했다. 그런데 나는 이 나이를 벌써 지났는데도 '삶의 하늘' 속에 헤매고 '하늘' 그리고 '나' 속에서 헤맨다.
나는 '하늘'이란 말을 자꾸만 한다.
'하늘' 그리고 '삶과 나!'
이 속에서 나는 무엇인가?
나는 하늘을 얼마나 알고 있는가! 옛 성자는 또 "나이 50을 넘으면 천명天命을 안다"고도 했다.

  '지천명知天命'

  하늘의 '명命'이 무슨 뜻인가?

  성자들은 이를 하늘의 도道, 우주의 법도法度라 했다. 하늘에는 뜻이 있고 길이 있다고 했다. 그러나 그 하늘의 천도天道는 인도人道이며 '사람의 참다운 길이 곧 하늘의 길', '인내천人乃天'이라 했다.

  나는 사람의 길, 그 하늘의 명命을 얼마나 알고 있나?

  사람들은 '사람이 사람다워지는 것'을 '철이 난다'고 한다. 나는 철이 없다. 천명이란 사람의 철인지도 모른다. 그러니까 헤매는 것이 아닌가? 동양의 성자들은 '하늘의 뜻'을 섬기고 '사람의 참'을 두드리는 마을을 '예禮'라 했고, '성誠'이라 했다.

  철이 나는 것은 예를 아는 것이며, 신神을 섬기는 마음이요, 하늘의 명命에 따르는 마음, 나아가서 하늘의 도道에 귀의歸依하는 신앙심이라 했다. 사람이 헤매는 것은 예禮가 닦아지지 않아서 그런 것이 아닌가? 지성이 모자라면 영혼을 닦을 수가 없다고 했다.

  '명명상천 조림하토明明上天 照臨下土', '명명재하 혁혁재상明明在下 赫赫在上' "하늘이 내려다본다." "하늘은 빛이다." 나는 동양고전에 나오는 이러한 하늘에 대한 표현을 중시한다.

  '호천성명昊天成命'

  '화성천하化成天下'

  '순호천順乎天'

  '응호인應乎人'

  생각건대 하늘은 거대한 창조創造와 질서秩序, 영원한 우주의 섭리자攝

理者와 주재자主宰者이다. 그 도道와 명命은 만물의 생명의 법칙, 사람의 삶의 영원한 진리와 빛이다. 사람은 이 진리의 빛을 신앙으로 섬기고 그 뜻과 길속에 살기를 염원한다.

그런데 나는 그 신앙이 약하다. 나는 오만傲慢과 혼미混迷·허욕虛慾 속에서 헤매었으며 '참다운 나'를 찾지 못한 채 나이를 먹었다. 신앙은 마음으로 하고 몸으로 닦는다 했다.

'지성至誠 여신如神'

'성자천지도야誠者天之道也'

'사성자思誠者 인지도야人之道也'

지성!

영혼을 갈고 닦아나가는 것이 곧 신神이란 빛을 두드리는 길임을 선지자들은 강조했다. '절차탁마切磋琢磨' 하늘을 두드리는 길은 '자기 자신을 갈고 닦는 길'이라 했다.

"나는 지금 어디에 서 있는가?"

"나는 삶에 대하여 얼마나 겸허謙虛했는가?"

나는 오늘 선지자들이 말한 '신앙은 수행'이란 가르침 속에서 속죄贖罪한다. "삶의 수행, 수행을 통해서 만이 '참의 나'를 찾고 그 '참의 나' 속에서 하늘과 함께 한다"는 신앙의 가르침 속에서 내 나이를 성찰省察한다.

나는 '하늘'은 무명無名이지만 광명대도光明大道임을 나의 영혼 속에 함께 해나가야 하며 '우주'는 무상無象이지만 대형무상大形無象이요, 대법신명大法神明이며, 만물지원萬物之源이요, 빛의 근원이라는 진리를 나의 신앙 속에 뿌리를 두고 '나'를 찾아나가야 한다.

뒤늦게 나는 신神들에 대한 신앙의 학습에 나섰다. 그러나 신앙은 수식修飾이 아니라 삶의 수행이며 '자기발견', '나를 찾는 조탁彫琢의 길'임을 자각하고 나는 거듭 자괴自愧한다.

"지금은 몇 시인가?"

"나는 지금 어디를 헤매고 있는가?"

나는 성찰省察이나 참회懺悔의 방황 속에서 저 먼 해탈解脫의 하늘가를 응시하며 부끄러운 나이를 세고 있다.

"나는 지금 어디에 서 있는가?"

"나는 삶에 대하여 얼마나 겸허하고 경건했는가?"

나는 오늘 선지자들이 말한 '신앙은 수행'이란 가르침 속에서 옷깃을 여미고 속죄한다. 나는 '수행의 삶'을 가지지 못했다. 그러니까 이 나이가 되도록 '참의 나'를 찾지 못한 채 더듬고 있고 헤매고 있는 것이다.

나는 '하늘'을 무명無名의 자연으로 볼 것이 아니라 천지창조, 생명의 광명대도光明大道로 보고 그 하늘을 나 속에서 닦아야 하고 우주를 한갓 무상無象의 별세계만으로 볼 것이 아니라 '대법신명 만물지원大法神明 萬物之源'이요, 빛의 근원 곧 진리의 신으로 신앙하면서 그 신의 섭리·질서·명도命道와 '나'가 하나 되는 삶을 추구하고 갈면서 닦아왔어야 했다. 삶의 신앙은 삶의 수행이기 때문이다.

나는 뒤늦게 큰 자괴의 마음을 갖고 하늘 곧 신神의 학습에 나섰다. 그 동안의 신앙을 정리해야겠다는 생각이 들어서였다. 나는 본시 비재非才이거니와 특히 신앙심이 약하기 때문에 학습이란 말뿐이다. 그러므로 도무지 삶의 고해告解를 곁들여 나의 본마음을 술회述懷하려 해도 붓대가 갈피를 못 잡는다.

'하늘 곧 신神의 빛'은 학습이 아니라 '신앙이요, 수행'이 있을 뿐이다.

따라서 경전공부라 해도 자칫 신성한 종교를 얕은 소견으로 그 신묘를 훼손하기 쉽다. 따라서 붓을 들면서도 사뭇 전전긍긍하며 특히 자기의 지난 일을 곁들여 말하자니 당치 않은 미화美化나 수식修飾이 앞서지 않았나 싶어 예禮에 미치지 못함이 많다. 나는 이를 부끄럽게 생각한다.

또 글의 형식도 운문韻文도 아니고 산문散文적 진실도 결여되어 그야말로 문장의 장르가 뒤섞음 되었다. 나는 일부러 그렇게 쓰기는 했지만 보는 눈에 따라서는 질책叱責하리라 생각한다. 이 책은 운문이자 산문이다. 이 점도 너그러운 양해를 빈다.

나는 이제 다시 분발하여 성자들의 가르침을 경청하고, 익히며 우주 속에 '나'를 찾는 명상·수련도 쌓고, '하늘의 신앙', '삶의 빛'을 추구하는 선禪의 수행에 예禮와 성誠을 기울이고 싶다.

끝으로 변변치 않은 원고를 추려 예쁜 책을 만들어 준 도서출판 신서원, 그밖에 도와주신 여러 어른들께 감사를 드린다.

8 책머리에

◉ '… 바라다'의 '바람'을
 자연의 부는 '바람'과 구분하기 위해
 '바램'으로 썼음.

차 례

책머리에 3

첫째생각
삶의 빛을 두드리며 13

1. 신앙과 삶의 빛 ··· 15
2. 우주와 나 ··· 27
   1) 우주와 신·28 2) 신과 나·33 3) 우주의 신앙·37
   4) 우주와 '나'의 결합·43
3. 종교, 그 신의 하늘 ·· 52
   1) 종교를 통한 신과의 결합·53 2) 진리의 빛, 절대적 존재·57
   3) 삶의 철학과 신·59 4) 신앙과 환경·67 5) 신과 말씀·71
4. 신앙이 서야 할 하늘 ··· 77
   1) 하나의 뿌리인 신앙·80 2) 말씀과 성전·85
   3) 신앙의 기본자세·87

둘째생각
삶의 빛을 찾아서 95

1. 선비〔儒〕, 그 도道의 하늘 ·· 97
   1) 유교의 하늘과 신·99 2) 유교와 도道·109
   3) 유儒와 자기완성·117 4) 선비사상의 큰 빛, 『논어』·125
2. 붓다, 그 깨달음의 하늘 ·· 132
   1) 불교와 우주의 빛·134 2) 깨달음이란 무엇인가?·140

3) 붓다의 신神·147　4) 빛을 담은 경전·151　5) 깨달음의 큰 빛·162

　　3. 도교, 그 도道의 하늘 ·· 172

　　　1) 노자와 도의 신앙·173　2) 도교에 존재하는 신·180

　　　3) 도교의 삶의 빛·184

셋째생각

신앙의 빛을 찾아서 193

　　1. 그리스도교, 신의 빛 ·· 195

　　　1) 그리스도교·196　2) 그리스도교의 삶의 빛·203

　　2. 이슬람교, 신의 빛 ·· 211

　　　1) 이슬람교·212　2) 이슬람교의 삶의 빛·219

　　3. 조로아스터교, 신의 빛 ··· 227

넷째생각

신의 빛을 찾아서 235

　　1. 힌두교, 신의 빛 ·· 237

　　　1) 힌두교와 신·238　2) 신의 찬가와 경전·244

　　2. 라마교, 우주의 법신 ··· 251

　　　1) 티베트의 라마교·252　2) 라마교의 삶의 빛·258

　　　3) 티베트의 문제·262

　　3. 자이나교, 신의 빛 ··· 265

다섯째생각

하늘에 이르는 길 271

　　1. 삶, 그 중도의 하늘 ··· 273

1) 중도, 그 큰 길·275   2) 중도, 닦음의 길·285
2. 삶, 그 수행의 하늘 ·· 293
  1) 인도민족의 수행문화·295   2) 선禪의 수행·298
  3) 요가의 수행·308   4) 바라밀의 수행·317
3. 삶, 그 고전의 하늘 ·· 322
  1) 철학 그리고 문학·324   2) 고전과 삶의 빛·329
  3) 중국고전의 명언에서·339
4. 삶과 죽음의 하늘 ·· 350
  1) 삶과 죽음의 문제·352   2) 신앙과 생과 사·358
  3) 삶의 밝음과 죽음의 어둠·366   4) 티베트『사자의 서』에서·371
  5) 이집트『사자의 서』에서·378   6) 생사유무를 초월해서·381

12 차례

첫째생각

삶의 빛을 두드리며

14 첫째생각_ 삶의 빛을 두드리며

1. 신앙과 삶의 빛

> 삶이란 무엇인가?
> 어떻게 사는 것이 참다운 삶인가?
> 삶의 빛은 무엇인가?
> 삶의 진리, 삶의 참뜻, 삶의 참길은 무엇인가?

별들은 하늘을 돈다.
태양은 우주를 돈다.
지구는 태양을 돈다.
사람은 어디를 도는 것인가?
그 길이 무엇인가?

사람들은 우주의 법칙을 신의 진리라 믿는다. 하늘의 섭리, 하늘의 질서와 규범을 신의 빛이라 믿는다.

우주의 뜻, 하늘의 길, 그 신의 빛 속에서 사람은 살고 싶어 한다. 우주의 진리, 하늘의 빛 속에서 인생을 살고 싶어 한다. 우주! 그 하늘, 그 신의 몸속에 안기어 영원한 빛의 삶, 진리의 인생을 보내고 싶어 한다. 그것이 신앙의 길, 믿음의 길, 페이드 · 신信 즉 신심信心의 길이다.

인간은 머리로 삶의 뜻을 생각한다. 사람은 가슴으로 앙그라마이뉴를 두드린다. 인류는 영혼으로 삶의 빛을 탐구한다. 그러나 머리나 가슴·손발만으로는 한계에 다다른다. 사람은 시간의 길이 공간의 넓이를 모른다. 사람은 사람을 벗어날 수가 없다. 사람은 생명의 신비를 모른다.

인류는 하늘의 질서 속에서 하늘을 외포畏怖로 바라본다. 인류의 정신, 인류의 정신문화사는 우주의 섭리 속에서 그 우주를 외경畏敬스럽게 바라본다.

인류는 인간을 초월한 대자연의 조화, 생성소멸·변화의 규범을 신비스럽게 바라본다.

인류의 학문, 인류의 탐구, 인류의 탐색, 인류의 노력은 아득한 고래로부터 쉬지 않고 전개 추구되어 왔다.

그러나 인간의 힘은 한계 속에 늘 맴돈다. 사람은 하늘에 닿을 수가 없다. 사람은 우주를 풀 수가 없다. 사람은 신의 빛을 포갤 수가 없다. 여기에서 인간은 이들 절대영원의 존재를 인격화하여 영혼의 다리를 놓게 되었다. 이것이 종교이다. 이것이 신앙의 세계이다.

종교보다 신앙은 넓다. 믿음의 다리는 신에게만이 아니라 사람의 삶, 사람의 삶의 바램 전체 속에 놓는다.

사람은 생명 속에서 신을 찾고 사람의 삶 속에서 하늘을 두드리며 사람의 영혼 속에서 우주의 빛을 섬긴다.

사람은 삶을 신앙한다.

사람은 생명의 질서와 규범을 신앙한다.

사람은 사람의 생각, 사람의 느낌, 사람의 영혼을 신앙 속에 빛과 결합한다. 그래서 사람의 삶의 뜻을 하늘에 결합하고 사람의 앙그라마이뉴를 우주에 결합하며 삶의 진리, 삶의 빛을 신에게 결합한다.

  간절한 소망은 신앙 속에서 힘을 얻고 진실한 신앙은 영혼 속에서 소망이 결실을 이룬다. 삶은 생명의 진실이요, 생명은 신의 빛 속에서 밝음의 하늘을 찾는다.

  삶은 하늘이다.

  하늘은 빛이다.

  삶은 길이다.

  길은 신앙이다.

  신앙은 두드림이요 닦음이다.

  사람은 행복을 원한다.

  사람은 평화를 원한다.

  사람은 밝음을 원하고 바름을 원한다.

  그 원하는 곳에 신이 있고 하늘이 있다.

  신은 사람의 뜻이요, 하늘은 사람의 삶의 길이다.

  이 세상에는 신의 이름이 많다. 이세상에는 하늘의 대명사가 많다. 신의 이름은 사람이 사람의 언어로 붙인 것이다. 어차피 사람의 언어는 신에 닿을 수가 없다.

  개미는 사람세계를 모른다. 개미의 언어로는 사람세계에 닿지 않는다. 사람의 언어는 우주에 닿지 않고 하늘에 닿지 않는다. 그러기에 하늘이나 신은 인간의 마음, 인간의 머리, 인간의 영혼으로 신앙하는 것뿐이다.

  사람은 불완전하다.

  사람은 불안하다.

  사람은 욕심이 있다.

사람은 어둡고 어리다.
사람은 영원을 바란다.
하늘의 해처럼, 우주의 별처럼 영원히 밝고 싶고 영원히 질서를 갖고 싶으며 밝고 빛나는 빛의 궤도를 돌고 싶어 한다. 사람은 이 소망을 하늘에 기대고 신에게 기댄다. 따라서 하늘은 언제나 인간의 소망 속에 있다.
신은 언제나 인간의 귀의歸依 속에 있다. 우주는 언제나 인간이 바라는 질서와 법의 빛 속에 있다.
'신'이란 이름은 '진리'의 표상이다.
'하늘'이란 이름은 '사람의 삶의 뜻'의 표상이다.
'우주'란 이름은 '사람의 생명의 밝음과 바름'의 표상이다.
사람이 신앙을 갖는 것은 진리의 빛 속에 살고자 하는 간절한 염원이다. 사람이 하늘을 찾고 우주를 두드리며 신을 섬기는 것은 사람이 사람다운 삶을 찾기 위함이다. 이 길이 신앙이다.
신앙이란 특정한 이름의 신을 섬긴다기보다는 사람의 진실한 삶을 신앙하는 것이다. 진실한 빛의 삶을 하늘에 기대고 신에게 기대는 것이다. 그리해서 인류의 수많은 선지자들·성자들과 철학자들·구도자들은 사람의 궁극적인 삶의 뜻, 삶의 길을 뜻있는 탐구자들의 말씀에도 귀 기울였지만 사람의 불완전, 사람의 찰나, 사람의 어둠을 뛰어넘은 하늘이나 신神인 우주에게 의지하게 된 것이다.
하늘의 신앙자는 사람의 길의 구도자이다. 신의 신앙자는 사람의 삶의 빛을 좇는 수도자이다.
도道가 무엇인가?
빛이 무엇인가?

그것이 신이요 하늘이다.

신앙이란 무엇인가?

신앙이란 영혼의 서약이요, 영혼의 다짐이다.

영혼이란 언제나 '진실한 나'와 직결된다. 영혼에는 거짓이 용서가 안 된다. 그래서 신앙이란 자기 영혼, 자기 양심, 자기 마음의 다짐이요 바램이며 궁극적으로 '나의 참'에 직결되는 것이다. 신앙이란 '나'를 찾는 것이다. 신앙이란 '나 속에 진실한 삶의 빛'을 두드리는 것이다.

삶의 빛을 두드리려면 '나'를 닦아야 한다. '나'를 닦아야 '참의 나'를 찾을 수 있다. 그러기에 신앙은 수행修行이라 하는 것이다. 하늘의 빛을 두드리는 구도자는 곧 수행자이다. 신의 진리를 찾은 구법자는 곧 수행자이다. 나를 찾는 길은 나를 닦는 길이다. 종교 그리고 신앙은 그 한복판에 있다.

삶은 신앙이라 한다. 신앙은 자기 양심, 자기 영혼과의 대화이다. 양심은 진실을 원하고 영혼은 빛을 원한다. 양심에는 거짓이 없다. 영혼에는 어둠이 없다. 수행이란 거짓을 좇고 어둠을 물리치는 것이다. 여기에는 자기 채찍이 필요하다. 자기 영혼은 자기 채찍으로 때려야 한다.

종교는 수행이다.

신앙은 인생의 수행이다.

신을 두드리는 것은 '나'를 닦아나가는 길이다.

나가 무엇인가?

나는 무엇인가?

그 나를 찾는 길, 그것의 수행이다. 그것이 종교이다. 감사하고 성찰하고 기도하고 찬양하고, 말씀 속에 나의 영혼을 포개고, 가르침 속에 나의 머리, 나의 마음, 나의 몸을 포개는 것이다.

　수행의 길, 그것이 신앙의 길이다. 신의 진리, 하늘의 빛, 우주의 대도大道는 나의 어둠을 닦아야 포개진다. 절대자의 뜻, 영원한 존재의 길은 나의 영혼을 맑게 비워야 그 거울 속에 비추어진다.

　수행은 삶의 실천이다.

　　경건해야 한다.
　　겸허해야 한다.
　　예를 갖추어야 한다.
　　탐구해야 한다.
　　조탁해야 한다.
　　절차탁마해야 한다.
　　오만을 버려야 한다.
　　생명을 아껴야 한다.
　　사랑해야 한다.
　　어질게 살고 덕을 베풀어야 한다.
　　자비와 구원을 해야 한다.
　　선행을 쌓아야 한다.

　수행의 길, 그 길이 신앙의 길이다. 종교는 그 이름이 중요하지 않다. 종교는 신의 이름이 중요하지 않다. 빛을 향한 나 자신의 수행이 중요한 것이다.

　신앙, 그리고 수행은 감사로부터 출발한다. 나는 하늘에, 그리고 하늘이라는 신에게서 사람으로 태어난 것을 감사한다. 사람에게는 신앙생활을 하는 위대한 신의 권능이 주어졌다.

사람이란 무엇인가?

인생이란 무엇이며 어떻게 사는 것이 밝고 바르며 착하고 보람이 있는 진리의 길인가를 생각한다. 무엇이 우주의 길이고 하늘의 길인가를 생각한다.

사람은 약하고 불완전하고 불안하지만 신을 가지고 있고, 하늘과 우주를 가지고 있다. 나는 종교 속의 도道, 종교 속의 법法과 명命을 존중한다. 그 도와 법을 사람의 뜻, 사람의 길로 삼고 싶다. 나는 종교 속의 신神을 존중한다. 신의 이름이야 어떻든 신은 빛이요 진리이며 길이요 또 부활이며 영원한 영혼의 길이다. 신은 나의 삶의 뜻이요 길이다.

나는 모든 신을 존중한다.

우주와 하늘, 그 도道와 달마는 진리요 신이므로 존중한다. 깨달음의 경지, 수행을 통한 '나'의 참의 발견, 수행을 통한 우주와 나의 영혼의 결합을 추구하는 종교를 존중한다.

신과 함께 살고 신 속에서 밝음과 바름, 평화와 행복을 함께하는 종교, 참다운 '나', 영원한 '나'를 찾는 길을 나를 닦아나가는 길 위에서 찾는 종교, 나는 그들 종교를 존중한다. 나는 '진리'라는 말 '빛'이라는 말을 '신'이라 생각한다. 나는 '우주'라는 말, '하늘'이라는 말, '도'라는 말을 신과 함께 생각한다.

나는 무엇인가?

나는 대학강단을 하직하면서 새삼 이러한 명제 속에 방황하고 있다.

나의 삶은 무엇인가?

삶이란 무엇인가?

어떻게 사는 것이 참다운 삶인가?

나는 그 삶 속 어디에서 방황하고 있나?

이것이 나이먹은 나의 참회요 성찰이다. 나이 80이 되니 더욱 방황한다.

나는 무엇인가?

살만큼 살아온 인생인데, 새삼 나는 이 질문을 스스로에게 던진다.

나는 지금 어디에 서 있는가?

나는 지금 어디로 가고 있는가?

나는 지금 이 대답을 모른다. 그만큼 나는 나를 찾지 못하고 헤매고 있다. 그리해서 붓을 든 것이 이 글이다.

나는 되돌아보아야 한다. 되돌아보는 것이 지금 나의 선 자리에서의 탐구이다. 80의 나이를 성찰해야 한다.

늦었다.

너무 늦었다.

나는 지금 나를 되돌아볼 만큼 가치가 자리잡고 있지도 못하다. 무슨 잣대를 가지고 스스로의 발길을 되돌아보는가? 그러나 나는 지금 인생을 헤매는 만큼 후회나 성찰 속에 허덕인다. 그것은 방황하는 만큼 삶의 빛이 무엇인가에 대한 열기가 식지 않았던 때문이다.

나는 열병을 앓고 있다. 그 열병이 '삶과 신앙'의 문제이다.

나는 내가 강단생활을 하면서 틈 속에서 기웃거린 삶의 빛, 삶의 탐구, 삶의 신앙, 삶의 철학, 삶의 사상들을 새로운 눈으로 조명해 보고 싶은 의욕을 갖게 되었다.

나는 학문을 사랑했다. 그러나 탐구를 제대로 못했다. 체계 세워 공부를 못했다. 나는 또 철저한 신앙생활을 하지 못했다. 그러니 늘 헤맸을 뿐이다. 그러나 나는 교수생활 틈틈이 책을 펴들고 동양과 서구 여러 나라들의 책을 읽었다. 그리하여 좀더 넓게, 좀더 현실적으로 인류의 삶의 모습들을 짚어보는 계기를 갖게는 되었다.

특히 나는 유행遊行의 주제를 '삶의 신앙'에 두었다. 중국·인도·티베트·중동 등지를 유력遊歷하면서 나는 특히 그 민족, 그 인류들이 추구하는 삶의 기준, 삶의 빛으로서의 신神, 삶의 길, 삶의 도道나 법法의 하늘, 우주관에 대하여 깊은 감동을 받았다.

"삶은 신앙이다."

나는 이런 생각을 많이 했다.

"삶 속에는 신神이 있고 하늘이 있으며 우주가 있다."

이런 생각도 했다.

또 나는 한평생을 살아오면서 인생이란 집념하고 땀 흘리고 눈물을 씻으면서 역경을 극복하고 배우고 닦아 쌓아올려야 하는 것임을 알았다. 그러나 이를 채찍의 매로 삼았다고는 하나 '삶이 곧 수행修行이어야 함'까지는 거리가 멀었다는 것을 지금에 와서야 절실히 성찰하게도 되었다.

"인생이란 삶의 수행이다."

"나를 닦는 것이 나를 찾는 것이다."

나는 오늘 나를 참회하면서 이 말을 하고 싶다.

'삶의 신앙과 수행'

이 말은 종교와도 밀접한 말이다. 신이란 삶의 기준이요 가치이다. 하늘이란 삶의 진리요 뜻이다. 우주란 삶의 빛이요 길이다.

◉ 나는 인도민중의 우주관·신관, 삶을 신들과 함께 살아가는 삶의 신앙관을 존중한다. 그들은 큰 우주와 나의 작은 우주관 속에서 산다.
◉ 나는 유교의 틀, 유교의 하늘, 그 천도天道와 인도人道의 결합, 철학 속에서 자랐고 그 가르침 속에서 삶을 살아왔다.
◉ 나는 삶과 죽음을 하나로 연결하며 살고 싶다. 나의 허욕·미망에서 벗어나 참 속에 깨달음을 얻고 싶다. 우주의 영원한 법속에서 찰나의 나를 깨치고 싶다. 나는 수행 속에 삶의 참을 두드리고 싶다. 나는 사람의 삶의 길, 가장 넓고 중심이 되는 길을 걷고 싶다. 나는 노자의 무위자연, 도道의 자연 속에 살고 싶다.
◉ 나는 수많은 석학들이 탐구한 인생에 대한 결론들에 귀 기울이고 싶다. 나는 삶을 알고 싶다. 삶과 죽음을 알고 싶다. 나는 신앙의 길이 무엇이고 수행의 길이 무엇인가를 탐구하고 싶다.

이것이 '신앙과 삶의 빛을 찾아서' 부분의 학습이다. 나는 '신앙'을 꼭 종교에 결부시켜 말하고 싶지는 않다. 그러나 '삶의 신앙과 수행'을 학습하려니 자연히 종교를 집중적으로 말하게 되었다. 다음에 나는 삶의 신앙, 삶의 빛에 대한 신앙으로서 '신神'이란 이름의 신앙의 빛, 종교를 간략하게 탐구하려 한다.

◉ 유대의 신과 구세주의 신은 같은 계열의 삶의 빛들이다. 오늘날 전세계 인류의 삶의 진리, 삶의 복음을 전해 주는 그리스도교는 위대한 영혼의 울림이다.
◉ 또한 같은 종주계열이기도 하지만 알라의 신은 아랍민중, 무슬림들에게 생명의 빛을 주고 있다. 힌두교에는 신들이 많다. 인도민중은 우

주·하늘·자연·일체생명체들과 함께 애환과 바람을 신에 의지해서 삶을 산다. 인도민중은 삶 속에 신이 함께하니 불안이 없다.
- 조로아스터의 신은 이세상 사람의 삶 속에 선善이 무엇이고, 악惡이 무엇임을 분명히 했고 선하게 살아야 신의 편임을 지침했다.
- 티베트에는 라마신이 티베트 사람의 생과 사를 지켜준다. 라마교는 불교의 대승불교 계열 종교지만 독특한 생불生佛윤회사상을 갖고 있다.
- 자이나교는 인도민중의 생명공존·우주순환 사상과 연결되어 있고 살생·금욕·수행사상이 바탕이 되어 있다. 또한 시크교도 인도에서는 많은 신도들이 그 속에서 신의 빛을 찾는다.

이것이 "삶의 빛을 두드리며" 뒤편의 '신앙과 신神의 빛을 찾아서' 학습서이다. 나는 이들 '신앙의 빛', '신神의 빛'을 거듭 학습하면서 나의 삶의 참회와 방황 속에서의 재정립의 빛으로 삼고자 한다.

나는 인생을 '탐구'요, '학습'이라 보고 싶다.

또한 인생을 '신앙'이요, '수행'이라 보고 싶다.

이 말은 표현은 다르나 뜻은 같다고 본다. 우주 속의 생명체 중 주어진 삶을 "무엇이 바른 길인가?" "무엇이 진리의 길, 영원한 길인가?"를 생각하고 추구하는 생명체는 사람밖에 없다고 본다.

사람은 우주의 창조, 하늘의 섭리, 신의 주재를 자율적으로 하고 능동적으로 하며 자유롭게 한다. 사람을 '소우주'라 하는 것은 그 때문이다.

사람은 큰 우주와 결합하는 '소우주'인 '나'가 있다. 그 나를 찾는 것이 신앙이요 수행이다. 그 신앙, 그 수행의 삶 속에는 '탐구'가 있고 '학습'이 있다.

사람은 배워야 하고 익혀야 하며 쌓아나가야 한다. 그 길이 수행의 길, 닦음의 길이기도 하다.

인도의 아리아민족(힌두교)은 인생을 4분기로 나누어 학습기 - 가정기 - 장년기 그리고 만년기를 구분하는데, 만년기에는 가정을 떠나고 직장을 떠나서 숲속 성지 등에서 유행遊行, 경전학습을 전념하며 신을 찾아 순례를 하고 수행을 쌓으며 빛에 다가간다.

이것은 그 동안 살아온 삶에 대한 성찰도 있고 자기 '나'의 영혼에 대한 청정淸淨·정화淨化의 뜻도 있다. 신의 학습은 경전말씀의 학습이며 수행은 신과의 '빛의 결합'이기도 하다.

2. 우주와 나

나는
강의실에서 우주 곧 하늘을 그린다.
우주는 둥글다.
하늘은 푸르다.
나는 원고지에 둥근 별을 그리고 둥근 해를 그린다.
둥근 지구를 그린다.
지구는 해를 돈다.
해는 우주를 돈다.
나는 지구에 서서 하늘을 돈다.
나의 지구는 해가 있는 강의실이다.
나는 그 속에서 하늘을 그리고 나를 그린다.
강의실은 나의 우주이다.

우주宇宙란 무엇인가?
하늘은 무엇인가?
신은 무엇인가?

그리고 '나'는 무엇인가?
사람은 절대적 존재, 영원한 존재를 신앙한다.
사람은 삶의 빛의 존재, 진리의 길을 신앙한다.
신앙이란
그 영원한 빛 속에 귀의歸依하고 결합結合하는 것이다.
우주의 큰 질서, 하늘의 섭리
그 법法 곧 달마, 그 도道, 그 빛을 신神으로 삼는다.
사람은 영혼 속에 작은 우주, 작은 하늘을 포갠다.
그 영혼이 '참 나'의 나요, 나의 성性이 하늘이다.
귀의는 해탈이요, 신앙은 결합이다.
나는 힌두교의 경전 「우파니샤드」에서 말했듯이
우주 즉 브라만[梵天]과 나[個我]의 영혼 즉 아트만의 결합, 범아일여梵我一如의 신앙과 수행修行의 '신앙적 삶'을 존중한다.
우파니샤드 사상은 오늘날 전세계 종교신앙의 기본 철학사상으로 철인·신앙인·수행인의 호응을 받고 있다.

1) 우주와 신

우주宇宙!
우주는 집이다.

우주는 이세상이다.
우주는 신神이다.
우주는 하늘이다.
우주는 나 자신이다.

우宇는 사방이요 상하일체, 주宙는 과거와 현재, 시간과 공간, 고왕금래古往今來 일체를 말한다.

우주 속에 우주가 있다. 작은 우주, 생명의 우주, 사람의 우주, '나' 속의 우주, 그것이 신神이요 하늘 곧 '나'이다. 그것이 성性이요, '나' 즉 개아個我이며 영혼이다.

우주는 하늘이다.

하늘은 신이다.

신은 '참의 나'요, 나의 벗이다.

'우주'와 '나'의 결합을 종교라 한다. 종교는 '릴리전' 즉 Re(다시) ligion(결합)이요, 신앙 즉 페이드(faith)는 신심信心을 말하고 '신심'이란 신앙을 통해서 신에게 다가가는 것이요, 신과 결합을 믿는 것이다. 우주와 '나'의 결합! 이것이 신앙이요 종교이다.

우주는 하늘이요 신이다. 이 말은 같은 말이다. 이 존재는 이세상의 가장 고귀한 존재, 지엄한 존재, 지고의 존재, 지성至聖의 존재이다.

우주는 무성無性의 대도광大道光이라 말한다. 사람은 유성有性의 작은 영혼체라 말한다. 무성·유성은 하나의 말, 형이상학적인 표현이다.

우주의 빛은 절대적인 에너지이다. 에너지는 창조의 본질이요, 빛의 대명사이다. 그 빛이 태양으로 나타난다.

태양은 우주의 숨결을 행하는 창조의 에너지이다. 빛은 밝음이요 바람이다. 빛은 생명이다. 사람은 그 빛 속에서 진眞을 찾고 선善을 찾으며 미美와 성聖을 찾는다.

우주는 근원이요 원리이며 본질이다. 하늘과 신은 우주의 대명사이며 인격체이다.

생명체는 그 우주의 몸속에서 산다. 사람은 그 큰 우주 속의 소우주다. 사람은 그 사람의 언어로 우주를 두드릴 수는 없다. 그리해서 수행자들은 신과 사람의 영혼을 포개는 언어 '옴(om)'을 사용한다. 대우주와 씨알 속의 영혼의 만남, 그 소리가 '옴'이라 했다. 성자들은 옴(om)의 오(o)음절은 명상을 통해 깨달음을 찾는 수행자의 소리이며 영혼의 울림이요, 옴의 둘째 음절 우(u)는 신을 만난 인간의 기쁨이 충만한 감사의 소리요, 옴의 끝음절 음(m)은 구도자가 허물의 껍질을 벗고 빛 속에 안기고 자기 영혼과 결합을 이루는 소리라 했다.

하늘 즉 신의 만남은 신비의 형이상학의 경지라야 한다. 이것이 우파니샤드 철학의 우주와 신을 대하는 뿌리사상이다.

우주와 소우주!

우주의 큰 빛과 작은 인간의 영혼의 만남. 이 관계를 가장 신성하게 담은 경전이 힌두교『리그베다』속의「우파니샤드」이다. 힌두교·불교·자이나교, 아니 이세상의 모든 종교는 신과 인간의 만남을 신앙의 기본으로 삼는다. 그 신을 아리아민족, 인더스 문명에서는 우주 곧 달마로 표현한다.

우주는 하늘이요 신이다.

인도의 고대 철학가들은 명상 속에서 우주를 이세상의 불멸의 본질,

이세상을 낳고 이끄는 근원의 빛으로 보고 이를 '브라만'이라 했다. 그리고 작은 생명체 속의 인간의 개아個我·영혼을 '아트만'이라 했다.

'브라만'은 그리스어 플래그마의 빛·광체·힘·불에서 왔고 '아트만'은 독일어의 호흡·영혼·생명에서 왔다.

사람이 신앙을 통해 우주의 대도광을 두드리는 것은 작은 인간의 영혼 속에 소우주를 만들고 하늘의 큰 빛 진리를 결합함에 있다. 이것은 '범아일여梵我一如'·'천아합일天我合一'·'신인일치神人一致'의 경지이다. 그리해서 우주가 '나' 속에 하나가 되고 '나' 속에 대우주가 하나가 되는 것이다. 하늘을 나의 영혼 속에 포개고, 나의 마음속에 신을 포개는 것이다. 이 결합, 이 합일의 경지가 신앙의 기본세계이다.

브라만!

우주 곧 하늘은 창조와 생명의 원천이요 근원이다. 그로부터 별이 태어났고 그로부터 대자연과 생명체, 사람과 짐승·식물 등 일체가 태어났다. 하늘은 호흡이요, 심장의 박동이다. 하늘은 빛이요 힘·진리이며 신이다.

이 세상에 신의 이름은 많다. 인도에는 힌두의 여러 신들이 있고 유태민족은 여호와 신을 갖고 있다. 이슬람 민족은 알라의 신을 섬기고 있고 중화민족은 고대에 신을 하늘이라 생각하며 섬겼다. 또한 도道를 진리로 생각했다.

불교에서는 우주의 신을 깨달음으로 보았다. 여래·보살 등이다. 이들 절대적 존재, 진리의 존재, 빛의 존재들은 한결같이 인간이 경건한 신앙을 통해서 섬기고 받드는 영적靈的 존재들이다.

신은 한결같이 신성한 원리요, 불멸의 본질, 초감각의 영력靈力의 빛의 존재이다. '신의 존재'의 우주 즉 하늘에는 모습이 없다. 무형이다. 그러나 그보다 위대하고 절대적이며 영원한 유형은 없다.

우주는 침묵한다.

신은 침묵의 존재이다.

이것은 인간의 언어이다.

공자도 하늘의 존재는 '듣는 존재'라 했다. 말하지 않고 침묵하는 존재, 듣기만 하는 존재. 사실은 절대적인 존재의 언어는 사람이 들을 수가 없다.

개미는 사람의 언어를 모른다.

고대 그리스의 철학자들, 인도의 철학자들은 신은 이세상 모든 존재를 창조한 다음 자신의 불가사의한 분화력·화현력化現力을 통해 스스로 분화하여 다시 자기의 피조물 하나하나 속에 들어가 그 피조물의 영혼이 된다고 했다.

우주의 영력은 천지자연·억조 생명체의 개성이 되고 형체가 되고, 나아가서 숨결·호흡이 되고 심장의 박동이 되며 영혼이 된다고 했다.

씨알 하나하나 속에는 우주가 있다. 아무리 작은 세균이라도 그 속에는 심장이 있고 우주의 호흡이 있다. 인간 하나하나는 작은 '개아個我'에 불과하다. 개미나 같고 꿀벌과 같다. 그러나 인간의 영혼 속에는 거대한 우주가 숨쉰다.

우주는 질서요 섭리이며 법칙이요 도道이다.

사람은 '나' 속에 그 우주의 뜻, 하늘의 길, 신의 빛을 포개려 한다. 그것이 신앙이다. '나'는 이세상에서 가장 작으면서도 가장 크다. '나'는 우주 속에서 겨자씨보다 작은 씨알에 불과하다. 그러나 '나' 속에는 거대한 우주, 영원한 하늘이 존재한다.

나는 곧 우주이다.

'나' 속에 우주는 나의 통제자이며 자아自我, 즉 불멸의 존재이다. 그러나 '나'는 자율의 의지 속에 우주창조를 수행하는 존재이기도 하다.

2) 신과 나

우주!
하늘과 땅은 어떻게 창조되었는가?
사람은 어떻게 해서 태어났는가?

이러한 문제는 인간의 머리, 인간의 지식을 가지고는 영원히 풀 수 없고 해결이 되지 않는 근본문제이다. 이 문제는 인간이 신앙 속에서만 찾을 수 있다.

인간은 인간을 창조한 존재를 신앙한다. 인간은 머리를 가지고 있고 영혼을 가지고 있다. 그 머리를 인간은 들여다보지 못하고 그 영혼을 인간은 들여다보지 못한다. 그 머리, 그 영혼을 사람은 '신神'이라 하고 '하늘'이라 하며 '우주'라 한다. 신만이 알 수 있고 하늘만이 태어나게 할 수 있으며 우주만이 인체의 신비를 창조할 수 있다고 믿는다.

사람은 사람을 창조한 그 절대적인 존재, 영원한 존재를 신앙한다. 우주를 '법(달마)'이라 표현하고 하늘을 '빛'이라 표현하며 신을 진리라 표현한다. 법法은 도道이며 명命이다.

사람은 사람을 창조한 그 영원한 존재, 그 빛의 존재를 신앙한다. 신앙은 바램이요 희망·귀의歸依요 수행이다. 인간은 신앙으로 그 우주, 그 하늘, 그 신에게 다가가고 싶어 한다. 다가가고 섬기고 안긴다는 것은 결합하고 싶고 하나가 되고 싶다는 뜻이다.

신과의 결합結合, 하늘과의 도합道合, 신과의 합일合一. 이것은 인류의 영원한 소망이요 신앙이다. 인류는 일찍부터 많은 철학자들·성자들·사상가들 그리고 수도자들·구도자들·수행자들에 의해서 이 절실한 문제를 생각했다. 그래서 신앙으로 두드리고 머리와 영혼으로 찾아나섰다. 그것이 종교이기도 하다.

종교는 인간이 닿지 않고 들여다보지 못하는 절대자에게 다가가고 결합하는 숭고한 인간의 결실이다. 그래서 인간이 두드린 신의 세계, 신의 말씀을 성전聖典이나 '경서經書' 속에 담았다.

이 세상에는 '삶의 깊은 뜻', '신神과 인간의 관계'에 대하여 간곡하게 담은 성전이나 경전이 많다.

『구약성서』 속 창세기創世記에는 태초에 신은 혼돈 속에서 "빛 있어라!" 명하고 천지만물을 차례차례 창조하고 마지막에 사람을 창조했다고 했다.

그런데 신이 창조한 사람은 '신에 유사한 사람'을 만들었다고 했다. 나는 이 말을 존중한다. 신神이 만든 '사람'은 '신의 유사체類似体'인 것이다. 사람은 신과 같은 존재가 된다. 사람은 수행을 쌓으면 신에 다가갈 수 있는 존재이다.

『신약성서』에는 예수가 십자가에 매달렸을 때 "에로이 에로이 레바

사박다니〔나의 아버지여! 어찌해서 나를 버리시나이까〕" "아버지여! 나의 영靈을 당신 손으로 받아주소서" 하였다.

예수는 이세상 인간인데 예수는 신神을 '아버지'라 불렀고, '신의 아들'이었던 것이다. 사람과 신의 관계는 부자父子관계였다. 신과 인간관계를 이보다 절실하게 말한 구절은 없다.

이슬람교의 『코란』은 어떠한가?

알라신은 세계를 창조하고 만물의 존재이유를 말한 다음 "신 앞에서는 모든 신도가 평등하며…, 사람의 삶 속의 정치·경제·사회·법률·도덕…, 일체를 신의 지침指針에 따라야 함"을 말했다.

인간의 모든 생활은 신神의 지침에 따른다는 교리는 인간과 신은 밀접해야 하고 신과 인간은 한몸이 되어야 함을 말했다. 이슬람 신도들은 삶 속에서 알라신과 함께 산다.

유교儒敎나 도교道敎의 경전 '6경六經'이나 『도장道藏』 속에서는 하늘과 인간관계를 어떻게 말했는가?

"하늘의 도道는 사람의 도이다."

"사람의 길이 하늘의 길이다. 인내천人乃天이다."

"무위자연無爲自然의 도道는 사람의 도이자 하늘의 도, 우주의 도이다."

도교의 '도', 유교의 '도'는 개념은 다르지만 다 각각 '절대의 길'이요, '진리의 빛'… 곧 '신의 빛' 자체이다.

도道를 '하늘'로 보고 '신'으로 보는 신앙에서는 우주의 창조는 태극太極 속의 음양의 조화를 말하거니와 유교에서는 '사람의 임금'을 '하늘의 임금' 곧 천황天皇이라 하며 천제天帝라 하고 그 천황은 천도天道와 인도人道를 결합한다 했다.

도교에서는 인간을 신격화해서 신의 존재를 원시천존元始天尊·현천상제玄天上帝·옥황상제玉皇上帝라 한다. 그러나 그 신들은 모두 사람의 신들이다.

하늘세계를 다스리는 제왕과 사람세계를 다스리는 임금을 합치시켰다. 사람의 세상, 사람의 일이 곧 하늘의 일이다. 신神 즉 하늘과 인간을 완전하게 결합시킨 것이다. 사람이 숭앙하는 신이나 하늘·우주는 사람의 문제를 사람이 바라는 방향으로 해결해 주는 절대자인 것이다. 특히 인간은 죽음 이후의 세계를 하늘과 신에 의지한다.

불경佛經 속의 신과 인간관계는 어떠한가?

'불佛' 곧 '붓다'란 말은 본시 '깨달음은 얻는 자'이다. 석존釋尊은 신이나 사후세계에 대하여 직접 말하지는 않았다.

수행을 통해 우주의 달마, 하늘의 도를 깨달아야 함을 강조했다. 그러나 뒷날 나온 대승불교 경전을 보면 '붓다는 곧 신·보살·여래如來와 천天의 명왕明王'… 등으로 되었다. 사람이 수행을 쌓아 보살도를 실천하면 불佛·붓다가 되는 것이다.

"일체중생슬유불성一切衆生悉有佛性"

모든 중생은 곧 불佛·신神이 될 수 있다.

『구약성서』·『신약성서』·『코란』 등에 나오는 신은 사람이 직접 신이 될 수는 없다. 다만 '아버지와 아들 관계', '사람의 삶을 챙겨주고 이끄는 신'의 위치로서 신과의 결합관계를 말하고 있다.

그러나 유교나 도교의 경전들은 '우주가 곧 사람의 도道', '하늘이 곧 사람의 길'임을 말했고 불교 등에서는 사람이 곧 신인 붓다가 될 수 있음을 말했다.

사람이 절대로 들여다볼 수 없는 우주 곧 하늘과 신神의 세계는 사람이 무한히 떨어져 있는 것이 아니라 사람과는 밀접한 관계 속에 있는 것이다. 사람은 곧 신의 말씀을 따르면 (곧 수행을 쌓으면) 신과 결합할 수 있는 것이다. 이것이 종교이다.

3) 우주의 신앙

우주宇宙와 인간의 결합!
우주 속에 인간은 어떻게 있고
우주 속에 '나'는 어떻게 존재하는가?

우주와 인간의 결합관계를 가장 직접적으로 언급하고 있는 경전이 인도 힌두교의 경전 『리그베다』 속의 「우파니샤드」이다.

기원전 2천 년 전 인도에 진입하여 인더스 문명과 습합하여 태어난 아리아 문화는 인도특유의 무아일치無我一致사상을 낳았고, 이세상 업業에 따른 영혼윤회설靈魂輪廻說을 낳았다.

인도의 힌두교·불교·자이나교 등은 한결같이 '우주와 나', '신과 인간', '하늘과 사람의 삶'을 하나로 결합結合·합일合一하는 독특한 철학사상이자 신앙사상, 삶의 빛길을 창조했다. 이것이 힌두교의 경전인 『리그베다』 속의 「우파니샤드」 경전이다.

사람은 자기 자신을 갈고 닦는 수행을 통해서 깨달음에 이른다. 깨달음이란 큰 빛의 지혜知慧이다. 깨달음이란 우주의 대질서, 달마·법·도·규범을 깨닫는 것이며, 그 속의 작은 우주 곧 '나' 자신, '나'의 영혼, '나'의 성性을 깨닫는 것이다.

'깨달음'은 '찾음'이요 두드림·섬김이요 닦음이다. 깨달음이 곧 우주의 법, 하늘의 도, 신의 진리에 도달하는 것이다. 그것이 신앙이요 수행이다.

깨달음이란 붓다 되는 것, 우주의 법칙, 하늘의 빛에 결합하는 것이다.

「우파니샤드」 경전의 우아일여宇我一如 사상은 종교의 신앙사상이자 철학이다. 이 사상은 오늘날 모든 종교, 모든 신앙사상의 기본적 바탕이 되어 있고 세계의 많은 철인들·사상가들·종교가들의 호응을 받고 있다.

인도의 힌두교나 불교의 경전들은 한결같이 우주의 달마 곧 법도法道를 신으로 보고 이 신은 만상萬象 속에 일원화를 추구하고 있다.

우주의 빛, 신의 진리에 다가서기 위해서는 영혼을 갈고 닦는 정신집중의 요가瑜伽·선禪·명상… 등 수행을 쌓아야만 한다. 그 수행의 길이 곧 신앙의 길이다. 신과의 합일, 하늘과 사람의 도합道合의 길이 곧 신앙의 길이며, 그 신앙이 이루어 우주와 '나'의 영혼이 결합하는 경지가 '모크샤' 즉 해탈解脫이다.

대체 우주란 무엇인가?

우주 속에는 태양이 있고 빛이 있으며 불이 있다.

우주의 에너지는 불이라 철학자들은 말한다. 불은 새벽에 떠오르고 저녁에 진다. 우주에는 수조 수억의 별이 있다. 지구는 태양을 중심으로 돈다. 지구 속에도 태양, 우주의 불이 있다.

우주에는 불의 궤도가 있다. 생명체에는 살고 죽는 질서가 있다.

우주의 규범, 우주의 법, 달마의 빛, 그 무한한 힘.

영원한 진리 속에 인간의 생명은 무엇인가?

인간은 어디에 서 있는가?

모든 생명체는 우주의 한 예속물이 아니라 그 자체가 우주이다. 눈으로 볼 수 없는 미물, 손으로 잡을 수 없는 씨알, 현미경으로밖에 볼 수 없는 세균·미물, 그 속에도 하늘이 있고 우주의 질서가 있으며 신의 영靈, 생명의 혼령이 있다.

그 혼령, 그 몸체의 질서는 무엇인가?

그 무한의 우주, 그 광활한 하늘, 그 태양, 그 별, 그 대자연 속에 생生은 무엇이고 사死는 무엇인가?

저 묘망渺茫의 우주, 더 없이 높은 하늘, 영원에서 영원으로 흘러가는 대자연, 이 힘은 신이 아니면 이룰 수가 없다.

이 거대한 질서 속에 '나' 곧 개체個體는 무엇인가?

'나'는 대우주의 무슨 원리, 무슨 질서 속의 생명체인가?

대우주에는 씨앗이 있다. 전자·분자의 핵이 있다.

하나의 씨알은 무엇인가?

그 씨알 속에는 우주가 존재한다. 핵이 존재한다.

인간의 정자精子, 그것은 알[卵]이요, 우주의 명命이다.

'브라만'과 '아트만', 우주와 나의 영혼, 하늘과 개아個我인가?

이것은 유有인가, 무無인가?

유도 무도 아닌가?

태초에는 무인가?

영원 속에서는 유인가?

낳고 변하고 없어지는 것, 이것은 공空인가 색色인가?

그리해서 「우파니샤드」에서는 이 엄청난 질서에 대하여 하나의 관념을 통일했다.

◦ 우주, 그 절대자 하늘, 그 신 곧 '브라만'은 대우주[梵天]이다. 대우주는 핵核이요, 핵의 생명체이다. 그 핵은 일체 생명체 속에도 존재한다.
◦ 우주의 실체는 신비에 쌓여 있다. 인간의 머리, 인간의 언어로는 그 경지에 닿을 수가 없다. 우주는 광명을 형상으로 갖고 있다. 허공을 본성本性으로 삼고 일체를 행하고 작용한다. 일체를 구유具有하고 일체를 채운다.
◦ 여기에 대칭되는 '아트만' 곧 개아個我는 어떠한가? '나'는 씨알이다. 개아의 영혼이다. 심장이며 혼령이다. 깨알보다 작고 겨자씨보다 미세하며 현미경으로도 못 보는 핵核이다. 심장과 숨의 근원이다.
◦ 그러나 그 핵인 나의 영혼 속에는 땅보다 넓고 하늘보다 크며 우주보다 작지 않은 세계가 들어 있다. 일체를 구유具有하고 일체를 행行하며 일체를 작作할 수 있는 심장, 무한대의 핵이 있다.
◦ 우주와 '나'의 영혼은 궁극적으로 별개가 아니다. 우주가 나이고 나가 우주이다. '범아일여梵我一如'·'우아일여宇我一如'. 대우주의 창조력, 대우주의 질서는 씨알인 나 속에도 존재하고 나의 핵은 그것이 그대로 우주의 무한대의 핵이 된다.
◦ 우주는 하늘의 몸체이다. 그러나 인간의 신체도 우주의 몸체이다. 우주의 진리는 '나'의 진리이며 '나'의 신령은 그대로 우주의 신혼神魂이다. 우주와 '나' 속에는 부르샤[本質]·부라나[生氣]·삿도[無有]·아그샤라[不滅]이 있다.

◎ 하늘의 태양 속에는 '부르샤' 곧 본체本體가 있다고 생각한다. '부르샤'는 달[月]·전광電光·허공虛空·바람[風]·물[水]·거울·소리·곳·그늘 속에도 그 본체의 핵[미립자]이 들어 있으며 거미줄·불꽃 속에도 존재한다고 본다.

◎ 우주의 기능은 숨[氣息]·눈·귀·뜻[意] 속에도 존재하며 인식성·친애성·실재성·무한성·환희성·안정성을 갖고 있다. 그리고 '나' 속에도 하늘·태양·바람·허공·물의 부라나 곧 생기가 들어 있다고 본다.

이러한 '범아설梵我說'은 우주·하늘과 '나'의 속성을 불립문자不立文字 속에 더욱 합일을 촉진시키는 결과를 낳았다. 움직임보다 움직이고, 멀고 가까우며, 일체는 안에도 있고 밖에도 있으며, 작은 것보다 작고 큰 것보다 크다는 상대개념 속에 도입된다.

◎ 본시 우주는 가늘지 않고 짧지 않으며, 길지도 않고 붉지도 않으며, 기름기도 없고 그늘도 없고 바람도 없고 공간도 없으며, 교착도 안되고 맛도 없고 향도 없으며, 보이지 않고 들리지 않으며, 말도 없고 활동도 없으며, 숨도 없고 입도 없으며, 안도 없고 밖도 없다.

◎ 또한 '나' 즉 개아個我는 우주에서 낳고 인식에서 낳았으며, 뜻에서 낳고 생기에서 낳았으며, 눈에서 낳고 귀에서 낳았으며, 땅에서 낳고 물에서 낳고 바람에서 낳고 허공에서 낳았으며, 빛에서 낳았고 어둠에서 낳고 욕망에서 낳았으며, 짜증에서 낳고 법에서 낳고 비법非法에서 낳았다.

이 사상이 무악無惡·무로無老·무사無死·무우無憂·무아無餓·무갈無渴

등과 공空·무無·만滿의 사상을 낳았다.

　보는 주관과 보게 되는 객관이 동시에 존재한다. 다른 것을 보지 않고 듣지 않고 인식하지 않으면서 동시에 보고 듣고 인식하는 세계, 이것이 소小유한의 세계이고 대大무한의 세계이다.

　비非는 비비非非이고 불不은 불불不不이며 무無는 무무無無인 경지, 속박되면서 속박되지 않는 경지, 이것이 범아梵我의 무한·불사·무제無際의 경지이다.

　'범아'의 경지는 또한 유有·지知·희喜의 경지를 넘나든 자, 실유實有는 무無이며 식識은 불不이다. 인도의 철학에서는 이들을 인식하는 경지를 혜소성慧所成이라 한다. 혜소성은 인간의 인식논리의 한계를 뛰어넘는 경지이다.

　혜慧는 '혜'에 의해 인도되고 '혜'에 의해 의지依支되며 세상은 '혜'에 의해 인도되고 의지된다. 브라만은 혜慧다. 혜는 영원의 불멸자이다.

　기원전 5세기 붓다가 6년의 명상고행 끝에 깨친 대각大覺, 그 깨달음도 혜慧·지혜知慧이다.

　인도의 성자들은 참을 두드리는 수행을 혜慧를 얻기 위한 수도修道로 본다. 자기의 성性을 찾는 것으로 본다. 요가瑜伽나 선정禪定도 궁극적으로는 지혜를 얻기 위함이다. 혜慧는 성性이며 '나'의 참모습이다.

　요가의 수행은 혜소성慧所性을 두드리는 것이며 브라만과 아트만·범아梵我·우주와 나를 일치 합일시키는 것이라 보았다. 그 합일은 '집중'에서 오고 '수행'에서 온다.

　「우파니샤드」에서는 '브라만(梵天)'과 '아트만(個我)'은 순정신적인 것으로 본다. 여기에는 인간의 언어가 개입되지 않는다. 만유는 유심唯心이며 일체의 현상은 혜慧를 통해 일체의 현상계를 '마야' 즉 환영幻影을 통해서 내다볼 수 있다고 생각한다. 환영은 명상・요가의 수행과 관계가 있다.

현상계와 본체는 범梵과 아我, 2상二相으로 바라본다. 범천梵天 즉 '브라만'은 유형有形・사死・정靜・형이하形而下로 보았고, '아트만' 즉 아我는 무형無形・불사不死・동動・형이상形而上으로 보면서 전자는 시간에 제한을 받고 후자는 시간에 제한을 받지 않는 것으로 본다.

그리고 전자를 비진실非眞實로 보고 후자를 진실이라 할 때 비진실은 쉽게 비진실과 상통하게도 된다. 이러한 환술幻術과 내제관內制觀은 수면睡眠과 각성覺醒에 대한 철학적 관점을 나아 정좌명목正座瞑目의 요가수행의 학과 도의 주장을 낳게 되었다.

청정한적淸淨閑寂 즉 숨(氣息)의 조정, 5관제어五官制御에 사념집중・무념무상의 황홀상태 진입 등은 지혜의 터득에 밀접한 관계가 있다.

'범아일치梵我一致'를 통한 깨달음의 경지는 한편 영원의 안은安隱에 도달하는 경지이기도 하며, 생과 사의 세계를 이탈하는 경지이기도 하다. 여기에 필연적으로 대두되는 것이 윤회와 업의 해탈・열반문제가 수반한다.

4) 우주와 '나'의 결합

인도의 철학사상이자 경전인 「우파니샤드」에는 기본적으로 '브라만' 즉 우주와 '아트만' 즉 나의 영혼의 결합을 다루었다.

우주 즉 브라만(Brahman, 梵天)이란 무엇인가?

브라만은 우주와 하늘, 신이요 절대자, 창조의 빛이다. 이것을 그리스에서는 '플래그마'라 한다. 우주는 하늘이며 신神·영력靈力의 존재, 신성한 원리, 창조력, 동력의 힘, 불변의 본질이다. 우주는 하늘의 세계, 신의 세계이다.

"우주의 빛은 하늘 특유의 순환·호흡·굽이침 작용을 하며 진리로서의 본질을 유지하면서 또한 일체의 피조물 속으로 분화되어 들어가 도道가 되고 명命이 된다. 우주의 빛은 창조의 에너지·태양과 영원한 존재, 그 본질이며 그 심장은 항상 수축·창조·유지·파괴의 순환작용을 한다."

브라만 즉 우주의 신은 태고의 여호와신이며 힌두교의 시바신·비슈누신과 그리스도교의 신 즉 천주님·하나님이다. 이슬람교의 알라신과 불교의 붓다·여래如來·보살·명왕明王이며 티베트의 라마신이고 유교·도교의 하늘이며 도道·법法이며 빛이다.

브라만은 신이요 하늘이다. 브라만은 영원의 시간이며 공간·절대자요 창조자이다.

아트만(Atman)은 무엇인가?
아트만은 '나'요 개아個我·영혼이다.
'나'는
영혼이며
의식·자각력이요
신체의 심장이다.
'나' 속에는
우주의 창조력, 신비의 분화력·화현력化現力이 파고들어
생명체가 되어 있다.

이 세상에 존재하는 일체 만유萬有는 '나' 즉 아트만이다. 브라만은 대우주 즉 신이요, 하늘 즉 아트만은 소우주의 '나'라고 하는 작은 하늘이다. '나'는 가장 작으면서 동시에 가장 크다. '나'는 먼지보다 작지만 지구보다 크다. '나'는 영혼이요 마음이다. 그러나 그 마음은 그 자신을 모른다.

"아트만은 육체 속에 있지만 이세상 모든 것이며 불생·불멸의 존재·우주·하늘·신, 그 자체이다."

아트만은 나의 마음속에 있으면서 자아를 통제하는 불멸의 존재이다. 나의 영혼은 잠이 깬 상태, 꿈의 상태, 무의식의 상태, 순수의 상태가 지각력의 강도에 따른다.

"'나'는 곧 우주이다. '나'는 도道와 빛이다."

아트만은 무無이지만 유有이고, 공空이지만 색色이다. 나 속에는 영혼이 있고 그 속에 우주를 채운다. '나'는 제행무상諸行無常 제법무아諸法無我, 그리고 도법무위道法無爲의 세계이다.

우파니샤드 철학사상 속에는 마야(maya)라는 창조력·에너지·신통력 등을 뜻하는 인소因素가 작용한다. 마야는 우주와 나를 결합하는 창조적 의지·굴절에너지·신통력과 미망迷妄의 영원한 굴레이며 변화의 에너지, 구속력의 의지, '물질적 환영幻影'이다.

브라만이 창조의 의지에 의해 현상계가 만들어지는 것은 마야의 힘이다. 마야는 흔들림의 현상, 수많은 광체를 조화시켜 전생轉生의 에너지를 만들고 생사윤회를 촉진한다. 마야는 인과법칙, 시간과 공간, 형체와 존재 사이에서 우주와 '나'를 융합시키고 변화시키며 굴절시킨다. 인간의 식별력의 흔들림, 영적 어둠, 불교의 무명無明·무지無知를 낳으며 생사전생轉生을 촉진한다.

　마야는 이세상 일체의 동식물·무생물 속에 작용하고 태어남·변화함·파괴·균형에 열정을 수행하며 지구를 태양에 돌게 하고 별의 균형을 유지하며 궤도순환 곧 생성·기멸케 한다.

　마야는 우주적 환영체幻影體이다. 마야·우주 곧 나의 영혼은 별개가 아니다. '마야는 본래부터 내재되어 있는 우주의 창조의지[에너지]의 가시화可視化이며 우주·하늘의 본질 속에 있는 창조의지·굴절의지이다.

　마야는 우주의 호흡이요, 창조질서의 에너지이다.

　우주와 '나'의 영혼 사이에는 마야에 의해 작용되지만 궁극적으로 윤회되고 전생되는, '굴러가고' '흐르는' 길이 있고 코스가 있다. 이 인소因素가 삼사라(samsara)이다. 이 삼사라사상은 인도 고대 아리아, 인더스 문명 속에서 배태되어 온 신앙사상이다.

　일체만물은 영원히 더 낳고, 더 죽음이 없어 생사가 유전되며 '카르마' 즉 업業에 따라 계속되는 삶과 죽음 사이를 떠돈다. 삼사라는 전세前世·내세來世 사이에서 인과업보를 다룬다.

　인간은 '나'의 영혼이 육체를 빠져나가면 호흡이 그 뒤를 따르며 감각기능이 또한 뒤를 따른다. 이때 그가 지은 행위 즉 업에 따라 그가 새로이 깃들이고 생장할 생체를 따라간다.

　윤회의 과정은 신의 영역인 하늘, 사람·아수라와 고통의 영역인 아귀·축생·지옥 등이다. 빛의 영역인 천상계는 진리를 추구하는 마음이 항상 있고 어둠의 영역인 축생계에는 먹이를 찾기 위한 고통뿐이다.

　'삼사라'는 우주와 나의 영혼이 마야에 의해 굴러가는 명命의 여정을 말한다. 사람이 이세상에 태어나는 것은 60억 마리 정자精子 속에서 선택을 받아 아트만 즉 자아自我를 찾게 된다.

'삼사라'는 태어남과 죽음, 밝은 빛과 어둠의 세계를 말한다. 사람은 죽으면 언어는 불 속에, 호흡은 바람 속에, 눈의 시력은 태양에, 청각은 사막에, 육체는 흙이 된다. 이 순환은 업業에 따르는 것이다. 이 과정은 수레바퀴와 같다. 이 수레에서 벗어나는 것이 해탈解脫이다. 해탈은 '삼사라'에서 벗어나는 것이다.

우주 즉 브라만과 '나' 즉 아트만이 완전히 결합하는 경지, 합일合一을 이루는 경지가 모크샤(moksha) 즉 해탈의 경지이다. 모크샤 곧 해탈은 윤회의 굴레에서 벗어나 우주 즉 신의 질서 속에 완전히 돌아가는 경지이다. '해탈'은 '벗어남'이요, '돌아감'·'결합'의 경지를 뜻한다.

인도의 철학, 인도의 모든 종교는 이 '해탈의 경지'를 깨달음의 경지로 보고 구법·구도의 득도得道경지로 본다. 신의 신앙, 우주의 신앙, 하늘의 신앙의 종점이 모크샤이다.

"해탈이란 마야의 미망迷妄과 '삼사라'의 구속에서 벗어나 우주로 돌아가는 것을 뜻한다."

"모크샤 즉 해탈은 나의 영혼의 윤회의 악순환에서 풀려나는 것이며 허상虛像으로서의 '나'를 버리고 나 자신의 본질, 순수환 본성, 우주에 돌아가는 것이다."

이 세상 일체는 시간과 공간의 제약 속에 인과응보의 카르마 즉 업業을 받는다. 이를 벗어나기 위해서는 다시 능동적으로 새로운 삶 속에 뛰어들어야 하며 보다 높은 불멸의 행복을 찾기 위해 나 자신의 본성本性인 우주 속의 '나'를 깨달아야 한다. 그리고 그 다음에 우주의 본질인 브라만·신 곧 하늘을 깨달아야 한다.

그리해서 궁극적으로 나의 영혼과 우주·하늘·신과 하나로 합일合一되어야 한다. 이를 깨달았을 때 비로소 행복감·해탈을 얻는다. '모크샤' 즉 해탈을 경험한 수행자에겐 다음의 특징이 나타난다.

주인공은 '불멸자체'가 되며 모든 곳에 충만한다. 자기 자신 속에서 우주 전체를 보며 우주 속에서 자신을 본다. 일체의 헛된 바램과 죽음에 대한 공포가 없다. 행위의 구속력 즉 카르마의 냉혹한 법칙으로부터 풀려난다. 행위하는 자가 아니라 행위를 지켜보는 자가 된다.

모크샤 즉 해탈은 인도철학의 근간이기도 하다. 남에게 피해를 주지 않는 선善행위는 나를 속박하지 않는다. 달관된 경지와 행위 속에 행위하지 않는 경지에 이른다. 진리에 대한 의문점을 갖지 않는다.

우주와 자아에 대한 지적 이해를 통해서가 아니라 행위의 직관적 경험을 통해서 얻는 것이기에 어떤 의문에도 의연하다. 마침내 윤회와 해탈에 이르러 어디에도 더 이상 관심이 없는 경지, 본질이 어디에도 속해 있지 않는 경지에 이른다.

속박이 없는 것, 그것이 해탈이다. 마야에서 벗어난 나의 영혼은 언제나 자유롭다. 또 자아는 순수하다.

명상·고행·선정·기도 등을 계속하면 무지의 베일이 벗겨지고 우주·하늘 그 자체의 본질이 드러난다. 우주와 '나'가 하나가 된 범아불이梵我不二의 상태, 이 경지가 곧 해탈이다.

우주와 나, 개아個我의 영혼이 우주의 법인 달마와 합일을 이루는 범아일여梵我一如의 경지이다. 해탈은 지혜의 길, 행위의 길, 신애信愛의 길이다.

해탈은 우주의 질서, 달마(dharma)와 합치되는 경지이다. 달마란 법칙이요, 종교적 진실·윤리·관행과 사람의 도, 삶의 빛, 삶의 의무를 가리킨다. 해탈은 대각大覺이다. 해탈은 '우주와 나'의 합일, '하늘과 나'의 결합, '신과 나'의 합치이다.

인간의 신앙이란 궁극적으로 절대자인 신神, 진리와 도道의 주체인 하늘, 이세상을 낳고 다스리는 질서의 주체인 우주 속에 '나' 자신의 영혼과 마음, 머리와 몸을 포개어 그 품속에 결합을 이루어 안기고 귀의歸依하는 것이다. 따라서 종교는 그 '신과 인간의 결합'의 길을 다룬다고 해도 과언이 아니다.

신이란 무엇인가?

나는 무엇인가?

그 신의 우주, 신의 하늘, 그 빛, 그 진리 속에서 합일하는 지혜의 길, 그 두드림의 길, 그것이 신앙이다.

모든 종교는 바로 이 길을 다루었다. 그리고 모든 종교는 이 길, '신과 나'가 결합을 이루는 이 길을 '나'의 닦음의 길, '나'의 수행을 통해 나 속의 신을 찾는 길에 두었다.

나를 갈고 닦아야 신神을 찾는다. 신앙의 길은 '나'의 찾음의 길이요, 그것이 또한 신이라는 진리를 찾는 길이다.

'나'는 무엇인가?

나의 성性, 나의 참모습은 무엇인가?

신의 진리, 우주의 법, 하늘의 빛은 그 속에 있다.

나는 이 원리, 이 규범을 많은 성서·경전 속에서 배운다. 특히 인도의 경전들 속에서 '우아일치宇我一致' 철학을 배우고 유교·도교의 경전 속에서 하늘의 도道와 사람의 도道의 합치사상을 배우며 기독교·이슬람 성전 속에서 신과 인간의 삶 관계의 하나됨을 배운다.

'신과 영혼의 합일'을 다룬 힌두교의 경전「우파니샤드」는 유교의『논어論語』와 함께 오늘날 전세계의 석학, 진리를 탐구하는 학자, 신앙인들에 의해 읽히고 있다.

「우파니샤드」에서는 총 108종류의 문답이 스승과 제자 사이에 이루어졌다. 또한 기원전 7세기경 문자화 된 이후 많은 수정이 가해진 철학사상이기도 하다.

「우파니샤드」는 하나의 관념론이요 형이상학이라고도 하나 세계 '모든 종교의 뿌리'임은 확실하다. 「우파니샤드」는 종교철학의 원조라고도 한다. 또한 종교의 근간이라고도 한다.

「우파니샤드」는 플라톤·칸트도 심취했고 최초로 쇼펜하우어도 번역을 했으며 에머슨·크라우제·모미센·막스뮬러·로이스·홈 등 많은 석학과 철인들이 읽고 제각기 찬사를 보냈다. 에머슨은 '인간영혼이 잠재된 책'이라 했고 쇼펜하우어도 '삶과 죽음의 빛'이라 했다.

「우파니샤드」는 단일한 책이 아니라 뒷날 두고두고 첨가된 사상서요 문학이며 경전이다.

니체가 말하기를「우파니샤드」는 인도·그리스·독일 철학과 같은 위치에 놓았고 소크라테스 이전의 철학에 대하여 가장 충격과 큰 암시를 준 책이라 했다.

우주와 개아個我 즉 '나'의 문제는 철학이나 종교의 가장 기본적인 문제이다.

    모든 종교는 여기에서 출발한다. 그리스도교의 신과의 계약, 도교의 무위자연의 우주, 유교의 안심입명安心立命의 하늘, 불교의 자아해탈의 도道는 한결같이 절대자와 불완전한 인간관계에서 출발한다.

3. 종교, 그 신의 하늘

행성!
행성은 하늘을 돈다.
하늘 속에 태어나 하늘을 지키며 하늘을 돈다.
행성은 떠돌이별이 아니다.
행성의 자아 속에는 해를 지키는 용광로가 있다.
그 태양 속에 스스로의 불을 태우면서 우주의 궤도를 돈다.
행성에는 행성의 이름이 있고 행성의 길이 있다.
행성은 태양의 불씨를 영혼 속에 안고 하늘을 돈다.
행성은 나를 안고 하늘을 돈다.

신神!
진리, 삶의 빛, 생명의 길.
신이란 하늘이요 우주, 질서이며 섭리, 규범의 대명사.

명命이며 도道와 법法을 일컫는 말이요 이세상이요 저세상
그 창조자·제세자·주재자이다.
신은 창조자이며 절대자, 영원한 존재이다.

사람은 사람을 뛰어넘지 못한다.
이세상, 생명의 질서, 저 세상을 모른다.
사람은 내일을 모른다.
불완전하고 불안한 존재이다.
이것을 모두 신에게 기댄다.
사람은 삶의 진리, 삶의 빛을 바란다.
그 속에 신이 있다.

신은 사람의 신앙 속에 존재한다.
사람은 신앙을 통해서 신과 대화를 나누고
신에게 바램을 호소하며 신에게 참회를 하고
신에게 사람으로 태어나고 이세상을 살게 된 것을 감사한다.

신神은 사람의 삶의 빛 속에 하늘로서 존재하고
사람의 참을 두드리는 영혼의 신앙 속에
우주로서 존재한다.

1) 종교를 통한 신과의 결합

　　사람은 신神을 믿는다. 신이 무엇인가? 인간은 불안·어둠에서 벗어나고 싶어 한다. 그래서 불가사의한 신비의 존재, 절대의 대상에 의지

한다. 신이란 신앙상의 존재이다.

　종교宗敎는 "인생을 초월한 숭고한 존재, 위대한 존재, 절대적인 존재, 즉 신神·불佛·하늘 등을 외경畏敬하는 마음에서 이를 숭배·신앙하여 제의祭儀를 행하며 그로부터 위자·안심·행복을 얻어 인생의 결함을 보충하는 기능"이다.

　영어의 '미스테시즘'은 본래 그리스어의 "눈 또는 입을 막다"에서 비롯되었다. '그노시스파'와 '에크하르트'사상은 모두 신비사상이다. 이슬람의 '수피즘'도 신비사상 계열에 든다. '수피즘'은 지중해 지방에서 2~3세기에 일어난 '인간과 신비적 결합', '영적인 지知에 의한 구제' 등의 신비주의 사상이다.

　그리스도의 성령聖靈과의 합일사상, 아리아민족의 우주와의 합일, 불교에서의 요가나 명상·선禪을 통한 깨달음도 그렇고, 그리스신화 속의 육체와 영혼의 분리나 지知에 의한 혼(靈魂)의 분리, 로마의 여러 신들의 인간변화 등, 그리고 마야교의 창조주의 신과 인간의 지知의 탈취, 조로아스터교·마니교 등의 천지·명암의 신의 소명, 유교의 하늘, 도교의 천제 등은 모두 신과 인간의 마음, '하늘이란 절대자'와 '인간'의 마음의 신비체험을 통한 믿는 자와 절대자 사이의 계시·감화·유감類感의 미스테시즘 본령이다.

　이 미스테시즘은 절대적 존재와 인간의 결합관계이기도 하다. 신이나 하늘은 절대적 존재요, 창조적 존재요, 주재적 존재이다. 이 존재를 인간은 심령心靈으로 교감·합일하는 것이다.

　인간은 불가사의한 신비의 존재, 절대적이고 영원한 존재를 두드려 그의 유감類感을 통해, 교감交感을 통해, 나아가서 결합을 통해 인간의 어둠과 불안·절망을 벗어나는 것이다.

고대 원시생활 속에서의 주물呪物의 페티시즘이나 샤머니즘의 엑스타지도 그렇고 애니미즘의 교섭이나 마나이즘의 빙의憑依와 의지依支, 그리고 토테미즘의 교감이나 영혼의 터부사상이나 정령精靈의 포세션 등도 절대자와 불안전하고 유한한 인간의 신비적 교섭, 수피즘의 영역에 넣어 생각할 수 있다.

이것은 다신교의 다령多靈믿음도 같다. 인간은 태양이나 물·불이나 바람·병·재앙·변고 속에도 영靈을 인정하고 선과 악의 절대경지 즉 오시리스의 판정을 한다. 저 마니교의 불, 마야의 영웅, 미도라스의 신관神官, 그리고 이승·저승·천당·지옥 등 신비의 손, 절대자·주재자·심판자의 힘 등이 모두 그렇다.

무릇 인간이 어떤 신비의 대상에 대해 외포畏怖의 감정을 갖고 그 존재와 교류하는 가운데 생활한 것은 인류의 역사와 시원을 같이 한다.

인류는 사자死者와 사후세계, 그리고 대자연의 변화, 동식물의 생식 등 인간이 들여다보지 못한 대상과의 교감을 위해 정령精靈에 대한 애니미즘, 부족 등의 수렵생활에서의 토테미즘 곧 주술呪術 등의 제례의식이나 치료 등에서의 샤머니즘 등 여러 형태의 신神, 그 초월적 존재와의 교감 속에서 삶을 영위해 왔다.

이러한 정령숭배는 점차 인간의 의식진화와 함께 신이라는 인격화한 절대적 존재의 숭배로 바뀌어 높은 신, 위대한 신으로 바뀌었고 인도 등의 세계에서는 브라만 곧 우주의 근본원리, 그리고 개개에 내재하는 아트만 등으로 승화하기도 했다. 또한 이집트나 고대 중국에서는 태양신·

천신, 하늘의 제왕 황제黃帝 등 인간집단의 통치자인 왕王과 결합하여 숭앙하기도 했다.

그리고 왕중의 왕, 일신一神의 신앙과 다신多神의 종교가 출현했고, 하늘(神)과 인간, 깨달은 자로서의 붓다(神)와 인간 등 신은 절대자·초월자만이 아니라 인간이 신의 경지에 도달하고 신과 인간의 교감이 이루어지는 일체감 속의 신의 숭배경지에까지 도달했다.

한편 세계사 속에는 세계의 기원, 인류의 기원, 신과 영웅의 이야기를 담은 신화도 생겼고 태양신, 선악의 신, 불(火)의 신, 대지의 신, 천공天空의 신, 수호의 신, 농경의 신, 명계冥界의 신, 수렵의 신, 술의 신, 미의 여신 등 인간의 체취가 풍기는 신들과 신화도 역사에 등장했다.

이들 신과 인간과의 관계는 어디까지나 불완전하고 불안한 인간의 삶을 절대적 존재, 창조적 존재, 그리고 주재적 존재인 신의 빙의憑依·귀의歸依를 통해 그 불안과 불완전을 벗어나려는 데 있다.

신神이란 어디까지나 신앙상의 존재요, 믿음 속의 존재이다. 그러나 간절하고 절실한 신앙은 그것이 진실과 진리, 삶의 절대적인 힘과 빛을 심어주게 되어 인간은 불안·공포에서 벗어날 수가 있다.

영원한 신을 신앙하는 사람은 죽음을 두려워하지 않고 이세상에서 선행을 하고 자비를 베풀며 어질게 살려고 노력한다. 그것이 신과 인간이 결합하는 길이다. 신의 신앙은 '밝음'에 대한 믿음이요, 삶의 '바름'에 대한 믿음이다.

신은 어디까지나 믿음·신앙 속에 존재한다. 믿음은 가장 강한 삶의 힘이다. 신은 내일에 대한 믿음이요, 불완전함·불안함·유한함·방황 속에서의 벗어남·해탈이다.

2) 진리의 빛, 절대적 존재

신神은 인간은 아니다. 신은 완전한 존재요, 영원한 진리의 존재이다. 인간은 절대자가 될 수 없다. 신이나 하늘은 인간은 아니다. 불완전해서는 안된다.

하늘이나 신은 인간과 같아서는 안된다.

오늘날 종교가 아무리 현대화하고 의례화한다고 해도 깨달음이 곧 하늘이 되고 수도자나 전도사가 곧 신이 되고 하늘이 될 수는 없다. 하늘이나 신은 어디까지나 인간의 마음, 인간의 영혼 속에 섬기고 모시고 받드는 존재이다.

종교는 신비주의를 벗어날 수가 없다. 종교는 신비적 체험의 울타리를 넘을 수는 없다. 우주창조의 신, 하늘의 천체天體, 대자연의 진리 등 종교는 인간의 소망, 인간의 간구를 계시를 통해서 강화하거나 신비의 유감화를 통해서 인간의 영혼과의 교섭이 이루어져야 하고 절대자와의 합일을 가져와야 한다. 마치 『신약성서』 등에 보이는 죽은 예수가 바울이나 요한에게 나타나 말씀을 주고받거나 도솔천의 보살·붓다가 현상계에 나타나 구도자의 수행을 이끌어가는 것과 같다. 이것이 종교이다.

종족이나 자기 민족을 곤경에서 구출하기 위하여 몸소 나서서 구원을 간구한 사자가 신의 계시나 예언을 받고 그의 계명을 받는 것도 같으며 어떠한 기적이나 이적 속에서 신비한 교감을 갖는 것도 모두 인간의 영혼적 합일의 경지이다.

　그리고 중세·근세에 이르러 이러한 절대자의 존재나 권능은 인간생활의 이상과 결합하여 삶의 진리, 삶의 빛길, 삶의 밝은 길의 안내자·주재자·심판자로서의 신이나 하늘로 섬기고 받들게 된 것이다.

　우주의 창조자 주재자로서의 신神은 법法의 존재요, 우주의 섭리자, 생명의 주재자, 인류의 진리적 존재는 하늘을 도道의 존재로 섬기는 데 이르렀다. 신이나 하늘은 사람을 낳았고 사람의 삶의 뜻을 밝히고 사람의 참다운 길을 가르치고 이끌고 다스린다.

　인간은 그 법의 존재, 도의 존재, 진리의 존재인 하늘이나 신을 주의적主義的으로 그 절대적 존재의 뜻을 받들고 길을 숭앙하며 주정적主情的으로 그 창조자의 도와 법을 찬양하고 감사하면서 받아들이고 주지적主知的으로 그 섭리자의 참길, 밝은 빛길을 진리로 삼아 그를 쫓고 결합을 이루는 것이다.

　또한 신은 신을 두드린 그 민족과 밀접한 관계에 있다. 종교에 등장하는 창세신화나 세상을 연 신화 속에는 종족·부족이나 민족이 관련지어 있지 않은 것이 없다. 나라를 연 창세자는 하늘이 낸 영웅, 신의 사자, 권세자이다. 하늘이나 신은 종족이나 민족의 삶, 싸움, 승리나 패배, 괴로움·위험·굴욕 등 애환과도 결부된다.

　고대 그리스신화에 나오는 영웅이나 제왕 또는 아름다움이나 힘의 동경의 대상인 주인공들은 모두 신이었다. 로마는 이들 신의 이름을 라틴풍으로 바꾸어 천신天神·해신海神·태양신 등으로 섬겼으며 기원전 1500년 전후 아리아민족은 다신을 섬겨 우주의 달마[法]를 신의 권력, 신의 섭리로 믿었고 하늘의 신, 땅의 신, 바람의 신, 불의 신, 새벽의 신 등 많

은 신령神靈을 섬겼다. 아리아민족은 그들 종족의 우월성을 바라문 계급
으로 승격하여 신과 인간을 접속시켰다.

중국의 고대사에 등장하는 천제天帝・황제黃帝・천자天子 사상은 민족
이나 종족의 주재자・통치자이자 신이다. 우리 한민족 고대의 신神인 한
웅・환웅과 하늘의 신도 하늘의 제왕이자 한민족의 통치신이다.

인류의 고대사에는 어느 민족, 어느 종족이나 신을 섬기지 않은 민족
은 없다. 슬라브민족・게르만민족・스키타이민족・이집트민족・오세아니
아민족・멕시코민족, 그리고 잉카민족・에스키모민족 등 그들은 태양
신・농경신・북극신 등 이름은 달라도 한결같이 그 민족이나 종족의 통
치신・주재신들이 있었다.

3) 삶의 철학과 신

신神이란 무엇인가?
신을 섬기는 것은 철학인가 종교인가?
하늘과 신의 문제는 삶이란 무엇인가의 문제이고 삶의 문제는 철학
이면서 종교의 문제이다.

철학과 종교는 인간이 살아가는 데 있어서 '인간적 삶의 궁극적 통일'
을 구한다는 점에서 양자는 친근성이 있다. 서구역사를 보면 그리스 철
학의 발생기에 있어서는 종교와 철학은 하나로 융합되어 있었다. 소크라

테스 이전의 피타고라스의 경우는 좋은 예이다. 그들은 지혜를 사랑했고 지혜를 구하는 철학적 인식의 도道는 그대로 혼魂의 해탈과 평안平安에 이르는 종교적인 생生 자체였다.

그 후 플라톤과 아리스토텔레스의 철학은 그리스 민족의 종교에 대한 비판과 방황이었으며 한편 세계의 종교적·신화적인 것을 좀더 지적으로 세련하여 재제기하는 일이기도 했다.

플라톤의 철학이 말한 이데아의 세계에 있어서 최고의 이데아인 선善의 이데아는 신이었다. 아리스토텔레스 철학도 세계의 운동의 제일원인으로서 '부동의 원동자'는 신이었다.

이들은 학문적 인식인 철학과 혼의 구제 또는 해탈을 목표로 하는 종교적 요구를 합일시킨 것이다. 그러나 이러한 종교와 철학의 이러한 통일은 결렬되기도 하여 서로 대립되기도 했다.

또한 종교는 삶의 지혜를 다루는 철학 속에서 맥을 같이하며 생성되었다. 그리스에서는 지혜를 말한 소크라테스, 그 제자 플라톤·아리스토텔레스 등이 '사람은 무엇인가?' '존재란 무엇인가?' '최고 존재와 신' 문제들을 제기하였다.

그리스도교 이후는 중세철학인 아리스토텔레스 철학과 결탁이 이루어졌고 근대에 들어서서는 인간의 이성이나 주관이 중시되는 데카르트 철학, 계몽사상을 거쳐 니체에 이르러서는 급기야 "신은 죽었다"고 선언하는가 하면 마르크스의 유물론, 프로이드의 정신분석학이 제기되어 미개사회 분석과 함께 종교의 신의 구조를 밝혀 문화인류학적 접근이 이루어졌다.

또한 종교는 갈릴레오에 의한 지동설地動說이 15세기에 제기되어 가톨릭교회의 분규가 일었고 종교의 '성스러움', '성聖의 세계'는 과학의 발달과 함께 '세속世俗과 성聖의 문제'가 계몽사상·시민혁명을 거쳐 사회주의, 정치체제 출현과 함께 종교는 세속화의 운명을 겪기도 했고 원리주의原理主義의 반발을 사는 데 이르기도 했다.

한편 종교는 세속의 가치관에서 원리주의의 싹에서 청교도淸敎徒들의 "성서聖書에 돌아가야 한다"는 정교政敎분리의 민주주의가 세를 이루면서 루터의 '성서의 세계에의 회귀'는 종교개혁의 횃불과 함께 그리스도교도는 새로운 면에서 정치에 적극 관여하게도 되었다.

그리고 이슬람의 원리주의는 몇 갈래의 흐름을 가지면서 '이슬람 원점에의 회귀', 아랍연합공화국, 무슬림동포단, '성전聖戰[지하드]운동' '이슬람 내부집단' '이란-이라크전쟁' '이슬람 법학자의 지배' 등 여러 가지 우여곡절을 겪으면서 원리주의운동에 많은 문제가 야기된 채 동요를 겪고 있다.

종교는 역사적으로 보아 민간신앙에서 구별되어 있던 종교가 점차 공개적으로 되었고 민족 속에, 인류 속에 확대되었다. 그러나 중세의 그리스도교 세계에 이르러서는 종교가 철학에 의해 세련화된 그리스의 경우와는 반대로 종교인 그리스도교가 철학보다 우위에 서게 되었다. 그러나 이때도 철학이 배제된 것은 아니고 그리스도교 신앙의 진리를 합리적으로 설명하는 역할을 했다.

그리스도교는 로마제국에 의해 공인된 유일의 종교가 되었고 복음신앙의 깊이도 폭을 넓혔다. 그리스 철학의 지적 궤도의 외부에 있었던 신의 계시의 신앙을 인간의 합리적인 지적 입장에서 통합하려는 것이었다. 곧 중세의 아우구스티누스와 토마스 아퀴나스의 신학이 이를 촉진한 것이다.

아우구스티누스는 플라톤 철학의 개념을 사용하여 그리스도교 신앙을 설명하려 했기에 토마스 아퀴나스는 아리스토텔레스 철학의 용어와 사상을 가지고 신학을 조직했다. 다만 인간은 신의 현존재에 대해서는 철학적 이성의 힘을 빌려 확실한 지적인 깊이를 가질 수 있으나 신의 내적 본질세계와의 관계를 가지지 않는 신 자체의 영역에는 그리스도에 있어서의 계시의 사실을 받아들이는 신앙에서만이 받아들일 수밖에 없었다.

여기서도 문제가 된 것은 신앙과 이성의 관계인데 신앙이 이성보다 상위에 놓여야 한다는 점은 중세철학의 일관된 통념이며 특징이었다. 철학은 종교적 관념에 봉사하여 그 진리성을 변명하는 정도였다.

근세철학은 '종교에 대한 철학적 사색의 자유의 복권'과 같은 성격을 갖고 있다. 중세의 철학이 종교적 신앙을 합리화하는 것으로 보존한 것처럼 근세철학에 있어서는 종교가 결코 부정되지는 않고 철학적 단련을 받아 세련·심화된 것이다.

근세철학은 일찍이 플라톤이나 아리스토텔레스의 그리스 철학이 신화적 종교에 대해서 취한 '파괴와 재건'의 태도를 그리스도교에 대해서 갖게 된 것이다. 따라서 그리스 철학의 경우처럼 '종교적 철학의 재구성'이 근세철학의 임무의 중요일면이다.

데카르트에서 칸트를 거쳐 헤겔에 이르기까지 여러 종교이론은 철학적 합리성의 입장에 서서 하나의 '이성적 종교'를 생각한 것이다. 종교이론과의 상이점은 이성이란 원리의 성격차이다. 데카르트는 '신의 존재'와 영혼불사의 이론을 제기했다. 그는 갈릴레이에서 비롯된 근대과학의 기계적 자연관과 그리스도교 신앙을 조화시키기 위해서는 만인에게 주어진 '자연적 이성'의 입장에 서는 철학이 불가결하다고 했다.

칸트철학은 데카르트와 같은 자연이성의 입장이 아니라 '이성이 이성 자신 속에 반성된 비판적 이성'의 입장이었다. 칸트는 데카르트가 행한 신의 존재와 영혼불멸의 이론적 증명을 '독단적 형이상학'이라 보고 이에 대신하여 '도덕적 증명'을 꾀했다.

칸트는 이 문제를 이론이성(인식)보다는 한층 깊은 '실천이성(의지)'의 차원에 옮겨 '신의 존재와 영혼의 불사를 도덕적 신앙의 대상, 이성에 대하는 요청'으로서 긍정한 것이다. 칸트는 종교적 진리를 철학적 논의의 밖에 두지를 않고 이론이성을 초월한 실천이성의 차원에서 포착했다고나 할까? 어찌했든 데카르트보다는 한 단계 진행된 경지라 볼 수 있다.

헤겔은 그리스도교(종교)와 철학은 공히 절대자에 관한 것이라 간주하여 '종교가 절대자를 비유와 상징 등으로 표상하는 것'인 데 반해 '철학은 개념의 형식으로 절대자를 포착하는 것'이라 했다. 그리고 아는 것(주관), 알리는 것(객관)의 대립은 아직 남았다. 개념적 인식은 이 대립을 지양하여 인간과 절대자와의 '진眞의 통일統一'을 실현해야 함을 역설했다. 헤겔의 입장은 '철학이 종교의 진리'인 셈이다.

이 점에 대해 마르크스는 실증주의·유물론·유물사관 등을 통해서 종교부정의 철학을 제기했다. 이들 반종교적 철학자들은 '종교는 인간의 역사적 사회의 일정단계에서 발생하는 잠정적 현상'으로 본다. 인류사회가 진보한 장래에는 소멸할 에피소드에 불과하다는 것이다.

현대에 들어와서 키에르케골이나 야스퍼스·니체의 실존사상에서는 철학적 사색과 종교적 현실성 문제는 '사死의 불안不安'문제를 초극하는 절실한 과제로 보기도 하며 철학의 임무는 종교에 있어서의 생생한 진리를 이론적으로 반성하고 이것을 가능한 한 명료화한 의식으로 전환해야 함을 역설하고 있다.

　종교는 어디까지나 심령의 문제요, 철학자는 깊은 성찰과 반성을 통해 인간정신의 심층부까지 은폐와 변용이 없이 사실을 설명하지 않으면 안된다. 이것이 종교에 대한 철학의 과제이다.

　중세철학의 거성인 칸트는 종교철학에 대해서 깊은 관심을 보였다. 헤겔·피히테 등도 종교철학에 대하여 관심을 보였다. 사실상 종교철학은 이들로부터 문제제기가 되었다. 중세 그리스도교는 이들 철학자들에 의해 절대자·우주·정신·존재 등 철학적 개념에 의해서 보편적 진리를 확고히 했다.

　19세기에는 마침내 '종교학'이 등장했다. 막스 뮐러는 종교학에 있어서 종교의 본질을 철학적 이성의 입장에서 사변적으로 반성을 하기도 했다. 종교철학의 경우는 개개의 철학적 인생관과 가치관을 탐색했고 "종교는 어떤 존재인가"를 구명하려고 했다. 종교심리학·종교현상학·종교민족학·종교민속학 그리고 종교인류학도 생겼다.

　막스 웨버는 '종교사회학'을, 스타바크는 '종교심리학'을 제기했다.

　종교는 객관적으로 고찰이 가능한가?

　종교는 진리인가?

　종교는 단순한 지식이나 이론에서 다룰 수 있는 문제인가?

　종교는 경험과학으로서의 종교학만으로 충분한가?

　이런 문제는 근대에 들어오면서 더욱 많은 문제를 야기하게 되었다.

　무릇 종교는 원시민족의 사회에서 성행한 '원시종교'나 '민족종교'에서 문명사회에 이르러 확산된 '세계종교'·'역사종교'에 이르기까지 한결같이 인류의 정신적 지주로서 견지해 왔다.

고대 이집트·바빌로니아·인도·페르시아·유태·그리스·로마·인더스·게르만 등 그들은 민족종교를 가지고 있었다. 유대교는 오늘날 세계종교로 불리며 불교·그리스도교·이슬람교 등은 세계 3대종교로서 인증을 받고 있다.

세계종교의 기반은 민족종교이다. 불교는 힌두교에서, 그리스도교는 유대교에서 태어났다. 그러나 어버이에서 태어난 아들의 종교가 어버이를 능가하는 세계종교로 확산되기도 했다.

칼 야스퍼스는 기원전 5백 년경, 8백에서 2백 년 사이에 세계사에 한 단절이 생겼는데 이를 '추축樞軸시대'라 했다. 이 시대 인류는 정신적 우주에 전회轉回가 생겨 세계종교는 이 시기 이후 출현했으며 이 시대 세계각지에는 놀라운 에너지가 분출, 중국에서는 공자孔子·노자老子가 태어났고, 인도에서는 석존釋尊이, 팔레스티나에서는 에리아에서 이사야와 엘레미아를 경유 제2이사야에 이르는 예언자들이 출현했다. 그리고 그리스에서는 소크라테스·파르메니데스·플라톤 등 철학자들이 태어났다.

이들은 인간이 단순히 민족사회에서만 사는 존재가 아니라 '인류'라는 보편적 세계의 성원으로 생각하여 그때까지의 인류가 자기들과 자연계, 외적 우주와의 관계에 관심을 집중한 데 대하여 지금은 인간과 자기 자신의 내면에도 우주가 있다는 것을 자각, 그 '내면적 정신적 우주 속에 있는 자기의 위치'에 눈뜨게 되었고 '내면적·정신적 우주' 그 속에서의 자기의 위치를 더욱 의식하기에 이르렀다. 인간은 비로소 '인간이란 무엇인가?' '자기의 존재는 세계 속에서 무엇인가?'의 근본문제를 제기, 그 답을 세계종교에서 구하려 했다.

민족종교는 특정민족의 정치적·인륜적 관계를 '민족과 신神과의 결합'

속에서 확인하려 했으나, 세계종교는 민족·인종·국적을 초월한 인간성 인류라는 보편적 입상에 선다. 그리고 하나하나 '개인의 구제'의 성질이 분명해지며 '보편성과 동시에 개인성'이라는 성격을 갖는 것이 특징이다.

또한 세계종교는 그 어느 것도 '한 사람의 개인'에 의해 창설된 것, 개조開祖라는 특성이 있다. 붓다의 석존은 깨달음과 성도成道를 통해 이루어졌고 그리스도교는 예수의 메시아 구세주의 자각과 신의 나라의 복음과 십자가의 사와 부활을, 그리고 무함마드는 특수한 종교적 체험이 그 개원開源으로 되었다.

민족종교는 누구에 의해서라기보다 민족의 집단적 생활 속에서 자연 발생된 것이다. 또 세계종교는 가르침의 교전敎典과 교의敎義가 있으나 민족종교에는 그것이 없다. 세계종교는 하나의 교단敎團을 만드는 것이 종교의 특징이나 민족종교의 경우는 사회의 구성원이 하나의 교단으로 되었다.

그리고 세계종교는 대체로 현세부정적이고 현세초월적인 사상이 중심을 이루나 민족종교는 민족의 정치적·국가적 생활과 현세이익의 입장에 선다. 세계종교는 현세의 행복·소망을 궁극적으로 추구하는 삶을 부정하고 현세를 초월한 차원, 그 초월의 차원에 현세를 결부하려 한다. 붓다의 '열반'·'정토', 그리스도교의 '신국神國'·'천국' 등은 바로 그것이다.

오늘날 인간의 현세적 생활안전을 최종목적으로 하는 민족종교는 세계의 근대화와 함께 붕괴되어 가고 있다. 특히 근세·현세에 이르러 국가사회의 생활과 종교 사이에는 붕괴가 많이 오고 세계종교의 초월적 원리가 힘을 잃어가고 있는 현상도 살펴볼 수가 있다.

4) 신앙과 환경

종교는 그 종교를 낳은 민족의 삶의 환경과 밀접한 관계가 있다.

이세상에 신神은 많다. 여러 종교 속에 등장하는 신은 각각 그 민족성이나 역사적 환경에도 관계가 있지만 신학자들은 그 민족이 신앙하는 신은 삶의 풍토風土 즉 삶의 자연적·지리적 환경, 삶의 이념에도 관계가 있지만 그 이념도 환경적 풍토와 밀접하다는 말을 한다.

인간은 하늘과 땅 사이에서 산다. 하늘과 땅은 모두 같지는 않다. 같은 지구상이라도 위도에 따라서 다르고 경도에 따라서도 다르며 자연조건·기후조건·토양조건 등에 따라서 인류는 그 환경 속에서 적응 진화하면서 살아왔다.

같은 지구라도 기후적 조건이나 자연적 조건은 사람의 삶에 직접적으로 영향을 주기 때문에 인간은 그 환경 속에서 소망을 찾게 되고 삶의 방법을 찾게 된다. 진리의 신神, 하늘의 뜻을 찾는 것은 이러한 소망·바램이나 추구하는 기준과도 밀접한 관계가 있다.

인간은 엄격히 말하면 자연환경 속의 생명체이다. 그 자연환경 속에서 삶의 이념도 나오고 특히 정치·사회·학문·가치관도 출현한다.

유교가 출현한 황하문명과 농경적 환경, 정치사회는 중국적 환경이 있었고, 다양한 기후, 광활한 풍토, 몬순풍토의 인도 속에서는 불교나 힌두교·자이나교 등이 출현했다. 아라비아의 사막환경에서는 그 풍토 속에서 각 민족이 살아가는 이념과 관계가 깊은 신들이 출현했다.

불교는 "깨달음을 통해서 붓다가 된다"는 경지를 신앙의 거점으로 삼는다. 깨달음·깨침은 참다운 사람을 추구하고 있으나 본시 '참다운 사람', '삶의 괴로움, 삶의 고苦와 위협을 뛰어넘어 마음의 청정淸淨을 기하는 사람'이기도 하다.

인도의 북에는 히말라야 추위, 남쪽은 적도의 더위, 한쪽은 삼림, 한쪽은 사막 등의 지리적 환경 속에 건조기와 우기雨期, 열대와 온대 등으로 이어지는 척박한 자연환경을 갖고 있다. 사막의 황막한 땅에서는 이성적 수행이 필요하다. 이 환경 속에서 인도민중은 고대부터 '신神은 만물의 영원한 종자種子'로 생각하는 사상이 삶 속에 깊숙이 젖어왔다.

인도민족은 몬순시기 등에 삼림지대 속에서 명상·요가 등을 하며 신체의 기능·호흡조절·사색을 통한 신과의 결합을 생활화하고 있다. 이 속에서 힌두교·불교·자이나교 등 신앙이 싹텄다.

불교는 '신'이라고는 안했지만 절대자[大覺者] 붓다·여래·보살 등은 신이나 하늘, 또는 우주의 달마[法]와 같은 위치이다.

중국의 황하문명 속에서는 대지는 하늘이요, 하늘은 도道이며, 대자연 또한 천도天道로 생각하는 사상이 신앙화되었다. 황제黃帝는 황토黃土 대자연의 주인이며 천도天道의 주재자이다. 또한 하늘의 뜻, 하늘의 길은 곧 인도人道에 결부시켜 '사람의 참길'이 '하늘의 뜻과 길'로 생각했고 이를 바탕으로 천명天命사상도 싹텄고 선인善人·선행善行, 어짊과 덕, 예禮와 도덕을 당위의 길로 믿어왔다.

유교儒敎와 도교道敎 등은 이러한 중국의 대자연·대지·농경문화 속에서 신앙이 생겼다. 유교에서는 직접 신神을 말하지는 않았지만 하늘[天]을 절대적 창조와 진리의 존재로 생각한다. 도교는 천도天道를 대자연의 모습, 자연의 얼굴로 생각하며 유유한 자연 그대로를 삶의 길로 생각한다.

유대교·그리스도교·이슬람교 그리고 조로아스터교 등은 그 종교의 생성풍토·환경이 비슷한 점이 있다. 이들 종교는 사막지대, 황막한 지리환경, 열대·아열대의 기후환경 속에서 태어났다.

아라비아는 황량한 사막풍토 지대이다. 사막환경에서는 신神에 대한 간절한 소망이 일게 된다. 사막과 고원, 섭씨 40도의 더위 속에서는 물이 필요하고 하천이 절실하다. 또한 이 환경 속에서 여러 민족이 각각 세력을 확보하려는 갈등이 조성되고 선善과 악惡에 대한 강렬한 선택이 필요하고 정의의 심판자가 요구된다.

조로아스터교의 아후라마즈다는 엄격한 선악의 판관이었으며 선善만이 최강의 신, 정의의 신으로 추앙했다. 선악관은 유대교·그리스도교도 강렬한 영향 속에 있다. 선악관은 자기 민족의 정의감, 민족의 생성·기멸과도 관계가 깊고 자기 민족의 사활을 예언하고 계시하며 계약하는 절대자인 신의 존재가 필요했다.

신神은 민족을 단결시키고 자기 민족이나 종족을 살며 승리의 길로 이끄는 주도자이다. 이들 종교의 이면에는 사막민족의 전투적·반항적으로 인식하고 자기 민족은 신이 선택하고 인도하는 것으로 생각하여 단합·승리를 위한 인도의 결부가 필요하다.

이러한 민족의 신, 민족의 종교는 점차 범신교가 되고 세계종교화가 되었다. 특히 조로아스터교는 선과 악의 엄격한 판관의 신이며 유대교·그리스도교·이슬람교는 일신一神·유일신唯一神을 사막의 풍토에 모셨고 전지전능의 창조자, 신의 아들을 이세상의 구세주로서 섬기게 되었다.

유대교 · 그리스도교 · 이슬람교 그리고 조로아스타교의 신은 한결같이 전능자이고 창조자이며 일신신의 종교이다. 특히 이슬람교의 알라신은 강렬한 유일신이다. 이들 신은 유교나 불교에서처럼 사람이 수행을 쌓아 신의 경지, 절대적 진리의 존재가 되는 것은 아니다.

신과 인간은 엄연히 영역이 다르다.

관계가 있다고 해도 '신의 아들', '신의 종', '신의 사도'에 불과하다.

신은 인간에게 계시하고 계약할 뿐이고 선악행위를 심판할 뿐이다.

신은 창조자 · 조물주 · 규범자 · 주재자이다. 이는 사막지대 척박한 기후 속에서 인간과 자연을 초월한 존재가 필요하기 때문이요, 자기 종족의 정의를 지켜주는 신이 필요했기 때문이다.

같은 신이라도 인도적 풍토 · 기후, 몬순의 자연환경인 인도의 신은 신이 별계에 서서 인간에 군림하지 않고 신은 너와 나, 삶의 현실, 마음의 바램과 희열 속에 결합하여 존재한다. 이것이 종교에서 신앙하는 신의 특성이다.

고대 그리스에서는 그리스의 정신환경 · 풍토 · 자연환경 속에서 초월신이 아닌 인간에 가까운 신神들이 많았다. 신들은 사람처럼 유사한 점이 있었고 신성神聖하면서도 동시에 인간적이었다.

이는 지중해 연안의 건조한 풍토 속에서 '자연의 신화神化', '바다나 사막 등의 자연과 인간'의 삶에 어울리면서도 초인적인 다신多神이 필요했던 것이다. 신에 대한 추앙, 신의 등장은 자연환경 속에서의 인간생활 · 종족생활, 바램의 소망, 정신문화와 밀접한 관계 속에서 이루어졌다고나 할까!

5) 신과 말씀

　종교는 말씀이요, 말씀은 곧 도道이다. 도가 곧 신神이다. 신은 길이요 뜻 즉 삶의 진리이다. 이세상에는 '신'이 있는 것이 아니라 '말씀'이 있다.
　종교에는 신이 있고 신은 곧 '가르침'이며 '삶의 길'이다. 말씀을 유교에서는 도道라 하고 불교에서는 우주의 달마 곧 법法이라 한다.
　도와 법을 담는 그릇을 경전이라 한다. 인도의 종교 힌두교 등에서는 『리그베다』를 성전聖典으로 삼고 그리스도교에서는 성서聖書라 한다. 성서는 유대교에서는 『구약성서』라 하고 예수교에서는 『신약성서』라 한다.
　힌두교 역사는 기원전 2천 년에 거슬러 올라가며 그 『말씀의 서』인 성전은 국민적 서사시, 신에 대한 찬양의 서 『마하바라다』·『부라나』·『라마야나』·『마누법전』 등이 기원전 7~9세기에 이미 만들어졌다. 「우파니샤드」성전도 성문화해서 만들어졌다.
　『리그베다』성전에 따르면 우주의 본원은 신神이며 신은 지천공地天空을 세 발짝으로 활보, 창조와 유지·파괴를 수행하며 이세상 천만의 화신化神으로 변신하여 사람들의 삶 속에 함께한다.
　또한 이 경전에는 이미 이세상은 우주의 뜻에 따라 생명의 윤회전생輪廻轉生하며 인간의 삶의 실리實利 곧 '아르다'와 우주의 법 즉 '달마'는 애욕의 마찰을 일으킨다고 쓰고 있다. 『라마야나』·『마누법전』에는 천상天上의 노래와 지옥의 어둠의 길이 나타나 있다.

그 다음 나타난 조로아스터교는 기원전 7세기 '배화교拜火敎'·'마즈다교' 등으로 불리며 세를 이루었고 기원 2세기 『아베스타』 성전을 낳았다. 이 성전은 조로아스터교 선·악의 신의 존재와 사후심판에 대해서 말했고 '성화聖火'에 대해서도 언급이 되었다.

종교 중에서 가장 방대한 경전을 가지고 있는 것이 불교이다. 불교는 기원전 6세기 인도의 석존釋尊에 의해 개창되었는데 힌두교 등 인도 고대의 우주의 달마사상과 영혼윤회사상·해탈사상들을 바탕으로 무상無常의 세계를 고苦·집集·멸滅·도道 등 4체四諦와 8정도八正道의 수행, 깨달음의 길을 말씀으로 남겼다. '붓다'·'깨달음'에 이르는 길을 자등명自燈明·법등명法燈明의 결합으로 삶의 빛을 깨달아야 함을 역설했다.

불교의 경전은 경장經藏·율장律藏·논장論藏으로 나눈다. 다시 경전은 8만 4천의 법문으로 말하며 초기의 붓다의 구언口言으로 전하는 『법구경法句經』·『아함경阿含經』을 비롯 뒷날 대승불교 사상의 대두와 함께 편 『반야심경般若心經』·『법화경法華經』·『화엄경華嚴經』·『무량수경無量壽經』·『아미타경阿彌陀經』, 그밖에 『유마경維摩經』·『열반경涅槃經』…『승만경勝鬘經』 그리고 『대일경大日經』·『금강정경金剛頂經』 등 이루 헤아릴 수 없이 많다.

유교경전들은 기원전 5~4세기 전후서부터 기원전후 시기에 많이 만들어졌다. 오늘날 유교의 경전은 6경 속에 『시경詩經』·『서경書經』·『역경易經』·『예기禮記』·『악경樂經』·『춘추春秋』를 들며 뒷날 송宋대에는 4서書 속에 『논어論語』·『대학大學』·『중용中庸』·『맹자孟子』 등을 든다. 그러나 이들 6경4서 이외에도 제자백가諸子百家나 사상가·사학가들이 남긴 문집·사기들도 넓은 의미의 '유학의 서'로 넣기도 한다.

『논어』는 유학사상의 중심에 선다.

유교에서는 어디까지나 하늘의 도道를 신의 진리로 생각하며 그 하늘의 도天道는 곧 사람의 도[人道]로 본다. 하늘의 길은 사람이 되는 길, 삶을 밝고 바르게 도리에 맞게 살아가는 길이다.

도교에서는 노자老子가 남긴 것으로 본 『도장道藏』이 오늘날 경전으로 전한다. 다만 노자는 실제인물인가, 『도장』이 노자 개인의 말씀인가, 뒷날 여러 사람의 견해를 첨언한 글인가에 대해서는 이론이 있다.

노자의 도교는 어디까지나 무위자연無爲自然의 도를 우주 대자연에 맞추어 살아가는 사람의 도道로 본다.

한편 신神을 섬기는 종교로서 유대교·그리스도교·이슬람교 등은 어떤 신의 말씀을 갖고 있다. 맨 먼저 나온 것이 『구약성서』이며 그 뒤에 『신약성서』 그리고 이슬람의 『코란』이 나왔다. 이들은 하나의 뿌리를 갖고 있는 신의 종교이며 성전들이다.

기원전 13세기 아브라함을 부조父祖로 하는 유대민족은 이집트를 탈출 신神의 땅을 향한 '말씀의 서'를 남겼다. 그것이 『구약성서』이다. 이 『구약성서』는 기원전 12세기에서 기원전 2세기까지 천여 년간 다듬어졌다.

기원전 4년 예수는 황야를 헤매며 십자가 부활 속에 마침내 '신의 아들'임을 증명했고 많은 복음 속에 사람은 서로 사랑하고, 서로 어려운 사람을 도우며 착하게 살아야 신의 품에 안길 수 있다는 '말씀의 서' 『신약성서』를 남겼다. 『신약성서』는 구세주 그리스도의 구세救世를 내건 새 약속이다. 이 『신약』은 서기 50년부터 150년 사이에 쓰였다.

또 하나의 신의 '말씀의 서'는 『코란』이다. 이슬람민족은 아라비아반도에서 문화적 공백상태에서 민족의 삶의 결속을 다지면서 기원 7세기 무함마드에 의해 신의 계시를 담았다. 그 신 알라는 유일신이다. 『코란』

을 '천계天啓의 서'라고도 한다.

『코란』 '말씀의 서' 속에는 이슬람민족의 정치·경제·사회·법률·도덕·의무와 권리 등을 6신六信과 5행五行 속에 담아 신의 최후의 심판에 대비하도록 했다. 이 알라신의 말씀은 신도들의 규범이요, 삶의 행동 지침이다.

『구약성서』·『신약성서』의 '구약舊約'·'신약新約'이란 옛약속·새약속의 뜻이다. '구약'은 39의 문서로 제1부는 율법·창세기·출애굽기 등 '모세5서'이며 제2부는 예언서이고 제3부는 신의 찬미·시·잠언·문학·사색 등의 '욥기'가 실려 있다.

『신약』은 27개의 문서가 포함된 예수의 「언행」·「마태」·「마가」·「누가」·「요한」 등의 '복음서'와 「사도행전」·「바울의 편지」·「요한묵시록」 등이다. '그리스도'란 '구세주救世主'의 뜻이며 유태교에서는 히브리어로 '메시아'라 한다.

유태교에서는 "아직 메시아는 출현하지 않았다"라고 말하며 그리스도교에서는 '예수를 구세주'로 본다. 이슬람교에서는 '알라 이외는 구세주는 없다'고 주창한다.

유태교의 특징은 '율법주의'와 '선민의식選民意識'이고 신의 율법을 지키는 유태민족만이 신의 선택을 받아 원죄原罪에서 구원받았으므로 신의 나라에 갈 수 있다고 믿는다.

그리스도교에서는 '누구나 똑같이 죄인'이라고 설교하면서 자기의 죄를 회개해야만 구원을 받을 수 있다고 말한다. 그리스도교는 기원 395년 로마제국이 동서로 분열되는 바람에 서西로마 가톨릭교회와 동방정교회東方正教會로 분열되었다. 이후 프로테스탄트운동[종교개혁]이 일어나 수많은 교파가 교의敎義를 독자적으로 해석하는 개혁교회가 생겼다. 동방정교회는 로마의 황제교황주의로 발전, 각 민족에 따라 러시아정교·루마니아정교·세르비아정교 등 여러 계파가 형성되었다.

유태교·그리스도교·이슬람교 세 종교는 아브라함을 공통의 조祖로 섬기는 '아브라함 종교'이면서도 서로 다른 점이 많다. 세 종교는 천지창조·예언자·계시·율법·최후의 심판 등 교의敎義에 있어 공통점이 있으면서도 다르다.

첫째로 유일신唯一神 문제와 신神의 아들 문제가 있다.

유일신은 천지창조주이고 전지전능의 신, 인격의 신인 점은 서로 같으나 '알라'는 친親과 자子가 없고, 얼굴도 과거도 미래도 없는 절대영원의 존재이다. 예수처럼 신의 아들 관계가 없고 성부聖父·성자聖子·성령聖靈 등 삼위일체가 없다. 이슬람교는 우상숭배는 대죄大罪가 된다.

둘째로 선민의식選民意識·구세주敎世主 해석문제가 있다.

유태교는 유태민족 우월주의 신의 선민의식이 있고, 그리스도를 구세주로 보는 예수교 해석에 있어서 서로 다르다. 그리스도교 측에서는 『구약』·『신약』으로 나누는데 유태교 측에서는 『신약성서』를 인정치 않으며 그리스도교 측에서는 유태교의 '율법'을 신의 경고로 보지 않는다. 유태교의 율법대로이면 이세상은 죄인이 속출한다는 것이다.

셋째로 율법의 죄 문제, 속죄 문제가 있다.

그리스도교 측에서는 율법을 위해서 사람이 있는 것이 아니라 사람은 죄를 지을 수 있다. 따라서 회개하면 된다는 입장이다. 즉 율법이나 죄는 내재화된 것으로 보았다. 이슬람교에서는 유태교의 율법지상주의, 그리스도교의 죄를 가볍게 보는 관점을 같이 반대하고, 오직 알라신의 가르침대로만 따라 6신5행을 실천해야 한다고 주장한다. 이슬람교에서는 '자비 깊으신 알라신'은 6신5행을 잘 지키면 속죄되어 용서받는다는 속죄법도 『코란』 속에는 있다.

『코란』이란 아라비아어로 '읽을거리'의 뜻이다. 『코란』은 무함마드가 알라신으로부터 받은 계시를 신의 지침으로 기록한 것으로 무함마드의 언행록은 아니다. 『신약성서』가 예수의 언행록으로 기록한 것과는 다르다.

『구약성서』는 구세주의 강림을 예언했다. 신은 천지를 창조했고 천지만물을 낳았다. 구약의 신은 사람이 태어난 내력을 말했다. '율법'·'예언'을 통해 신앙과 생활 곧 지혜를 말했다. 사람은 그 삶의 길, 삶의 뜻이 신과 함께 있음을 말했다.

4. 신앙이 서야 할 하늘

땅 끝에서

먼 우주의 땅 끝
시그널이 시간을 부르는 철길 속에
가랑비가 흐느낌처럼 젖어든다.
시그널은 장승처럼 서서 별들의 회전을 지키는데
시간은 쉴새없이 시그널 속을 드나든다.

하늘 끝 그 멀리
빈 열차가 시간처럼 철길에 다가온다.

시그널은 지구를 회전한다.
시그널 속에 별이 숨을 쉰다.

신앙이란 무엇인가?
종교란 무엇인가?
신神이란 무엇인가?

사람은 참을 믿는다.
사람은 빛을 믿는다.
사람은 영원한 진리를 믿는다.
그것이 종교이다.
사람은 사람을 벗어날 수가 없다.
그러나 사람은 사람 자신을 들여다볼 수가 없다.
사람은 어디서 왔는지…,
사람은 어떻게 살아야 하는지…,
사람의 '삶의 참다운 빛'은 무엇인지…,
사람은 죽는다는 것이 무엇인지….
이 모든 것을 사람은 알 수가 없다.
그래서 사람은 신앙 속에 이러한 문제를 담는다.

종교宗敎의 '종宗'자는 우주와 신의 합자合字이다.
우주·하늘·신을 신앙하는 것이 종교이다.
우주의 법法, 하늘의 도道, 신의 진리
그 질서, 그 섭리, 삶의 도리, 사람의 참길,
영원한 길을 신앙하는 길이 종교이다.

종교는 신앙이다.
종교는 삶의 빛, 진리의 대광도大光道를 믿고 따르는 것이다.
종교는 '나'를 찾고 '나'의 참길을 닦는 것이다.
종교는 사람과 사람, 모든 생명의 존재와 함께
서로 돕고 조화를 이루며

밝고 바른 길을 추구하고 실천해서
절대자와 나의 영혼이 결합을 이루는 것이다.

칸트는 '종교란 절대자인 우주·하늘·신의 존재에 빛을 통해 융합하는 것'이라 했다.
슐라이엘 마하·헤겔도 그렇게 말했다.
데카르트는 "인간이 신의 존재와 불사不死를 전제로 성찰省察을 통해서 다가가는 것"이라 했다.
플라톤은 "종교란 영혼불사를 믿고 사死의 부활을 믿는 것"이라 했다.
피히테는 "종교란 자기, 자기의식의 기초 위에 '가상의 생'과 '참의 생'의 조화를 꾀하는 것"이라 했고 하이데거는 종교를 말하는 '사死의 철학'에서 '생生은 사死의 시작이며 생은 사 때문에 있다는 것을 신에게 기대는 것'이라 했다.
막스 뮐러는 종교의 본질은 철학적 이성적으로만 생각지 않고 개개의 인생관·가치관, 종족의 삶 그리고 민속이나 민족의 특성, 삶의 환경과 밀접한 관계가 있음을 말하기도 했다.

종교는 '삶의 종말관'과도 상관이 깊다.
사람은 종교 속에서 '평화'를 바라고 '안락'을 바라며
마음과 영혼의 '청정'·'자유'·'영원한 평화'를 바란다.
이것을 믿고 바라며 절대적 존재와 결합하는 것이 종교이다.

종교에서는 '신神의 이름', '종교의 이름'이 중요하지 않다.
종교에서는 '절대자의 이름', '종족·신도와의 만남',

> '그 빛의 무게', '예배형식', '보상과 신도의 반대급부'… 등이 중요하
> 지 않다.
> 종교는 '신앙'만이 절대적이고 '수행'만이 절대적이다.

1) 하나의 뿌리인 신앙

이세상에는 많은 이름의 종교가 있다. 예부터 믿어오는 것도 있고 고대사회에만 있었던 것도 있다. 신앙집단이 큰 것도 있고 일부지방에만 있는 것, 한 민족의 종교 '민족종교'도 있고 범세계적인 종교 '세계의 종교'도 있다. '일신교'·'다신교' 등이 있다.

신神과 한 집단, 한 종족이 사도나 선지자를 중심으로 계약형식이나 계시형식으로 된 종교도 있고 한 종족이나 민족의 출중한 수도자나 성자가 대각大覺 속에서 신이나 천신天神·영혼의 계시를 받아 교리를 세운 종교도 있다. 종교 중에는 하늘의 뜻이나 사람의 길 본위로 윤리나 도道의 전개에 중점을 둔 종교도 있다.

절대자에게의 귀의歸依를 중심으로 제의祭儀에 중점을 두는 종교도 있고 사람의 도道와 법法을 중심으로 교리중심·경전經典중심·수행중심의 종교도 있다. 종교의 생성단계나 개창開創계기가 한 민족의 운명 속에서 민족과 밀착을 이룬 종교도 있고 범사회적이고 범인류의 보편적 정신문

화적으로 개창 전도된 것도 있다.

 종교 중에는 수행修行이나 자기 자신의 성찰省察·각성에 중점을 두어 엄격한 제의祭儀나 계율본위의 종교도 있다.

 종교는 태어난 내력이 각각 존재한다. 사막의 땅, 이민족의 지배환경에서 새 천지를 그리며 신神을 맞이한 종교도 있고 고온다습의 비바람 기후의 지리적 환경 속에서 안거安居수양의 환경에서 명상과 수양의 청정淸淨연꽃을 바라며 낳은 종교도 있다.

 농경사회의 천명天命수순, 지배계급의 덕치德治, 개인이나 가정·대동사회의 윤리와 어진[仁] 도道를 강조하면서 하늘의 뜻을 편 종교도 있다.

 종교는 그 민족사회의 역사적 처지, 당면한 민족이나 종족의 과제, 기후와 풍토, 정신추구, 삶의 정신문명, 지적·정적·정의적 바램과도 상관이 있다. 유태교는 유태민족의 삶의 하늘이 있고 기독교는 기독교·유목민족의 특성이 있으며 이슬람민족은 그 민족의 삶의 정신환경이 있다. 힌두 바라문교·불교는 아리아 정신문명의 가치관, 영적 세계의 토양이 있고 유교나 도교는 동양적 천명天命·천도天道사상의 하늘이 있다.

 인류는 그 어느 곳, 어느 민족에게나 삶의 갈등이 있고 불완전의 한계에 직면하며 재난이나 운명적 상황에 당면한다. 또한 인류는 사람의 생명체가 갖는 불완전성에 직면하고 삶의 혼미와 절망·불안에 직면한다. 사람은 병에 직면하고 늙고 죽는다. 이를 초극할 수는 없다.

 사람은 이세상을 평화롭게 살고 저세상까지도 평안의 영생을 바란다. 사람은 이세상에서 선善과 악惡의 고리에 얽히며 밝고 바른 길 속에 어둠을 물리치고 살고 싶어 한다. 우주의 신비, 그 법칙을 알고 싶고 하늘의 섭리, 그 뜻을 알고 싶으며 신神의 진리, 그 큰 길을 알고 싶어 한다.

사람은 영혼을 가진 생명체이다. 그러나 그 영혼의 심연을 모른다. 다만 그 영혼을 통해 인간이 내다볼 수 없고 깨칠 수 없는 우주의 뜻, 하늘의 명命, 빛의 신비와 접촉하고 싶어 한다.

사람은 우주 밖에 사는 것이 아니다. 사람은 하늘 속에 살면서 그 하늘을 마음에 품고 싶어 한다. 우주는 무한대하고 영원하지만 그 우주를 영혼 속에 합일시키려 한다.

사람은 하늘이나 땅·물·불·공중·바람… 등을 우주 대자연의 현상으로 알지만 그들 속에도 신의 뜻이 작용하고 나아가서 그들 속에도 영靈의 존재가 있는 것 아닌가 생각한다. 생명의 씨알 속에는 하늘의 빛이 있음을 안다.

생물은 대자연 속의 씨알이며 대자연의 흐름 속에서 생명을 유지한다.

사람도 그렇다. 그렇다면 이러한 우주 대자연 그리고 생명체의 질서는 누가 세웠고 누가 다스리며 누가 변화해 가는가? 그 법칙, 그 도道와 사람의 길은 어떻게 관계가 있는가?

저 인도 고대 정신문명, 아리아인들은 우주의 법칙(달마)을 이들 존재의 질서, 다령多靈 속에서 인간영혼의 합치점을 찾았다.

이세상의 일체존재는 없어지지도 더 생기지도 않고 영원이 영혼이 윤회輪廻한다. 일체만물은 전생轉生한다. 이세상에서 사람은 선업善業을 쌓아야 한다. 그러면 저세상에서 다시 사람이나 하늘로 태어난다. 이세상은 잠시 머물다 가는 곳이다. 생명체의 그 영원한 업業에서 해탈해야 한다.

이러한 정신문화는 모든 종교의 뿌리를 이루었다. 유태교·기독교·천주교·이슬람교 그리고 유교·도교…, 그 어떤 종교도 이세상에서의 삶은 저세상에 연결되고 이세상에서의 착한 삶, 진리의 삶은 내세에서 하늘의 꿈, 신의 품의 따뜻한 안김을 받는다. 따라서 종교는 저세상의 영원한 평화, 그 청정清淨한 빛의 땅을 위한 믿음의 길이라고도 말한다.

그러나 이 말은 바꾸어 생각하면 진정한 종교는 저세상을 위해서가 아니라 이세상에서의 사람의 참길을 찾고 삶의 빛을 찾는 것이 궁극적 목적이라 말할 수 있다.

이세상에서의 사람다운 길을 두드리고 실천하는 것…, 그것이 곧 결과적으로 저세상의 복을 누리는 길이 된다. 따라서 모든 종교는 신의 교리 즉 하늘의 말씀을 진리로서 받든다. 신이나 하늘을 믿는 것은 그 성전聖典이나 경전經典의 가르침을 따르는 것이다. '신'은 말씀으로 오늘 존재하고 '하늘'은 말씀으로 오늘 존재한다.

'신神'이나 '하늘'은 같은 말, 같은 절대적 존재, 진리적 존재이다. 하늘의 도道나 우주의 법法도 같은 말이요, 하늘의 뜻, 신의 길, 빛의 진리도 같은 말이다.

종교는 아무리 이름이 다르고 절대적 존재인 신의 이름이 달라도 사람이 믿음으로 두드리고 신앙으로 찾는 길은 같다. '신神'이나 '하늘' 등 이름이 다른 것은 인간이 만든 언어의 차이다. 또한 '신과 인간의 만남'도 아무리 교리적 차이가 있어도 '진리의 빛의 존재' 대 '인간'의 관계는 같다.

종교에는 종교마다 갖는 교리도 있지만 의례·제사·의식·예배방식이나 계율이 일정치가 않다. 그러나 종교에서 가장 중요한 것은 신도의 규칙이나 수행계율·신앙방법의 차이성보다는 그 성전이나 경전 속에서 '가르침으로 닮고 있는 사람의 삶의 길', '삶의 진리'에 있다.

이 점에 종교는 '하나의 뿌리'의 믿음세계라 할 수 있다. 종교는 이세상 어둠의 땅 속에 뿌리를 내리고 '하늘과 신의 진리의 빛의 열매'를 갖는 신앙공동체인 셈이다.

  종교는 그 종교가 생성·개창한 민족이나 집단의 정신문화 환경 속에서 태어났다. 따라서 그 차이나 종족·민족집단의 역사나 문화를 통해서만 바라다보고 평가해서도 안된다. 종교는 일단 어느 특정종족이 개창했어도 오늘날은 그 종족, 그 민족을 떠나 '삶의 길의 빛', '사람의 길'이란 점에서 인류보편적인 가치 속에 존재한다.

  우리가 종교를 대하는 데 어느 얼굴이 잘생기고 의젓하다고 말해서는 안된다. 어느 종교가 값어치가 더 있고 어느 종교는 덜 있으며 어느 종교가 더 권위가 있다고 말해서는 안된다.

  도道의 신神도 신이고 깨달음의 신도 신이다. '신'이란 말, '하늘'이란 말도 같다. 이는 모두 '빛'을 상징하고 '뜻'을 상징하며 '길'을 상징한다.

  종교는 궁극적으로 나 자신의 완성, 나 자신의 빛, 삶의 진리를 찾아 인류생활의 정화淨化·구제救濟·진리의 구현, 나아가서 세계평화·인류평화의 달성에 초점이 있다. 나를 깨치는 것, 나의 해탈을 통해 세상의 어둠을 밝히고 밝고 바른 세상을 만들어 가는 것이다.

  그런데 혹 세상사람들 중에는 종교를 좁게 내다보고 편협하고 이기적으로 해석하는 경향이 있다. 종교는 어떤 종교도 신성하다. 사람의 참 길, 삶의 진리, 인생의 빛을 찾는 것이 종교이다. 절대로 다른 종교를 어떠한 일방적 특성을 나무라면서 헐뜯어서는 안된다. 종교는 모두 하나의 뿌리이다. 하나의 뿌리인 종교가 가지(枝)끼리 다툴 필요는 없다.

  그것은 '신앙의 참다운 뿌리'를 보지 않고 가지 모양의 색깔이나 표피 모양만 바라보는 단견이다. 이것은 두말할 것 없이 진정한 신앙인의 자세가 아니다. 신앙인은 한 종교의 틀 속에만 갖추지 말고 종교가 갖는 더 넓고 더 깊은 틀 속에서 하나하나의 종교를 바라보아야 한다.

2) 말씀과 성전聖典

종교는 신앙이며 신앙은 절대적인 존재를 두드리고 섬기는 일이다. 그 절대적이고 성스러운 존재 신神은 언어 속에 존재한다. 그 언어가 성전聖典이다. 신은 성전 속에 들어 있다. 신앙자는 성전을 추앙하는 것이다. 성전·성서나 경전經典은 '말씀'이다. 그러기에 '말씀'을 도道라 하는 것이다.

어느 종교를 막론하고 종교의 교리나 절대자의 모습은 성전에 담겨 있다. 성전을 '언어'라는 입장에서 보면 언어는 그 민족의 역사적 정신문화의 환경에 따라 다르기 때문에 한 성전을 다른 나라에 전도하여 그 나라 말로 번역했을 때는 내용이나 개념 등에서 약간의 혼선이나 차이를 가져올 수 있다.

'신神'에 대해서도 그렇다. 유태교나 그리스도교 등의 성서도 최초에 어느 나라 말로 이루어졌느냐도 중요하지만 다른 나라 언어로 번역·전도할 때에는 약간의 개념에 혼선이 온다.

오늘날 성서도 그리스어·히브리어·라틴어나 영어 등에 따라서도 약간의 문제가 있으며 유럽의 성서 속의 표현인 '신神'도 동방에 와서는 '하나님'으로 되고 인도민족은 '하늘'이란 개념보다는 '우주'로 표현하는 등 개념의 차가 생긴다.

유교에서는 하늘의 뜻이나 길을 '도道'로 표현하지만 인도의 힌두교 등 종교에서는 '달마'로 표현한다. 언어의 개념상 도道나 법法 등은 똑같은 개념만은 아니지만 그 언어의 외연外延과 내포內包의 차를 신앙에서는 초월하는 것이다.

동방의 나라에서는 하늘의 뜻을 두드리는 수행자를 구도자求道者라 하는데 인도의 종교[힌두교·불교 등]에서는 구법자求法者라 한다. 인도 산스크리트어 달마는 법칙·법규·규범·윤리·도道·질서… 등의 여러 뜻이 있는 동방의 수도자들은 이를 '법法'으로 표현했다.

서구의 그리스도교도가 신神을 '갓(God)'이라 한 것을 동방의 성전번역은 갓[神]이라 않고 '하나님'으로 번역해서 동양의 '하나님'과 서구의 '신'이 하나로 되었고 인도계통의 종교에서 많이 사용하는 우주의 달마도 '하늘의 도', '신의 진리' 등으로 함께 바라본다.

여기에서 문제가 되는 것은 만일 이세상의 종교를 그 종교가 담고 있는 성서나 경전 등의 표현에 너무 집착하여 그 차이를 고집한다면 이세상의 종교는 서로 갈등과 반목·이단의 싸움 속을 헤쳐나갈 수가 없다. 성서란 '신의 말씀의 서'이며 '하나님의 말씀의 서'이다. 또한 '우주의 말씀의 서'인 것이다.

'신'이나 '하늘'·'우주'의 언어차나 표현차를 가지고 다른 신이라고 서로 힐난하거나 이단시하는 것은 무의미하다.

'하늘'이나 '우주' 또는 '신'은 같은 인간의 신앙의 존재이다. 하나의 절대적 존재, 영원한 존재, 이승과 저승의 존재, 나아가서 밝음과 어둠을 심판하는 존재이다.

신앙인이 반드시 지켜야 하고 신앙이 서야 할 자리는 성전내용이나 성전 속의 가르침, 성전 속에 출현한 절대자(신)와 인간인 사도의 만남, 계시방법 등을 가지고 서로 장단점이나 차이점을 가지고 말해서는 안된다. 성전의 구성방법·출현방법, 내용의 문장유형·표현차를 가지고 말해서도 안된다.

어떤 성전은 절대자가 군림하여 사람에게 명령을 하듯 엄숙한 분위기를 유지하는 것도 있고 어떤 성전은 인간이 신을 찬양하는 서사시, 시의 형식을 취한 것도 있다. 그렇다고 그 성전은 "무엇이 어떻다"고 차이를 말할 필요도 없다. 특히 '야훼'나 '그리스도'·'알라'의 신 이름을 서로 비교하여 한쪽에서 한쪽은 신이 아니라고 해설할 필요는 없다.

'도道' 중에서도 유교의 도와 도교道敎의 도는 똑같은 도는 아니다. 그렇다고 이를 하나의 잣대로 다른 가르침을 탓하거나 잴 필요는 없다.

'시바신'과 '비슈누'의 신을 각각 다른 차원에서 섬기는 것은 좋으나 한쪽이 다른 쪽을 비난해서는 안된다.

3) 신앙의 기본자세

하나의 종교가 갖는 진리의 무게는 같다. 종교에는 우월한 종교, 열악한 종교가 없다. 가지모양은 다를 수 있다. 꽃모양도 다를 수 있다. 그러나 뿌리는 하나인 것이다.

'사랑'을 '자비'하고 비교해서 어느 쪽이 깊은 뜻이 있다거나 '어짊'과

'지혜'·'깨달음' 등을 저것보다 못하고 이것보다 나은 진리라 말하는 것은 어리석은 일이다. 또한 '신'을 '하늘'이라 하면 되고 안되고도 문제가 안된다. '빛'에 대한 가치나 '하늘'이란 상징어가 옛날은 어떻고 오늘날은 뜻이 어떻다고 말하는 것도 안된다.

'자비'나 '어짊', '도道'나 '명命' 그리고 '사랑'이나 '빛', '신'이나 '하늘'·'밝음'·'진리'·'길'·'뜻', 나아가서 '하나님'·'주님'·'아버지'·'아들'·'종' 속에도 다 각각 그 언어가 가지고 있고, 풍기는 뉘앙스나 상징세계의 특성은 있으나 신앙의 넓은 세계에서는 이들 말의 표현차를 가지고 상대방 종교를 구별해서는 안된다. 이는 참다운 신앙이 반드시 지켜야 할 금기이다.

믿음이란 영혼의 내면세계와 연결이 되는 가치이다. 영혼의 세계, 정신의 내면적 상징세계는 그 표현하는 사람이나 집단마다 독특한 정의적·감각적·지적 세계를 구축하기에 신앙인의 참다운 입장에서는 이러한 말의 비좁은 얽매임이나 편견, 그리고 아집에 사로잡혀서는 아니된다.

참다운 신앙의 세계는 이러한 교리의 상징어의 세계를 초월해서 오직 순수의 빛으로 내다본다.

종교교리나 신 속에는 그 종교가 탄생한 민족의 언어와도 밀접한 관계가 있다. 앞에서도 말했지만 서양에서는 신은 '갓'이지만 동양에서는 '신神'은 '하나님'의 표현이 가슴에 닿는다고도 한다.

마찬가지로 '사랑'이나 '자비', '어짊'이나 '도道'·'달마(法度)' 등 표현이나 정신의 내포세계에 대한 상징세계·외연세계도 번역된 언어의 차이를 가지고 의미를 달리 내세우면서 다른 종교를 탓할 필요는 없다.

'구원'·'구제'·'보시'·'도덕'도 같고 '부활'·'윤회'·'해탈' 열반涅槃도 같다. '하늘나라', '극락세계', '깨달음의 세계'나 '붓다'·'여래'·'신'·'하늘'·

'보살의 세계' 등도 '밝음의 빛의 세계'의 뜻은 같고 '지옥'·'내락'·'연옥'·'암흑'·'불바다'나 '아귀의 세계', '마의 세계' 등 '어둠의 세계'도 '빛이 없는 절망의 세계'의 뜻은 같다.

신앙의 하늘은 언제나 '어둠의 죄악'에서 밝음의 '선'과 '도'의 세계, '허무와 절망'의 세계에서 '희망과 평화', '행복의 세계'를 동경하고 추구한다. 신앙의 세계는 밝은 빛의 하늘, 그 빛의 하늘이 곧 신이다. 이것은 인류의 신을 섬겨온 역사가 이를 증명한다.

빛은 하늘이요 태양·신의 존재이다. 고대 이집트·그리스인들도 한결같이 태양을 받들었고 중세 이후에도 하늘의 밝음, 빛을 신으로 섬겨왔다. 조로아스터교(拜火敎), 잉카의 태양신앙도 마찬가지이다.

모든 종교가 저세상 곧 피안彼岸의 이상향으로 그리는 천당·하늘나라·극락세계는 하늘·빛의 세계이다. 인도불교의 최고신도 천신天神, 광명의 신, 비로자나신이며 티베트 불교인 라마의 최고신도 대일여래大日如來, 밝음의 빛의 신이다.

우주의 섭리·규범을 주재하는 신, 천신·보살·하나님·원시천존·불·천天이나 '밝은 빛의 신'이며 아득한 주령 즉 심령시대의 혼불도 '밝음', '빛의 신'이다.

종교상 모든 믿음의 세계, 신앙의 세계는 한결같이 '빛의 하늘' 그 뿌리를 섬긴다. 마치 이것은 우주 태양계의 행성들과 태양의 관계로 비유할 수도 있다. 지구나 화성·토성·목성 등 별들은 각각 하나의 뿌리에서 파생되어 그 모습, 그 빛깔, 그 크기 등이 각각 달라도 그들은 태양이라고 하는 환성, 밝은 빛을 향하며 한결같이 천체 태양계를 선회한다.

태양, 그 밝은 빛은 이들 행성들의 태어난 뿌리요 근원이요 영원히 추구하는 빛, 그 밝음의 구심점이다. 신앙의 세계는 이들 행성들이 추구하는 빛의 뿌리를 하나하나의 순수성과 통일성의 견지에서 영혼으로 두드리면 된다.

저 창세기 "하늘과 땅에 광명 있으라!" 한 신은 한 민족에게만 내린 하늘의 계시나 약속은 아니다. 모세의 계명, 그가 밝힌 진리는 그 민족에게만 준 가르침이나 은총만은 아니다.

또한 삶과 죽음을 하나로 연결, 인간의 죄를 대신한 십자가의 부활의 새 생명, 그 위대한 빛을 보여준 기독교의 등불과 복음들은 그 생활집단에게만 보여준 것이 아니며 영혼의 윤회 속에서 우주의 달마·법·법도를 찾고 업業의 수레바퀴에서 해탈하는 깨달음의 빛을 밝힌 성자의 빛은 인도민족에게만 해당되는 것이 아니다.

또한 하늘의 빛을 찾아 자기 자신의 덕을 먼저 닦고 관용과 용서, 어진 길을 펴야 한다고 역설한 유교의 그 큰 가르침은 중화민족에게만 해당되는 가르침이 아니다.

각 종교가 비추고 있는 밝은 불빛은 한결같이 그 믿음의 한 집단, 한 민족에게만 해당되는 진리가 아니라 다른 모든 민족, 모든 인류집단에게 해당되는 공통된 절실한 등불이요 빛이다. 그것은 인류보편적인 진리인 것이다. 따라서 모든 종교인은 그 교리가 그 은총의 신이 자기들 신앙집단만의 진리가 아님을 깊이 내다보고 다른 종교집단의 교리나 신에게도 외경의 신뢰를 가져야 한다.

또한 진정한 신앙인은 종교를 믿는 사람만이 아니라 신앙을 갖지 않는 사람에게도, 어짊과 자비·사랑을 베풀고 이를 바탕으로 신뢰를 쌓아야 하며 한 발 더 나아가 자기 종교입장에 서면서도 다른 종교의 교리에

도 적극 옷깃을 여며야 한다.

　진정한 신앙인은 자기 종교가 아닌 다른 종교의 교리에도 마음을 포개고, 다른 종교의 신도들과 대화도 하며 나아가서 다른 종교의 체험적 신앙을 같이 해나갈 수 있어야 한다.

　참다운 신은 사막의 민족이나 유목민족·농경민족을 가리지 않으며 동쪽 민족, 서쪽 민족을 가리지 않는다. 지배와 억눌림 속의 민족에게는 이를 풀어주고 어루만져 주며 남을 억압했던 민족에게는 회계·성찰하는 기회를 주는 것이 신이다. 이것이 또한 하늘의 은총이다.

　참다운 신앙세계는 한 종교의 이름을 초월하고 한 교리의 특수한 세계는 이를 차원 높은 공통의 상징세계로 언어의 은유를 통해 지양한다. 교리는 내포에 얽매지 말고 외면을 넓혀가야 한다.

　특히 같은 뿌리의 종교이면서도 계파가 갈라지고 신앙하는 집단이나 민족의 역사적 내력을 내세워 감정적 대립을 신의 이름으로 하거나 결별하려 하는 종교활동들은 진정한 신을 섬기는 자세가 아니다. 이는 마땅히 지양되어야 한다.

　이러한 사례는 오늘날 세계적인 큰 종교에서도 볼 수 있다. 같은 계열의 신인데도 그쪽 신과 내가 믿는 신은 다르며, 같은 깨달음의 하늘인데도, 여러 계파로 나뉘어 교리의 독자성·차별성을 지나치게 내세우는 것은 큰 진리를 두드리는 신앙인의 자세가 아니다.

　'신'이나 '하늘'은 그것을 일컫는 집단의 언어적 차이이지 '인류의 영원한 밝은 빛'을 신앙한다는 진실한 종교적 차원에서는 차이가 없다. '깨달음의 지혜'도 '어짊'도 같고, '도道'와 '진리'도 같다.

　이들 종교의 이승과 저승, 차안과 피안의 세계도 같고 이세상에서 어질고 착하고 널리 사랑하고 자비를 베풀면 저세상에서 복을 받고 은총을 누리는 점도 같다.

신앙의 입장에서 볼 때에는 하나의 종교적 교리 속에 다른 종교의 교리를, 또한 교리적 체험을 순수한 입장에서는 공유해도 된다고 본다. 어느 종교학자는 현명한 농부는 보다 새로운 과일을 만들기 위해 종래의 대목 臺木에 새 종목種目을 접순接筍한다고 했다. 그래야만 크고 맛있는 과일을 생산할 수 있다고 했다.

오늘날 한 민족을 초월하여 전세계 인류가 한 가족이 되고 이상을 평화 속에 실현하려면 재래종만을 고집해서는 안된다. 새로운 과일은 원뿌리 대목은 대목대로 두고 그 바탕에 새 시대 새 삶에 맞는 새순을 접목해야만 얻을 수 있다. 나무는 나무대로 하늘을 향하고 대지에 깊은 뿌리를 내린 거목이 될 수 있다.

한 종교가 참 종교다움을 가지려면 더 바르고 순수한, 넓은 삶의 진리를 체계에 담아야 하고, 경직된 씨앗을 초월하여 새로운 권목으로 갱신하는 지혜를 가져야 한다. 어느 교리, 어느 신의 가르침, 어느 하늘의 길이 더 새 세기의 세계적·인류적 이상을 실현하고 인류의 당면한 고통을 덜어 구제의 손길을 넓힐 수 있느냐에 초점을 모아야 한다.

종교학자는 오늘날 20세기 분쟁을 '종교전쟁'이라고까지 말하기도 한다. 종교 간의 갈등, 종교인 집단의 싸움으로까지 간주하게 된 지구상의 분쟁은 종교 즉 신앙의 기본목적인 '평화'·'봉사'·'구제'와는 다른 방향으로 치닫고 있음을 본다. 이는 신 또는 하늘을 믿고 찾고 두드리는 것이 아니라 배반하고 배신하며 도리어 종교, 그 믿음의 참길을 소멸의 길로 이끌며 회의의 길로 다가서는 행위라고까지 말할 수 있다. 이는 참다운 종교인·신앙인의 자세가 아니다.

만일 어느 종교의 교리 속에, 또는 의례·계율·형식 속에 자기들 한 민족만을 '하늘이 낳은 민족'이라는 식의 선민選民적 의식을 부추기거나, 그 종교의 근본주의 속에 타종교를 배격하는 요소가 있다면 이는 마땅히 지양해야 한다.

종교의 경직된 종파적 해석, 지나친 의례적 권위, 배타적·압도적 지배의식은 순수화해야 한다. 종교는 모든 인간의 정신, 모든 인류의 영혼의 정화, 내면세계의 진리적 체험을 기본 등불로 삼되 인간 개개인의 수행, 수도적 실천에 바탕을 두어야 한다.

자기 자신의 구원이나 정화없이 남을 구제할 수는 없다. 모든 종교는 어느 개인, 어느 특정민족, 나아가서 어느 집단, 어느 국가만을 위해서만 존재하는 것은 아니다.

참다운 종교, 참다운 신앙인은 먼저 수행을 통해 자기 자신의 진실한 모습을 찾고 자기 자신의 마음과 영혼을 갈고 닦는 데 힘써 나가야 한다. 빛을 두드리는 수행은 하늘에 감사하고 신에 축복을 해야 하며 나아가서 나라에 감사하고 부모와 가족에게 감사하며 이웃에 감사하는 자기 영혼을 정화하는 데 두어야 한다.

자신만이 아니라 이웃·세상·인류를 내다보고 나아가서는 대자연의 섭리·환경 속에서 자신을 비추어 보며 자신의 어둠·미혹·욕심을 끊는 수행, 자신의 혼미, 집착을 뛰어넘는 수도, 자신부터 채찍질하고 마음을 갈고 닦는 신앙인이 되어야 한다.

진정한 신앙인은 모든 종교의 구심점을 하나로 바라본다.

종교는 자기 영혼의 구제요, 인류애의 구원이다. 종교는 여러 가지 모양, 여러 가지 색깔, 여러 가지 꽃을 피우지만 그 나무의 뿌리는 하나에 귀결된다. 다양한 빛깔의 꽃들은 한결같이 다양한 결실을 맺는다. 그리고 그 결실의 씨앗은 다시 하나의 나무뿌리로 돌아간다. 바로 그 뿌리가 참다운 신앙이다.

꽃 모양을 보고 탓할 필요는 없다. 비교할 필요도 없다. 꽃의 뿌리는 어둠의 대지인 흙 속에 뿌리를 내리고 하늘을 안은 채 하늘을 지키고 하늘의 빛을 그리면서 대우주 속에 가지를 뻗어 생명의 꽃을 피우는 것이다. 그 생명의 꽃, 믿음바다의 하늘의 진리가 없으면 참다운 우주의 열매를 맺을 수가 없다.

어둠 속의 뿌리는 기나긴 밤
빛의 양분을 만들기 위하여 눈물의 수행을 실천한다.
그 신앙의 밤 속에서
어둠을 이겨낸 새벽 빛 속에서
희망의 설렘의 꽃이 피어나고
밝고 영원한 신앙의 열매가 맺는다.
열매는 뿌리요, 생명의 씨알, 신앙의 근원이다.

종교는 대우주에 뿌리를 두고
빛의 꽃을 피우며
열매의 진리를 맺게 하는 도道의 나무,
신의 꽃, 하늘의 씨앗, 우주의 빛이다.

둘째생각
삶의 빛을 찾아서

1. 선비[儒], 그 도(道)의 하늘

숨결

뚝!
떨어진 잎 하나
그 잎이 하늘을 돌아 이승에 왔다.
아직도 숨이 붙어 있는가?
저승은 어떠한가?
하늘은 무슨 색인가?
노랑색 · 빨강색!
먼 하늘은 무슨 색이고
파랑색 · 분홍색!
가까운 하늘은 무슨 색인가?

뚝 떨어진 잎 하나 지구의 무게, 멀고 먼 여로의 울림. 나는 떨어진 잎, 그 하늘의 길손, 우주에 보내는 편지를 쓴다.
"이승의 하늘은 어디까지고 저승의 우주는 어디까지인가?"
떨어진 잎 하나, 나는 그 잎에서 하늘을 헨다. 나는 그 잎 속에서 나의 가슴을 적신다.

나는 하늘을 숭앙한다.
사람은 하늘 속에서 태어났고
하늘의 뜻, 하늘의 길을 사람을 도道로 삼고 살아가며
이세상을 떠나면 하늘로 간다는 것을 믿고 싶다.
유교儒敎에서는 '사람의 길'은 '하늘의 길'이라 했다.
유교에서는 하늘을 신神으로 생각한다. 도道로 생각한다.
유교가 종교인가에 대해서는 이견들이 있다.
유교에서는 '신神'에 대해서나 '저세상'에 대해서는
깊이 말하지는 않았다.
이세상을 바르게 사는 길이 사람의 도리임을 주로 말했다.
유교는 이세상 사람이 바르게 밝게 살아가는
실천의 철학이요 사상이기도 하다.
그러나 유교에서 말하는 '하늘'은
다른 종교의 '신'이나 '우주'와 같다.
유교에서는 하늘을 두려워하라고 강조했다.
하늘은 진리요, 삶의 빛이다.
하늘은 신이요 우주이다.
도道이며 명命이다.
하늘은 '사람'이요 '나'이다.
하늘은 이세상이요 삶이다.
'사람이 사람답게 살아가는 길' 그것이 '사람의 하늘'이다.
나는 유교를 '종교다, 아니다'를 따지지 않는다.

> 유교의 철학,
> 유교의 사상,
> 유교의 경전말씀 속에서
> 삶의 깊은 가르침, 삶의 큰 빛을 배운다.
> 유교의 가르침은 삶의 빛이란 신념을 가지고 있다.
> 유교는 하늘의 빛을 사람의 참길 곧 도道로 본다.
> 나는 유교의 천도天道를 신앙한다.

1) 유교의 하늘과 신

유교儒敎가 무엇인가?

유학儒學은 무엇을 가르치고 있는가?

나는 유교를 사람이 되는 길, 삶의 길을 지침한 큰 길, 큰 믿음이라 생각한다.

유교에서는 하늘의 도道를 사람의 도로 가르친다. 유교의 신神은 하늘이다. 그러나 유교는 사람의 빛이 하늘의 빛이다. 유교사상은 5천 년을 이어온 특히 동양사람의 삶의 빛길이다. 나는 유교를 이렇게 말하고 싶다.

유교는 '유교'라 하기도 하고 '유학'이라 하기도 하며 '유가'사상·유도儒道사상이라 하기도 한다. 유교는 종교이자 철학이요, 철학이자 사상이다. 유교는 사회학이자 처세학이요 실천철학이다. 유교는 신의 가르침이

자 사람의 가르침, 성자의 가르침이다. 유학은 고대의 삶의 철학이자 고대의 하늘을 섬기는 신앙, 오늘날의 하늘을 받드는 신앙, 현대의 '사람의', '사람의 길', '사람이 사는 삶길'이요 뜻이다.

유교는 종교이다. 유교의 신神은 하늘이다. 유교는 저세상 그리고 신을 말하지 않았다. 그러나 이세상을 바르게 사는 길이 저세상에서 하늘에 가는 길임을 강조했다. 나는 유교를 그렇게 말하고 싶다.

사람은 진리의 신을 섬겨야 한다.

그 진리의 신이 사람의 참길, 참다운 사람이다.

유교사상은 공자孔子가 단독으로 이룩한 사상은 아니다. 공자는 기원전 550년경에 태어났다. 그러나 공자는 공자 이전의 오랜 역사·정신문화 속에서 형성되어 온 천도天道사상을 집대성하고 체계화하였다.

우리 선조들도 '동방의 예의지국'이라 하여 '군자지풍'을 가진 나라로 주변국의 존경을 샀으며 유교사상 속에는 우리 선조들의 삶의 철학도 공존한다고 믿고 싶다. 우리의 선조들, 그리고 황하문화권의 선조들은 '하늘에는 도道가 있다'고 믿었다. '도'는 '하늘의 뜻'이며 '길'·'진리'라 생각했다.

동양의 하늘은 다른 종교의 신神이나 같다. 그러나 유교의 하늘은 인간을 떠난 우주적·절대적 존재이거나 인간에게 계시啓示하거나 계약하는 신이 아니다.

유교의 하늘은 '사람의 진리의 길'이 곧 '하늘의 길'이며 이를 '인내천人乃天'이라 했다. 유교의 '하늘'과 '사람의 참'은 하나일 뿐 따로따로가 아니다. '사람의 뜻, 사람의 길'이 곧 '하늘의 뜻이요 길'이다.

아득한 옛날 은殷·하夏 등 주周나라 이전에는 하늘의 신에게 사람의 피, 염소·소 등의 공희供犧 즉 제례祭禮의 의식儀式이 있었다. 그러나 공자는 이를 폐하고 "하늘을 섬기고 받드는 것은 오직 예禮를 토대로 마음으로 섬기고 받들며 두드리고 성찰하면 된다" 하였다. 자기 자신의 성性을 찾는 것이 하늘의 길이었던 것이다. 이 점은 불교의 견성見性과도 일맥상통한다.

예禮는 하늘이라는 신을 섬기는 기본이 된다. 유교에서는 천도天道를 인도人道로 보며 다른 종교에서처럼 죽은 뒤의 저세상보다는 이세상에서의 사람의 참다운 삶, 참다운 실천을 중시했다.

유교는 수기修己·수신修身, 그리고 인애仁愛·선덕善德·강륜綱倫·치도治道를 역설한다. 백성의 뜻을 하늘의 뜻으로 삼는다. 유교의 유儒는 부드러움[柔和]를 뜻하고 조화로움을 뜻한다. '지조 높은 선비'를 뜻한다.

유교의 기본 가르침은 예禮를 근간으로 사무사思無邪, 궁리정심窮理正心, 수기치인修己治人에 있으며 인덕仁德·관서寬恕의 조화 속에 사리와 도리를 정시精思하고 명찰明察하며 천리天理에 전심치지專心致志하는 것을 사람의 길로 삼는다.

사람의 도리道理 즉 도道는 삶의 진리이며 이 진리는 곧 하늘의 길[道]이다. 유교의 '하늘', '하늘의 길'은 다른 종교의 '신', '신의 길'이다. 또한 우주의 길, 법의 길이기도 하다.

유교의 가르침은 흔히 말하는 4서書와 5경經 또는 6경經 속에 주로 담겨 있으며 넓은 뜻으로는 고대 여러 사서史書나 문류文類, 제자백가諸子百家들의 사상까지도 포함한다. 6경은 『시詩』·『서書』·『역易』·『예禮』·『악樂』·『춘추春秋』들을 뜻하고 4서는 『논어論語』·『맹자孟子』·『중용中庸』·『대학大學』을 뜻한다.

유교의 경서 속에도 신神이라는 표현이 아주 안 나오는 것은 아니다. 『좌전左傳』에는 "백성은 신의 주인이다〔民神之主也〕"라는 말을 했다. 또한 다음과 같은 말을 했다.

- 신은 어진 사람에게 복을 내리고 나쁜 사람에게 화를 준다.〔神非人實現 惟德是依〕.
- 임금은 신주와 같으며 백성의 바람이다.〔君神之主 而民之望也〕
- 청명한 마음을 지니고 있으면 그 지기는 신과 같다.〔淸明在躬 氣志如神〕
- 귀신은 아무의 제사나 받아들이지 않고 마음에 성의가 있는 자라야 받는다.〔鬼神無常享 享于克誠〕
- 지성이 곧 신이다.〔至誠如神〕

『서경書經』이나 『예기禮記』에도 신의 표현이 나온다.

- 신의 격층은 사람이 헤아릴 수가 없다.〔神之格忠 不可度思〕
- 맑고 밝은 마음 그 지기가 곧 신이다.〔淸明在躬 氣志如神〕
- 신도로서 가르치면 천하가 복종한다.〔神道說敎而天下服矣〕

그러나 유교는 '하늘'을 섬긴다. 신이라는 표현보다는 하늘이라는 표현을 많이 했다. 유교의 신은 '하늘'이다. 하늘의 존재는 도道의 존재요, 진리·밝음의 존재이다. 그리고 하늘의 도는 사람을 떠난 하늘의 길이 아니라 사람의 도를 하늘의 도로 본다.

사람은 곧 하늘이다. '인내천人乃天'이요 '천도天道 즉 인도人道'이다. 하늘의 뜻, 하늘의 길, 하늘의 빛을 섬기고 받드는 것이 유교이다.

유교는 '저세상의 일'보다는 '이세상의 삶의 길'에 대하여 강조했고

'사람이 사람답게 살아가는 길', '개인의 처신', '가정에서의 윤리', '사회에서의 도리', '나라의 도道에 의한 다스림' 등에 역점을 두고 교리를 삼았다.

'사람의 하늘'은 '하늘의 사람'이요, '사람의 마음', '사람의 영혼'이 곧 하늘이다. 사람이 사람다운 사람이 되는 것이 하늘과 하나가 되는 것이다.

유교에서는 하늘을 어떻게 신神으로 생각했는지, 유교에서의 '하늘관'이 무엇이었는지를 유교의 경전을 통해서 학습해 본다.

(1) 『시경詩經』

- 밝고 밝은 상천이 항상 아래를 굽어본다. 〔明明上天 照臨下土〕
- 유유한 창천이어 〔오늘 이 난세는〕 누구의 탓인가. 〔悠悠蒼天 此何人哉〕
- 빛나는 하늘의 빛은 하계에도 밝게 비쳐 미치지 않는 곳이 없다. 〔明明在下 赫赫在上〕 ※ 이 말은 『서경書經』에도 나온다.
- 하늘의 움직임은 우물우물하는 일 없이 순식간에 실행한다. 〔天之方蹶無然泄泄〕 ※ 이 말은 『서경』에도 나온다.
- 하늘은 이세상 만백성을 창조했으며 만물은 따라야 할 법칙이 있다. 〔天生蒸民 有物有則〕
- 하늘에는 불변의 법칙이 있다. 〔昊天有成命〕
- 하늘을 공경하고 또 받들라. 하늘의 눈은 밝으며 공경을 잃으면 언제 변할지 모른다. 〔敬之敬之 天惟顯思 命不易哉〕
- 하늘이 현조에게 명하사 땅에 나려와 상商을 낳게 했다. 〔天命玄鳥 降而生商〕
- 하늘이 우리를 내려다본다. 〔上臨之天鑑〕
- 하늘의 뜻은 헤아리기 어렵다. 그러므로 임금노릇 하는 것이 쉽지 않다. 〔天難忱斯 不易維王〕

(2) 『서경書經』

⊙ 하늘에는 모든 사물의 법칙이 있다.〔天有物有則〕

⊙ 하늘의 모든 일〔역수〕는 바로 그대 몸에 있다.〔天之曆數 在汝躬〕

⊙ 지성은 하늘을 감동케 한다.〔至誠感天 至滅感神〕

⊙ 하늘이 하는 일을 인간이 대신해서 한다.〔天工人其代之〕

⊙ 하늘은 사람에게 불변의 도리 곧 상성常性을 주었다. 사람은 이 뜻을 깊이 받아들여야 한다.〔天敍有典 勅我五典〕 ※ 5전五典은 군신君臣·부자父子·형제兄弟·부부夫婦·붕우朋友 등을 가리킨다.

⊙ 하늘의 총명은 백성의 총명에 따른다.〔天聰明 自我民聰明〕 ※ 천명 외 天明畏 自我民明威도 같은 뜻의 말이다.

⊙ 하늘은 백성을 낳았다.〔天生民 天生蒸民〕

⊙ 하늘은 사람을 친하고 친하지 않고가 없다. 누구나 공경심있는 자를 돕는다.〔天無親 克敬惟親〕

⊙ 하늘이 재앙을 내리는 것은 그 사람의 덕에 달려 있다.〔惟天降災祥在德〕

⊙ 푸른 하늘이 우리 마음을 비추고 있다.〔悠悠蒼天 常時照鑑〕

⊙ 밝고 밝은 하늘이 하토를 비춘다.〔明明上天 昭昭在上〕

⊙ 하늘에는 없는 소리도 없고, 없는 냄새도 없다.〔上天之載 無聲無臭〕

⊙ 하늘은 백성을 소명하고 세상을 협화케 한다.〔天百姓昭明 協和萬邦〕

⊙ 하늘의 명은 바꾸는 일이 없다.〔天命不易〕

⊙ 하늘은 백성의 긍지, 백성의 바라는 바를 따른다.〔天矜于民 民之所欲 天必從之〕

⊙ 백성이 원하는 바는 하늘이 반드시 따른다.〔民之所欲 天必從之〕

⊙ 하늘은 스스로 우리들을 보고 하늘은 스스로 우리들 일을 듣는다.〔天視自我民視 天聽自我民聽〕

◎ 하늘은 도를 현출한다. 하늘에는 뜻이 있어 이를 나타낸다.〔天有顯道〕
◎ 하늘이 은나라를 멸망케 한 것은 쉬운 일〔농부가 잡초를 뽑는 것에 비유〕이다.〔天惟喪殷 若穡夫〕
◎ 하늘은 인간에게 도덕이나 지식을 명하고 운명의 길흉을 명하고 혹은 생명의 장단을 명한다. 모든 것은 하늘에 달렸다.〔天 命哲 命吉凶 命歷年〕

(3)『역경易經』

◎ 하늘의 만물의 시초, 만물의 생장, 그 모양, 만물의 완성…. 이세상 하늘과 땅의 만물의 질서는 우주 하늘에 있다.〔乾 元 亨 利 貞〕
◎ 하늘의 이치는 건전하다. 군자는〔사람은〕한 치의 어김이 없이 꾸준히 노력해야 한다.〔天行健 君子以自彊不息〕
◎ 이세상〔땅〕은 크게 형통한다. 암말처럼 바르고 지준하면 모든 것이 잘 된다.〔坤 元亨 利牝馬之貞〕 ※ 坤은 땅의 이치이기도 하다.
◎ 천지자연의 음양의 변화를 역이라 한다.〔乾坤 生生之謂易〕
◎ 하늘에 순하고 사람에 호응한다.〔順天而應乎人〕
◎ 하늘의 명을 알게 되니 즐겁고 근심이 없다.〔樂天知命 故不憂〕
◎ 하늘은 오직 뜻을 나타내고 명을 확고히 한다. 마땅히 이를 공경하여야 한다.〔天惟顯思 命不易哉 敬之敬之〕
◎ 하늘의 도는 멀고 사람의 도는 가깝다.〔天道遠 人道邇〕 ※ 이 말은『좌전左傳』에도 나온다.
◎ 하늘은 친한 이가 없고 오직 덕이 있는 이를 돕는다.〔皇天無親 惟德是輔〕
◎ 백성이 하고자 하는 바를 하늘은 꼭 따른다.〔民之所欲 天必從之〕 ※ 이 말은『좌전』에도 나온다.
◎ 하늘과 땅의 법칙은 가면 오고 오면 간다.〔无往不復 天地際也〕

◎ 오직 군자〔살피는 사람〕만이 천하의 뜻을 통할 수 있다.〔唯君子爲能通 天下之志〕

◎ 악함을 억제하고 선을 찬양하여 천명에 따른다.〔遏惡揚善 順天休命〕

◎ 하늘의 도는 가득 찬 것을 덜고 부족한 것을 채운다.〔天道虧盈而益謙〕

◎ 천문을 관찰하고 시세의 변화를 살피며 천하를 화성케 한다.〔觀乎天文 以察時變 化成天下〕

◎ 여러 번 반복함에서 천지의 마음을 볼 수가 있다.〔復其見 天地之心乎〕

◎ 천지의 도는 항구하여 그침이 없다.〔天地之道 恒久而不已也〕

◎ 남녀가 곧고 바른 것이 천지의 대의이다.〔男女正 天地之大義也〕

◎ 가정을 바르게 다스려야만 천하가 안정된다.〔正家而 天下定矣〕

◎ 탕무의 혁명은 하늘의 뜻에 따라 이루어진 것이다.〔湯武革命 順乎天〕 ※ 이는 걸왕의 멸망을 말한다.

(4) 『좌전左傳』

◎ 백성은 신神의 주인이다.〔民神之主也〕 ※ 여기서 신은 하늘을 말했다.

◎ 하늘의 뜻은 사람이 어쩌지 못한다.〔天之所啓人弗及也〕

◎ 하늘의 위력을 두려워하며 이에 천명을 보전한다.〔畏天之威 于時保之〕

◎ 하늘은 어진 사람에게 복을 내리고 나쁜 사람에게는 화를 입힌다.〔天福仁而禍淫〕

◎ 천명은 고정된 것이 아니다.〔惟命不于常〕

◎ 하늘 아래 왕토가 없는 곳이 없고 육지의 끝까지 왕실 아닌 자가 없다.〔普天之下 莫非王土 率土之濱 莫非王臣〕

◎ 예는 하늘의 상도이며 땅의 의미며 백성의 행위이다.〔禮天之經也 地之義也 民之行也〕

◎ 천도는 영구불변이다. 때에 따라 변하는 것은 아니다.〔天道不諂〕
◎ 천지를 경위함을 문이라 한다. 천지의 도를 날실로 하고 씨실로 하여 엮은 것이 천지의 무늬이며 인간의 문화이다.〔經緯天地曰文〕

(5) 『예기禮記』

◎ 하늘에는 두 해가 없으며 땅에는 두 임금이 없다.〔天無二日 土無二王〕
◎ 사람의 일을 다하고 하늘의 명을 기다린다.〔盡人事 待天命〕
◎ 하늘에 순응하는 자는 잘 되고 하늘에 거스르는 자는 망한다.〔順天者存 逆天者亡〕
◎ 하늘의 도는 인간의 가장 중요한 가르침이다.〔天道至敎〕
◎ 사람의 이 조용함은 천성이기 때문이다.〔人生而靜 天之性也〕
◎ 예악은 천지의 정에 따르고 생명의 덕에 달한다.〔禮樂偵天地之情 達神明之德〕
◎ 하늘에는 사복이 없고 땅에는 사재가 없다.〔天無私覆 地無私載〕 ※ 사삿일은 없다. 공평무사하다.
◎ 천지의 성중에서 사람이 가장 존귀하다.〔天地之性 人爲貴〕
◎ 하늘의 명命은 성性이요, 성의 가르침은 도道이고 도의 가르침은 교육이다.〔天命之謂性 率性之謂道 修道之謂敎〕
◎ 하늘은 스스로 돕는 자를 돕는다.〔天自助者助之〕

(6) 기타 경전

◎ 하늘에 죄를 지으면 빌 곳이 없다.〔獲罪於天 無所禱也〕
◎ 하늘은 녹이 없는 사람을 세상에 낳지 않고 땅은 이름이 없는 풀을 낳지 않는다.〔天不生無祿之人 地不生長無名之草〕

◎ 하늘에는 헤아릴 수 없는 비바람[변화]이 있고 세상사람에게는 아침저녁으로 화와 복이 찾아온다.〔天有不測風雨 人朝夕禍福〕
◎ 하늘이 기회를 주었는데도 이를 받아들이지 않고 때가 되었는데도 행하지 않으면 하늘은 그 사람을 그대로 두지 않고 재앙을 내린다.〔天與弗取 不受其咎 時至不行 反受其殃〕
◎ 하늘이 고요하고 높음이여 푸르고 푸르도다. 하늘을 어디에서 찾을고! 높지도 않고 길도 안 보이는 것을… 그러나 그 하늘 그 길은 오직 사람 마음속에 있는 것을.〔天聽寂無者 蒼蒼何處尋 非高亦非道 都只在人心〕
◎ 푸른 하늘은 모든 것을 이루게 하고 뜻을 삼는다.〔昊天成 有成名〕
◎ 사람이 할 수 있는 힘을 다하고 하늘의 명을 기다린다.〔盡人事 待天命〕
◎ 사람은 푸른 하늘의 뜻을 모른다. 그러나 사람이 하는 일은 하늘이 모두 안다.〔世人不解靑天意〕
◎ 사람이 나쁜 짓을 많이 하여 그릇에 꽉 차면 하늘은 반드시 그를 벌한다.〔惡鑵若滿 天必誅之〕
◎ 착한 자는 하늘이 복으로 보답하고 악한 자는 하늘이 화로써 말한다.〔爲善者 天報之以福 爲不善者 天報之以禍〕
◎ 만일 옛사람이 엉뚱하게 잘못을 저지르고서도 이름이 크게 남으면 사람들은 그를 해하지 않더라도 하늘은 반드시 그를 벌한다.〔昔人 作不善 得顯名者 人雖不害 天必戮之〕
◎ 외를 심으면 외를 얻고 콩을 심으면 콩을 얻는다. 하늘의 뜻, 하늘의 그물은 엉성하고 없는 것 같아도 빈틈이 없어 사람들이 행하는 것을 하나도 빠지거나 놓치지도 않고 모르는 것이 없다.〔種瓜得瓜 種豆得豆 天網恢恢 疎而不漏〕
◎ 하늘은 사람끼리 귀에 대고 하는 말도 우렛소리처럼 들리고 어두운 방 속에서 마음을 속이는 일도 번갯불처럼 일체를 놓치지 않고 안다.

〔人間私語 天聽若雷 暗室欺心 神目如電〕
◉ 낳고 죽는 것은 모두 하늘의 뜻이며 잘되고 못되는 것도 하늘에 달렸다. 〔死生有命 富貴在天〕

이상 유교의 주요경전 속에서 하늘을 신으로 생각하고 있는 바를 살펴보았다. 하늘은 명命의 지존至尊이며 도道의 신존神尊이다. 하늘은 다른 종교에서 숭앙하는 절대적 존재, 창조적 존재, 주재적 존재, 심판적 존재 그리고 진리의 존재, 도道의 존재, 빛의 존재이다.

생각건대 우리 민족은 이 하늘 속에서 역사관·인생관·가치관을 견지해 왔다. 우리 민족은 하늘을 숭앙하는 민족이다.

2) 유교와 도道

유교는 향교鄕校를 짓고 공자 등 성자들을 전례典禮로 반드시 예우 존대하지 않는다고 해도 우리 사람의 마음속에는 강하든 약하든 유교의 도의 '하늘'이 있다.

종교란 엄밀히 말해서 철저하게 제례祭禮나 의례儀禮의 고정된 형식을 갖추고 계율이나 수칙 등을 엄격히 수행해야만 신앙인이 되는 것은 아니다. 신앙은 빛을 숭앙하고 그 빛 속에 나의 참을 포개고 나의 영혼을 정화하여 그 진리 속에 결합되는 삶을 살아가는 것이 중요하다.

하늘이란 도道를 말한다. 우주란 법法을 말한다. 그것이 곧 신神이다.

진리의 대명사, 빛의 상징이 하늘이요 신이다.

신앙은 삶의 뜻, 삶의 길, 삶의 바램 속에 연결된다. 하늘을 신앙하는 것은 이세상에서의 삶의 참길을 찾고 사람다운 사람의 삶을 찾기 위해서 이다. 삶의 길, 삶의 뜻, 사람의 삶의 길의 빛길…, 그것이 하늘의 도道이다.

하늘의 소리를 하늘에서 듣는 것이 아니다. 하늘은 나 자신의 마음, 나 자신의 영혼 속에 있다. 나를 닦는 것, 나를 밝히는 것, 나를 바르게 세우는 것, 그것이 하늘을 찾는 길이다.

도道는 나의 길 밖에 있는 것은 아니다. 도는 나 속에 있다. 그것을 수행을 통해서 닦아나가는 길, 그 길이 하늘을 섬기는 길이다. 자기의 성性, 자기의 지혜, 자아自我를 깨치고 깨달아 하늘의 도 속에 합일해야 한다.

하늘의 도, 우주의 질서, 신의 진리를 발견하는 것은 하필 구도자가 아니라도 어렵지 않다. 밤하늘의 별을 보고 우주를 도는 해를 보면 안다. 대자연 속의 억조 생명체를 보면 안다. 인간의 뇌 속에 들어가 보고 심장 속에 들어가 보면 안다.

이 거대한 우주 하늘에는 절대적인 질서가 있고 규범이 있다. 인간은 마음·머리·영혼을 가진 생명체이다. 인간은 이 절대적인 질서와 규범 속에 인간의 소망과 바램을 싣는다. 그 뜻과 하나가 되고자 한다. 그것이 신앙이다.

유교는 그 하늘을 사람과 하나로 결합, '도道' 속에서 빛을 찾는다. 유교에서는 도가 아니면 하늘과 땅, 대자연의 질서와 법이 무너진다.

◎ 도는 곧 만물의 길이요, 만물에 상통되는 가치이다.〔道者 人之道於 天地者〕

◎ 도는 곧 사람의 길이요, 만물에 상통하는 가치이다.〔道者 行於萬物者 通於萬物者〕
◎ 도는 사람이 펴는 것이요, 도가 사람을 이끄는 것은 아니다.〔人能弘道 非道弘人〕

유교경전에는 도道에 대해 가장 핵심적으로 교리를 담았다. 경전에 중점을 두어 도의 덕목이나 도의 가치에 해당되는 것을 살펴본다.

(1) 도道에 대해서

◎ 하늘의 도는 넓고 두텁고 높고 맑고 유원하다.〔天地之道 博也 厚也 高也 明也 悠也〕『중용』
◎ 하늘은 도를 현시한다.〔天有顯道〕『서경』
◎ 도에 순종하면 평화를 얻는다.〔道順而安之〕『중용』
◎ 대도는 모든 곳에 통한다.〔大道不器〕『예기』
◎ 천도는 가르침으로 이룬다.〔天道至敎〕『예기』
◎ 공명의 지극한 것이 도이다.〔極高明而道〕『예기』
◎ 충과 서는 도에 통달함에 멀지 않다.〔忠恕達道不遠〕『예기』
◎ 도에 순종하며 평화를 얻다.〔道順而安之〕『좌전』

(2) 덕德에 대하여

◎ 덕이란 이치의 근본이다.〔德者爲理之本也〕『예기』
◎ 천하의 달덕은 지·인·용 3자이다.〔天下之達德者 知 仁 勇〕『예기』

◎ 덕성을 존중하고 학문에 의한다.〔尊德性而道問學〕『중용』

◎ 덕은 한 중심이다.〔德者 黃中之德〕『역경』 ※ 황은 청·황·적·백·흑의 중앙색…

◎ 세 덕은 첫째 정직, 둘째 강직, 셋째 유극이다.〔三德者 一曰正直 二曰剛直 三曰柔克〕『서경』

◎ 준덕을 극명하며 구족을 친한다.〔克明俊德 以親九族〕『서경』

◎ 관대한 사람의 받듦은 덕이 기본이다.〔溫溫恭人 維德之基〕『중용』

(3) 지성至誠에 대하여

◎ 성자는 하늘의 도이며 성자는 사람의 도이다.〔誠者天下之道也 誠者人之道也〕『중용』

◎ 지성을 터득하면 선이 무엇인가를 명확히 해야 한다. 선을 모르고서는 지성을 터득할 수 없다.〔誠身有道 不明乎善 不誠乎身矣〕『중용』

◎ 천하의 지성은 세상을 능히 감화시킬 수 있다.〔唯天下至誠 爲能化〕『중용』

◎ 성은 사물의 시종, 성이 없으면 아무것도 이룰 수 없다.〔誠者 物之始終 不誠無物〕『중용』

◎ 지성은 쉬지 않는다.〔至誠 無息〕『중용』

◎ 성에 의해 명확히 깨달을 수 있는 것을 성性이라 하고 천리天理를 막힘으로서 성성을 확인하는 것을 교敎라 한다.〔自誠明謂之性 自明誠謂之敎〕『중용』

◎ 오직 천하의 지성만이 천지의 화육을 도울 수 있다.〔唯天下至誠 可以贊天地之化育〕『중용』

(4) 예禮에 대해서

◎ 예는 신의 중추이며 공경의 기본이다.〔禮神之幹也 敬身之基也〕『좌전』

◎ 예는 나라의 중추이다.〔禮國之幹也〕『좌전』
◎ 예는 하늘의 씨날이요 근본이다.〔禮天地經也〕『좌전』
◎ 예는 땅의 오름이다.〔禮地之義也〕『좌전』
◎ 예는 백성의 행실이다.〔禮. 民之行也〕『좌전』
◎ 충신의 근본은 예의 근본이며 의리의 근본은 예의 증표이다.〔忠信之本 禮之本也 義理之本 禮之文也〕『예기』
◎ 예는 민심을 절제함이요. 악은 민성을 화목케 한다.〔禮節民心 樂和民聲〕 『예기』
◎ 식견을 넓히고 예로서 요약해 준다.〔博我以文 約我以禮〕『예기』
◎ 예는 부부 사이의 공경의 시작이다.〔禮始於夫婦〕『예기』
◎ 예는 정도를 넘지 않아야 한다.〔禮不踰節〕『예기』

(5) 선善·관寬·직直…에 대하여

◎ 선을 따르기를 물같이 하라.〔從善如流〕『좌전』
◎ 선을 쌓는 집엔 반드시 경사가 오고 선을 쌓지 않는 집안에 반드시 재앙이 온다.〔積善之家 必有餘慶 積不善之家 必有餘殃〕『역경』
◎ 관대하면서도 위엄이 있어야 한다.〔寬而栗〕『서경』
◎ 곧으면서도 온화해라.〔直而溫〕『서경』
◎ 공경에는 꾸밈이 없다.〔至敬無文〕『예기』
◎ 공경하면 재난이 없다.〔敬無災〕『좌전』
◎ 공경으로 안을 삼고 의로서 밖을 삼는다.〔敬以直內 義以方外〕『역경』
◎ 충서는 도에 달한다.〔忠恕達道不遠〕『예기』
◎ 천하가 모두 충을 다하면 순화가 이루어진다.〔天下盡忠 淳化行也〕『예기』
◎ 지성에 의해 명확히 깨달을 수 있는 것이 성性이다.〔自誠明 謂之性〕『예기』

❂ 하늘과 땅의 성은 사람의 귀함이다.〔天地之性 人爲貴〕『예기』

　유교사상은 춘추전국시대 제후들의 패권싸움을 반대하고 천하백성이 모두 평안하고 자유롭게 살아가야 한다는 뜻에서 인애仁愛·정덕正德·예치禮治·성성性誠·관서寬恕를 바탕으로 군군君君 신신臣臣 부부父父 자자子子의 도리를 내세웠다. 임금은 임금답고 신하는 신하답고 아버지는 아버지답고 아들은 아들다워야 한다는 것이다.
　유교는 하늘의 뜻, 규범을 존중한다. 규범은 하늘 곧 우주의 도이자 질서이며 인륜도덕이라 보았다.
　유교의 가르침의 빛은 예禮에 있다. 유교는 예교禮敎라 할 수도 있다. 하늘을 대하는 것, 도를 닦는 것, 사람을 다스리는 것, 가정을 이루는 것, 사람과 사람이 관계를 맺는 것…, 이 모두는 예를 바탕으로 해야 함을 강조했다. 예禮란 본시 하늘 곧 신을 섬긴다는 뜻이다. 예란 절문인의節文仁義와 경敬·애愛·성誠을 바탕으로 하는 글자이다.
　하늘 즉 신은 진리이다. 진리를 대하고 섬기는 것이 예禮이다. 군신지간, 부자지간, 부부지간, 친구지간, 그 모두의 인간관계를 예를 바탕으로 하면 하늘의 도道가 절로 실현될 수가 있다.
　공자는 "예가 아니면 보지도 듣지도 말하지 행하지도 말라〔非禮 勿視 勿聽 勿言 勿動〕" 했다.
　유학은 선비〔賢哲志士〕의 사상이요, 경세經世의 사상이며, 어디까지나 자기 자신을 먼저 닦고 인격의 완성을 기함을 목표로 삼는다. 유학의 가르침은 자기 자신을 낮추며 남을 어질게 대하고 부모형제 가정을 화목하게 하고 예禮·경敬·제悌를 바탕으로 사회에 임하며 바르게〔正〕 천하를 다스려 가야 함을 강조하는 사성이다.

　유교는 하늘[天上]과 하늘 아래[天下]로 보고 그 조화를 찾는 하늘의 뜻과 사람의 뜻, 하늘의 길과 사람의 길을 하나로 묶어서 바라본다. 민의民意는 천의天意이며 천도天道 즉 인도人道이다.

　하늘의 뜻은 밝고 바르며 어질고[仁] 사랑[愛]한다. 하늘의 도는 덕德에 있고 서恕에 있으며 예禮에 있고 정正에 있다.

　하늘의 도를 명命이라 본다. 유교에서 특히 강조하는 삶의 도나 덕목에 대해서는 학자에 따라서 다소 차이는 있지만 대강 다음과 같다.

　우리나라 유학대가 이상은李相殷 교수는 그 저서에서 중심덕목을 인仁·효孝·제悌·충忠·서恕·예禮·의義·도道·덕德 등을 들었고 중국의 유학자 진대제陳大齊는 유교의 중심덕목을 신信·진眞·경敬·충忠·용勇·효孝·공恭·혜惠·서恕·양讓·민敏·유예遊藝·강剛·신愼·장莊·검儉·애愛·관寬·극기克己·중용中庸 등을 들었다.

　또한 유학의 여러 문전文典에 나오는 사상이나 철학의 덕목 곧 숙어를 살펴보니 다음과 같은 4자숙어四字熟語들이 많이 강조되었다. 이것은 유교의 도道, 사람의 도이기도 하다.

수신치심修身治心	사친친제事親親悌	접물신중接物愼重	궁리진성窮理盡性
선현전훈聖賢典訓	수득달현修得達顯	천현사리天顯事理	연마연찬硏磨硏鑽
행동거지行動擧止	결정단정潔淨端正	계선효행繼善孝行	정기존심正己存心
안분계성安分戒性	성심입교省心立教	안의준례安義遵禮	언어교우言語交友
중화지중中和止中	수기친민修己親民	구도구심求道求心	관서충의寬恕忠義
심지광명心地光明			

유교에서는 '군자君子'를 이상적인 인간상으로 말했다. 군자란 인격을 갖춘 선비, 도道의 인격자를 뜻한다. 인덕仁德을 갖추고, 인의예지신仁義禮智信과 학學·예경禮敬·양지良智·양능良能·지개志槪의 현자賢者, 그리고 수기修己·수행修行을 존중하는 인격자, 모든 사람이 우러러보고 받들 만한 큰어른 품격의 소유자가 되는 것을 강조한다.

유교는 '하늘', '하늘의 도道'를 중시한다. 하늘의 도는 사람의 도이며 다른 종교에서 말하는 신神의 진리이기도 하다.

나는 대학에서 「한국문학사상의 유학사상 연구」 논문을 썼는데 그때 유교의 여러 경전들을 훑어본 결과 유학 속에는 사람의 도, 삶의 길에 관계 깊은 가르침을 담은 숙어·어구·어문들이 참으로 많은 점에 놀랐다.

그 중에서 빈도 높게 나타나는 한자어 속의 한자漢字를 하나하나 떼어 출현빈도를 살펴본 결과 다음과 같은 뜻의 한자가 많이 나왔다. 이 글자들은 서로 조합하여 여러 숙어·어구가 될 수 있다. 다만 이 글자에 부정사否定辭·불不·무無·부否 등 글자를 관용冠用하면 반대의 뜻이 된다.

그러나 다음 글자들은 유교 곧 유학사상의 경전『문전』속에 가장 많이 나타나는 글자요, 뜻을 담은 글자들이다.

학學	습習	낙樂	열說	경敬	절節	개改	인仁	온溫	양良	공恭	검儉	양讓	도道
효孝	현賢	화和	신信	귀貴	예禮	민敏	신愼	덕德	서恕	지志	명命	지知	종從
관觀	찰察	사思	행行	훈訓	용勇	소素	선善	충忠	의義	미美	안安	유儒	공公
직直	정靜	동動	박博	예藝	제齊	천天	진進	흥興	절節	약約	외畏	언言	악惡
사事	독讀	서書	기己	성省	정政	달達	고告	즉則	태泰	양諒	유柔	계戒	성聖
혜惠	독篤	공公	민民	윤倫	득得	구苟	시時	색色	성性	관寬	양養	성誠	유悠

> 신神 미美 귀貴 법法 명明 각覺 정正 오悟 종宗 달達 목睦 변辨 후厚 마磨
> 존尊 차磋 탁琢 마磨 격格 회誨 궁窮 리理 중重 전典 현顯 연硏 찬鑽 거居
> 결潔 단端 정淨 계繼 존存 계戒 교敎 준遵 교交 구求 중中 수修 민民 심心
> 관寬 광光 강剛 유遊 애愛 등…

3) 유儒와 자기완성

　동양의 유교사상인 유교儒敎
　유학儒學의 가르침
　유儒의 도道
　유교는 어디까지나 이세상을 살아가는 사람의 길, 참다운 사람이 되는 길을 가르치는 데 역점을 두고 있다.
　유교사상은 춘추전국시대·봉건시대에 태어났고 체계화되었다. 따라서 유교사상 속에는 여러 면에서 오늘날[민주주의] 시대에 맞지 않은 가르침도 없는 것은 아니다.
　이것은 다른 종교도 같다. 그러나 유교사상은 사람이 자기 자신을 갈고 닦아나가는 기본적인 지침을 세밀히 하고 사람과 사람, 사회 속에서 인격을 닦으며 가정 상하 인간관계, 나아가서 입신양명하고 진리인[군자]의 도리를 특히 강조했다.
　유교사상에서는 다른 어떤 종교의 가르침보다도 특히 강조하고 있는 가르침이 있다.

- 나를 먼저 닦아야 한다.〔수기치인修己治人하라〕
- 가정의 인륜을 존중하라.〔부모님을 섬기고 형제 모두는 화목하라〕
- 사회에서 겸손하고 성실하며, 바르게 판단하고 덕을 베풀고 관용하며 어질게 살아라.
- 용서하고 자기를 먼저 살펴라.
- 학學을 존중하라.
- 옛 성자들 말씀을 존중하라.
- 부지런하라.
- 깊이 생각하라.
- 예를 지켜라.
- 신의를 존중하라.
- 사람의 길〔人道〕을 닦아라.
- 나라에 충성을 다하라.
- 삶의 길을 하늘의 도道에 따라야 한다.
- 하늘을 어렵게 알고 모든 점에서 삼가라.
- 어진 길〔仁道〕, 착한 길〔善道〕, 예도禮道・천도天道는 하나이다.
- 이세상에서 죄를 지으면 그 모두는 하늘이 알고 심판한다.
- 하늘이 '사람'이요, '나'이다.

이것이 하늘의 소리라 말하는 유교의 소리이다.

'해동공자海東孔子'라 불린 우리나라 조선조 퇴계退溪는 그의 「수신십훈修身十訓」 속에서 사람은 다음 열 가지 사항을 항상 명심하고 신중히 하여야 함을 역설했다. 첫째 입지立志, 둘째 섭신攝身, 셋째 치심治心, 넷째 독서讀書, 다섯째 발언發言, 여섯째 제행制行, 일곱째 거가居家, 여덟째 접인接人, 아홉째 처사處事, 열째 응거應擧. 이것들은 유교적 수신修身・처세處世・치인治人의 기본사항에 해당한다.

유교는 철두철미 사람은 어질고 덕이 있어야 함을 말했다. 유교는 인애仁愛를 강조했고 관서寬恕를 삶의 빛이라 했다. 유교는 배움 즉 학學을 존중했다. 사람이 학을 숭상하는 것은 '사람다운 사람'이 되기 위해서라 했다. 사람은 갈고 닦음[切磋琢磨]을 기본으로 삼아야 함을 말했다. 나는 이 말을 존중한다.

유교에서는 하늘의 도, 하늘의 명命을 존중하되 그것은 자기의 '사람의 참다운 길'의 실천 속에 있다고 했다.

예禮는 다른 신을 섬기는 종교에서처럼 하늘을 대하는 기본이라 했다. '예'는 마음에서 우러나오는 신앙의 가치이다. 하늘을 대한다는 것은 섬기는 것, 받드는 것, 뜻을 두드리는 것을 뜻한다.

유교에서 말하는 하늘은 도道라는 인격체이다. 또한 '하늘의 도는 곧 사람의 도'라 했다.

예는 사람살이의 기본이 된다. "예가 아니면 보지도 말고[非禮勿視] 듣지도 말며[勿聽] 말하지도 말고[勿言] 움직이지도 말라[勿動]"고 했다. 예는 수신修身의 기본이다. 그 수신・수심이 곧 수행의 길이다.

유교에서는 성性에 대해서 말했다. 성은 천성天性이며 성선性善이라 했다. 성에 대해서는 불교에서도 말했고, 인도의 종교에서도 늘 말하는 말이다.

성이 곧 사람의 바탕이다. "성은 하늘의 명이며[天命之謂性], 그 성을 바르게 이끄는 것이 도[率性之謂道]요, 또한 그 도를 닦는 것이 교[修道之謂敎]"라 했다. 사람을 사람으로 키우는 것, 사람을 사람 되게 이끌고 가르치는 것, 그것이 성에 대한 교육이요 학學이며, 그것이 또한 하늘의 도이고, 그 하늘의 도는 곧 성이라는 것이다.

유교의 여러 가르침 속에는 성性이나 선善, 도리의 궁구실천에 대하여 매우 강조했다.

◦ 사람의 성정性情의 덕德과 사물의 이치를 궁구하여 아는 공功과 천지가 그 바른 위치를 얻고, 만물이 생육하는 미묘한 이치에 대하여 그 뜻을 깊이 탐색해야 된다.〔性情之德 推致之功 位有之妙 玩索而有得焉〕
◦ 사물의 이치를 궁구하여 마음을 바로잡아 자기의 몸가짐을 닦고 남을 다스리는 도리에 대하여 참되게 알아서 성실히 실천하라.〔窮理正心 修己治人之道 眞如而實踐之〕
◦ 성정의 삿되고 바른 것〔邪正〕, 그리고 선악에서 칭찬할 것, 나무랄 것에 대하여 깊이 궁구하고 징계할 것에 대하여 깊이 연구 실천해야 한다.
〔性情之邪正 善惡之褒戒 潛繹感發而懲創之〕

수행이란 하늘이 자리메긴 인간의 성을 선하게 이끌고 그 천성의 근원을 닦아나가는 것이다. 자기의 본성을 찾는 것이 근원을 찾는 일이며 사악邪惡을 명석하게 판단하여 멀리하는 것, 바른 마음을 찾고 자기완성의 도를 두드리고 실천하는 것, 그것이 유교의 수행이다.

불교에서도 '나를 찾는 것'을 '견성見性'이라 했다. 불교는 여러 경전을 통해서 사람이 사람다워지는 도리, 익혀야 할 근본문제, 실천해 나가야 할 요체에 대하여 말했다.

실천의 궁극적 목표는 '사람이 되는 것', '사람의 도리를 닦는 것', '사람의 인격을 갖추는 것', '사람다운 나의 성性을 갖추는 것'이다.

- 사람은 인仁의 진리를 구하여 자기를 위하고 남을 위하는 근본바탕을 익혀야 하고 깊이 체득 실천해야 한다.〔求仁爲己 涵養本源之功 精思而深體之〕
- 사람은 의리와 이익을 분명하게 구분할 줄 알아야 한다. 인간의 욕심을 막고 하늘의 도리를 따르며, 모든 이치를 밝게 살펴 충실을 기해야 한다.〔明辨義利 過人慾 存天理誌說 明察而擴充之〕
- 사람은 천지자연의 이치에 따르는 예절에 관한 이해를 가져야 한다. 사람은 마땅히 지켜야 할 법칙에 관한 제도에 대하여 깊이 강구하여 마음가짐과 몸가짐을 세워나가야 한다.〔天理之節文 儀則之度數講究而有立焉〕
- 사람은 천하의 공명정대한 원리원칙에 대하여 요령을 알고 그 근본을 추구해 나가며 상고해야 한다.〔天下之大經大法 領要而遡本焉〕
- 사람은 무엇이 좋고 나쁘고 살고 죽고 나아가고 쇠하고 성하는 것인가에 대하여 기미를 잘 살피고 연구해 나가야 한다.〔吉凶存亡 進退消長之幾 觀玩而窮硏焉〕
- 사람은 성자들의 잘 하신 일, 나쁜 사람들의 잘못한 일을 가려 상과 벌을 주며, 혹은 억누르고 혹은 찬양하면서 전개한 역사의 오묘한 말씀과 깊은 뜻에 대하여 연구하고 깨달아야 한다.〔聖人賞善罰惡 抑揚操縱之 徵辭 奧義 精硏而契悟焉〕

유교에서는 또한 극기克己를 수행의 바탕으로 보았다. 수행이란 참는 것이고 이겨내는 것이기도 하다.

- 사람은 욕심을 억제하는 데서부터 마음이 바로 선다. 규범에 맞지 않는 행위나 이욕에 빠져서는 아니된다.〔克己修行 最切於日用所謂己者. 吾心所好 不合理之謂也〕

◎ 몸과 마음은 항시 바르게 가져야 한다.〔當正身心〕
◎ 겉과 속이 한결같게 하라.〔表裏如一〕
◎ 어둑한 데 있더라도 드러난 곳에 있는 것과 같이 하라.〔處幽如顯 處獨如衆〕
◎ 마음을 항상 푸른 하늘의 밝은 해처럼 남들이 환히 볼 수 있도록 하라.〔使此心如靑天白日 人得而見之〕
◎ 언제나 몸가짐을 바르게 가짐을 근본으로 삼고 사물의 이치를 깊이 궁리하며 착한 일을 밝히고 모든 일을 힘써 행하며 진실을 실천해야 한다.〔居敬以立基本 事理窮究 以明乎善 力行以踐其實〕
◎ 마음속에 거짓됨을 물리치는 일, 남을 공경하는 일, 이 두 가지는 일생 잊혀서는 안되니 마땅히 좌우명으로 삼아야 한다.〔思無邪 毋不敬 一生受用不盡 當揭諸壁上 須臾不可忘也〕

유학사상을 깊이 심봉발양한 한국의 율곡栗谷 이이李珥는 중국의 유학사상을 한국적으로 깊이 조탁했거니와 특히 『격몽요결擊蒙要訣』 등을 지어 젊은이들의 지혜를 계몽하고 사람다운 사람이 되는 길을 가르쳤다.

율곡은 자랄 때, 공부를 할 때, 어진 선현先賢들의 가르침을 따를 때 사람은 어떻게 수기修己·수신修身해야 함을 상세히 언급했다. 나는 『격몽요결』 속의 가르침을 늘 '학생들의 학문하는 길'로 인용하기도 했다.

다음에 그 중 심금에 와닿는 가르침의 구절들을 인용해 본다. 나는 『격몽요결』 내용 전부는 아니라도 그 중 주요한 것을 장차 교사가 될 선생의 후보자 또는 나의 삶의 처신지본處身之本으로 삼는 데 주력했다.

율곡은 입지장立志章에서 사람의 뜻을 세우고 자기의 성품을 갈고 닦아야 하며 혁구습장革舊習章에서 구습·완고함을 고치고 새로움을 추구해야 하며 지신장持身章에서 충신忠信, 심신의 단정端正, 예禮의 처신을 강조했다. 특히 독서장讀書章에서는 여러가지 배우며 자라나는 사람들이 꼭 지켜 나가야 할 점에 대하여 몇 가지를 강조했다.

- 먼저 책을 읽는 사람은 단공위좌端拱危坐하고 경대방책敬對方冊하라. 책을 읽는 사람은 단정하게 앉아서 책을 정중히 대하고 오로지 뜻을 기울여라〔專心致志〕 했다.
- 책을 읽을 때는 정사함영精思涵泳하고 심해의취深解義趣하며 반드시 실천방법 즉 필구천리지방必求踐履之方을 탐구해야 함을 말했다.
- 공부하는 사람이 입으로만 읽고 마음대로 체득하지 못하며 책대로, 읽는 사람대로 각각 되니 무슨 도움이 되겠는가?〔者口心讀 而心不體而心不體身不行 身不行則書 自書 哉自我 何益之有〕
- 공부를 하는 사람은 모든 일을 공경하고 남과의 사이를 성실하게 하기 위함이다.〔爲學 日用行事時 居處恭 執事敬 與人忠〕
- 음식은 만나는 것만을 먹지 말고 의복은 사치한 것을 입지 말며 거처는 검소하여야 한다.〔飮食不可甘美 衣服不可奢侈 居處不可安泰〕
- 학문에 공을 쌓고 마음을 바르게 가지며 엄숙하게 예법 지키기를 날로 힘쓰되 스스로 만족해서는 안된다.〔學問之功 心術之正 威儀之則 其日勉勉 而不可自足〕

즉 여러 경서를 통해서 천리天理·성정性情·사정선악邪正善惡·천도경정天道經正의 오의奧義를 터득해 나간다 했다. 즉 "학學에 뜻을 두고 몸가짐을 갖되 항상 일찍 일어나고 늦게 자며, 의관용의를 바르게 하고, 얼굴빛을 엄숙하게 하며, 두 손을 가지런히 하고 걸음걸이를 조촐하게 하며 말을 삼가고 조심해야 한다"고 역설했다.

특히 마음을 다스리고 몸을 다스리는〔修心修身〕 사람은 아홉 가지 바로 습관지어야 할 태도〔몸가짐〕가 있으니 이를 9용九容이라 했다.

- 발을 무겁게 가지라.〔足容重〕
- 손은 공손하게 가지라.〔手容恭〕
- 눈을 바르게 가지라.〔目容端〕
- 입은 신중하게 가지라.〔口容止〕
- 소리는 조용하게 가지라.〔聲容靜〕
- 머리를 똑바르게 가지라.〔頭容直〕
- 숨소리는 맑게 가지라.〔氣容肅〕
- 얼굴빛은 장엄하게 하라.〔色容莊〕
- 서 있는 모습은 의젓해라.〔立容德〕

또한 사람이 자라날 때는 아름다운 생각을 가져야 한다고 했다. 이를 9사九思라 했다.

- 사물을 볼 때는 밝게 보기를 생각하라.〔視思明〕
- 들을 때는 똑똑하게 들으라.〔聽思聰〕
- 얼굴빛을 온화하게 가지라.〔色思溫〕
- 태도는 공손하라.〔貌思恭〕
- 말은 참되게 하라.〔言思忠〕
- 무슨 일을 할 때는 공경을 다하라.〔事思敬〕
- 의심스러울 때는 물어라.〔疑思問〕
- 분할 때는 곤란하게 될 것을 생각하라.〔忿思難〕
- 이득이 생기면 의리를 생각해야 한다.〔見得思義〕

이상이 율곡栗谷의 사람이 가져야 할 기본적 태도 9용九容과 9사九思이다.

4) 선비사상의 큰 빛, 『논어』

유교儒敎는 부드러움[柔]·조화調和·인덕仁德·화평和平을 강조한다. 또한 학문을 닦는 사람을 말한다. 그리고 지조·절개·의리·신의·자기책임·자기분수·성심·자기수행을 존중한다.

'유儒'자는 '선비유'라 하기도 한다. 우리 선조들은 특히 지조 높은 선비, 바른 길을 추구하는 선비, 올바른 도道에 대하여 굽힘이 없는 지사를 유의 선비라 했다. 유교의 '유'는 결코 흐물흐물 부드럽기만 한 뼈 없는 선비의 길은 아니다.

예禮라는 말 속에는 '하늘의 진리'와 함께하는 엄숙한 신앙적인 수도자의 경지가 깃들여 있기도 하다. 유교는 '하늘', 그 영원한 '도道의 빛'을 신앙하는 종교이다. 하늘의 도를 사람의 도와 결합시켜 나가는 것이 유교이다. 하늘의 신神은 사람의 뜻이요, 길이다. 인도人道는 천도天道이다.

유교에서는 뒷날 우주태극론宇宙太極論·음양이원론陰陽二元論·성리학性理學·실학實學 등 여러 학리론도 나왔고 양명학 등 많은 이론이 도출·조탁되었다.

그러나 유학의 원조는 공자사상이며 그 사상의 핵심은 『논어』이다. 『논어』는 할아버지와 손자 사이에 정답게 주고받는 말투와 내용으로 되었지만 『논어』보다 깊은 맛의 삶의 지침서는 없다고 본다.

천독千讀·백독百讀을 목표로 옛 선비들은 삶 속에『논어』를 함께했다. 이세상의 모든 책 중의 책, 인생독본 중의 독본이『논어』라 평가한다. 읽어도 또 읽어도, 그리고 어렸을 때 읽고 커서 읽고 늙어서 읽어도 그때 그때『논어』는 늘 '새로운 삶의 빛'을 새겨준다는 말을 한다.『논어』는 씹을수록 맛이 난다는 얘기이다.

또한 동양의 철학자·사상가·지도자들이 이세상에서 가장 훌륭한 삶의 지침서指針書 단 한 권을 고른다면 서슴지 않고『논어』라 말했다.

다음에『논어』속에 나오는 귀중한 가르침, 인상 깊은 명구名句·명언名言·격언格言 등 삶의 빛이 되는 명구들 일부를 인용해 본다.

◎ 배워야 한다. 배우고 익히는 것은 참으로 즐겁다. 〔學而時習之 不亦說乎〕
◎ 남이 알아주지 않는다고 화를 내서는 안된다. 이가 군자이다. 〔人不知而 不慍 不亦君子乎〕
◎ 근본을 알면 도가 생긴다. 〔務本 本立而道生〕
◎ 교묘한 말과 만드는 모양 속엔 어짊이 드물다. 〔巧言令色鮮矣仁〕
◎ 벗과 사귐에 있어 신의에 어긋나지 않았는가? 〔與朋友交而 不信乎〕
◎ 남을 위해 충실했든가. 상대를 위해 정성을 다했다. 〔爲人謀而不忠乎〕
◎ 내가 깊이 터득하지 못한 것을 남에게 가르치지는 않았는가? 〔伝不習乎〕
◎ 부모를 섬기는 데 있는 힘을 다한다. 〔事父母 能竭其力〕
◎ 배워서 식견을 넓히면 완고하지 않다. 〔學則不固〕
◎ 실수를 하면 그것을 고치기를 주저하지 말라. 〔過則勿憚改〕
◎ 도에 뜻을 두고도 나쁜 옷, 조잡한 밥을 먹는 것을 수치로 아는 자에게는 함께 벗하기에 마땅치 않다. 〔志於道而恥惡衣惡食者 未足與議也〕
◎ 나의 도는 오직 하나로 일관되어 있다. 〔吾道一以貫之〕

◎ 귀신은 숭경하나 이를 멀리한다.〔敬鬼神而遠之〕
◎ 도에 뜻을 두고 예기도 즐겨라.〔志於道 游於禮〕
◎ 하늘이 나에게 덕을 내렸다.〔天生德於予〕
◎ 정도가 확립된 세상이면 나타나고 도가 없는 사회라면 은신한다.〔有道
則見 無道則隱〕
◎ 오십에 이르러 천명을 안다.〔五十而知天命〕
◎ 나라에 도가 없는데 부귀를 누림은 수치이다.〔邦無道 富且貴 恥也〕
◎ 하늘의 뜻이 아직 나의 도를 없애버리려 않는다면 사나운 광인이라
한들 나를 어찌하겠는가?〔天之 未喪斯文也 匡人其如豫何〕
◎ 자신을 극복하고 예로 돌아간다. 예란 진실·신을 받든다는 뜻이다.
〔克己復禮〕
◎ 생사도 천명에 달렸고 부귀도 천명에 달렸다.〔死生有命富貴在天〕
◎ 나라에 도가 없으면 언행에 신중을 기하라.〔邦無道 危行言孫〕
◎ 하늘을 원망하지 않고 사람을 탓하지 않는다.〔不怨天 不尤人〕
◎ 정도가 이루어지는 것도 천명이요, 정도가 없어져버리는 것도 천명
이다.〔道之將行也與 命也 道之將廢也與 命也〕
◎ 자신을 닦고 남을 공경하고 자기를 닦고 덕으로 남을 대하며 자기를
닦아 하늘을 대한다.〔修己以敬 修己以安人 修己以天〕
◎ 천하에 정도가 이루어지면 서민은 정치를 논하지 않는다.〔天下有道 則庶人
不議〕
◎ 남의 선을 말함을 좋아한다.〔樂道人之善〕
◎ 제사를 지낼 때는 제상 앞에 신이 앉은 듯 정성을 다하게 하라.〔祭如在
祭神如 神在〕
◎ 천명을 두려워하고 성자의 말을 두려워하라.〔畏天命 畏聖人之言〕
◎ 천하에 올바른 도가 있다면 굳이 개량할 필요가 없다.〔天下有道 丘不與易也〕

◈ 천명을 모르면 군자가 될 수 없다.〔不知命 無以爲君子也〕
◈ 온화하고 유순하며 공손하고 검소하며 겸양하면 큰 덕을 얻을 수 있다.〔溫良恭儉讓以得之〕 ※ 공자는 지도자의 자격을 말했다.
◈ 무슨 일이건 사람 사이의 화목이 존중된다.〔和爲貴〕
◈ 도리에 맞는 약속을 이행하라.〔信近於義 言可復也〕
◈ 절도있는 예의는 치욕을 면할 수 있다. 공손도 좋지만 그것이 도가 지나면 오히려 욕이 된다.〔恭近於禮 遠恥辱也〕
◈ 실천은 민첩하게 하고 말은 신중하게 하라.〔敏於事而 愼於言〕
◈ 가난할지라도 삶을 즐기고 부유해도 예의를 존중하라.〔貧而樂 富而好禮〕
◈ 남이 나를 알아주지 않음을 걱정하지 말고 내가 남을 이해하지 못함을 걱정하라.〔不患人之不己知 患不知人〕
◈ 나이 칠십이 되니 뜻대로 모든 일을 해도 법도에서 벗어나지 않게 되었다.〔七十而 從心所欲 不踰矩〕
◈ 옛일을 돌이켜보고 새로운 도리를 발견하라.〔溫故而知新〕
◈ 군자는 한정된 그릇이어서는 안된다. 한 가지에만 치우치지 말고 전인적 완성을 목표로 살아라.〔君子不器〕
◈ 배운 것도 깊이 생각하고 응용을 잘하지 않으면 소용이 없다. 생각할 뿐 배우지 않으면 위험하다.〔學而不思則罔 思而不學則殆〕
◈ 학문이나 기술 등에서 정도를 벗어난 것을 하는 것은 해롭다.〔攻乎異端 斯害也已〕
◈ 자기 마음에 드는 사람하고만 친숙히 사귀는 것은 좋지 않다.〔周而不比〕
◈ 아는 것을 안다고 하고 모르는 것을 모른다고 하는 것, 이것이야말로 정말 아는 것이다.〔知之爲知之 不知爲不知 是知也〕
◈ 신이 아닌 괴상한 요물들을 신봉하는 것은 아첨하는 것이다.〔非(其)鬼而

祭之諂也〕

◉ 의를 보고 행하지 않음은 용기가 없는 자이다.〔見義不義 無勇也〕
◉ 흰 바탕을 먼저 꾸민 뒤에 그림을 그려라. 완전한 밑바탕 없이는 훌륭한 그림을 그릴 수가 없다.〔繪事後素〕
◉ 제사지낼 때는 제상 앞에 신이 앉은 듯 정성을 다하라.〔祭如在 祭神如神在〕
◉ 군주・지도자는 신하를 부릴 때 예를 다하고 신하・아랫사람은 윗사람을 섬길 때 충성을 다하라.〔君使臣以禮 臣事君以忠〕
◉ 어진 사람은 그 어짊에 삶을 편히 여기고 지혜있는 사람은 어짊을 바탕으로 한다.〔仁者安仁 知者利仁〕
◉ 어진 사람은 사람을 사랑하는 반면에 악을 미워한다.〔仁者能好人 能惡人〕
◉ 군자가 어질지 못하면 무엇으로 이름을 얻을 수 있겠는가?〔君子去仁 惡乎成名〕
◉ 지위가 없음을 근심하기보다 지위를 얻을 실력 쌓기를 애써라.〔不患無位 患所以立〕
◉ 군자는 의를 생각하고 소인은 이익을 먼저 생각한다.〔君子喩於義 小人喩於利〕
◉ 현명치 못한 자를 보면 스스로를 반성해 본다.〔見不賢以內自省也〕
◉ 부모가 계실 때는 슬하를 멀리 떠나지 마라. 부모의 걱정을 끼쳐서는 안된다.〔父母在 不遠遊〕
◉ 검소하고 조심스러우면 실수하는 일이 드물다.〔以約失之者 鮮矣〕
◉ 말은 적고 느리더라도 행동은 민첩히 한다.〔欲訥於言而 敏於行〕
◉ 덕을 행하고 있는 사람은 결코 고립되지 않는다. 반드시 동조자가 있다.〔德不孤 必有憐〕
◉ 아랫사람에게 묻는 것을 부끄러워 하지마라.〔不恥下問〕
◉ 오래 사귈수록 존경하라. 노인을 편안하게 하고 안심시켜라.〔久而敬之. 老者安之〕

◎ 친구 사이는 믿음을 갖게 하라. 젊은이가 따르게 하라.〔朋友信之 少者懷之〕
◎ 자기 자신은 예의 바르게 남을 대하고 타인의 버릇없는 무례한 태도에 대해서는 관대하라.〔居敬而行簡〕
◎ 노여움을 남에게 풀지 말고 실수는 두 번 되풀이하지 않도록 하라.〔不遷怒 不貳過〕
◎ 군자다운 선비가 되라. 이왕 학자가 되려면 대국적인 판단을 할 수 있는 학자가 되라. 소인 같은 선비가 되어서는 안된다.〔爲君子儒. 無爲小人儒〕
◎ 좁은 샛길로 가지 말라. 대도를 똑바로 가라.〔行不由徑〕
◎ 문 즉 학문을 배워서 익힌 것, 후천적인 수양과 질 즉 천성, 소박하고 성실하며 꾸밈이 없는 것이 똑같이 겸비해야만 군자라 할 수 있다.〔文質彬彬 然後君子〕
◎ 이것을 아는 자는 이것을 좋아하는 자보다 못하다. 이것을 좋아하는 자는 이것을 즐기는 자보다 못하다.〔知之者 不如好之者. 好之者 不如樂之者〕
◎ 귀신을 숭앙하고 공경하나 이를 멀리한다. 너무 빠지는 것은 지자의 태도가 아니다.〔敬鬼神而遠之〕
◎ 어진 사람은 부동의 산을 좋아하고 지자는 흐르는 물을 즐긴다. 부동의 산, 즉 인자는 이해와 영욕의 일로 해서 마음이 움직이지 않는다. 지자는 유동적이다.〔仁者樂山 知者樂水〕
◎ 어진 사람은 정적이며 자기 마음을 동요시키지 않는다. 지자는 삶을 즐긴다. 인자는 안심입명을 한다.〔仁者靜 知者樂 仁者壽〕
◎ 널리 배우고 예로서 그 지식을 요약해 간다. 박식을 만족해서는 안된다. 실행, 밝음으로써 그 지식을 내 것으로 집약해 가도록 한다.〔博學於文 約之以禮〕
◎ 중용, 어느 쪽에도 치우치지 않는 길은 덕목의 최고지표이다.〔中庸之爲德也 其至矣乎〕

I. 선비[儒], 그 도道의 하늘 131

◎ 내가 서고 싶은 자리에 남을 먼저 세운다. 자기가 오르고 싶은 지위에 남을 그 자리에 앉히도록 한다.〔己欲立而立人〕
◎ 꾸밈없이 선현의 바른 뜻, 바른 사상을 전한다. 자신의 의견을 함부로 내세우지 않고 선현의 참뜻을 말로 전한다.〔述而不作 信而好古〕
◎ 터득한 것을 묵묵히 간직한다. 배움에 싫증을 안 낸다.〔默而識之 學而不厭〕
◎ 가르침에 전력을 기울여도 지칠 줄을 모르는 사람이 되라.〔誨人不倦〕
◎ 뜻을 먼저 도에 세워라. 취미에 맞는 예기도 가져야 한다.〔志於道 遊於藝〕
◎ 자신을 닦고 공경하는 마음으로 남을 대하라. 자기 수양으로 남을 편안케 하라.〔修己以敬 修己以安人〕
◎ 말은 성실하고 행동은 진실하라.〔言忠信 行篤敬〕
◎ 말을 해서는 안될 때 이를 어기면 실언하게 된다.〔不可與言而與之言失言〕
◎ 지사와 어진 사람은 목숨 때문에 인을 저버리는 일이 없고 살신으로 인을 이룩하는 일은 있다.〔志士仁人 無求生以害仁 有殺身以成仁〕
◎ 군자는 만사를 자신에게 구하고 소인은 그것을 남에게서 구한다.〔君子求諸己 小人求諸人〕
◎ 자신이 원하지 않는 일은 남에게 베풀지 말라.〔己所不欲 勿施於人〕
◎ 말을 교묘히 지껄이는 것은 자칫 인간의 덕을 어지럽힌다.〔巧言亂德〕
◎ 작은 일을 참지 못하면 대모를 그르치게 된다.〔小不忍則亂大謀〕
◎ 도를 위해 노력하지 식생활을 위해서는 힘쓰지 않는다.〔謀道不謀食〕
◎ 배움 속에 녹이 있다. 수양을 쌓으면 구하지 않아도 저절로 따라온다.〔學也祿在其中矣〕
◎ 군자는 도를 위해서는 걱정해도 가난을 걱정하지 않는다.〔君子憂道不憂貧〕
◎ 군자는 곧기는 하나 분별없이 고집하지는 않는다.〔君子貞而不諒〕
◎ 가르침에 있어서는 지위나 환경의 구별이 없다.〔有敎無類〕

2. 붓다, 그 깨달음의 하늘

정적!
하얀 연꽃 속에 무상의 수를 놓는다.
흰빛은 색色이 아니다.
공空이 아니다.
연꽃의 꽃술은
수미산 먼 정적을 부른다.
그 화심 꽃샘 속에
해탈
우주
먼 법의 수레를 돌린다.
연꽃은 명상 속에 꽃불을 새기며
유有의 색, 무無의 색
우주 먼 하늘이 하얀 연꽃 속에서 숨이 멎는다.

나! 나는 무엇인가?
우주 속의 작은 나는 있는가 없는가?

영원한 시간 속의 찰나의 광립光粒!
나는 무엇인가?
불빛처럼 스쳐가는 섬광, 그 색色과 공空의 생명체.
무아정적無我靜寂
그 생명과 영혼의 깨달음.
무아광도無我光道
영겁 속에 타오르는 법의 불길.
'나'
영혼의 깨달음.
해탈의 법아일치法我一致
나는 불교에서 삶의 깊은 진리를 배운다.
산다는 것이 무엇이고 죽는다는 것이 무엇임을 배운다.
나의 삶이 우주의 큰 법 속에 있음을 배운다.
깨달음!
지혜의 불꽃.
나는 '나'를 찾는 수행을 존중한다.
우주 속의 '나'를 찾는 것이다.
'깨달음은 수행'이라는 말을 깊이 새기고 싶다.
붓다의 가르침!
그 위대한 법의 불길.
태어남 속에서 죽음을 내다보고
죽음 속에서 태어남, 삶의 참뜻을 내다보고 싶다.
영원 속에서 '나의 참모습'을 찾고 싶다.

1) 불교와 우주의 빛

기원전 5세기 카필라성의 방황자 석존釋尊은 왕자의 신분을 버리고 성을 벗어나 수행길에 올랐다.

산다는 것은 무엇인가?

낳고 늙고 병들고 죽는다는 것은 무엇인가?

삶의 바른 뜻, 진리는 무엇인가!

이것이 싯다르타의 궁금증이었다. 그의 왕성출문을 생노병사의 사문출유四門出遊라 한다. 그것이 구도求道·구법求法의 길, 수행修行의 길이었다.

석존은 그 당시 바라문 신들에 회의를 가진 많은 구도자·철인·자유사상가들이 모인 마가다국 숲에 이르러 알라라칼라마 스승, 우다카카라마프타 스승 등을 만나 무소유처無所有處사상, 비상비비상처非想非非想處의 선정삼매禪定三昧의 진리를 체득했다. 이를 바탕으로 석존은 이련선하尼連禪河 보리수 밑에서 많은 환영幻影의 마왕들의 유혹·방해와 죽음으로 싸워 7년의 수행, 수도 끝에 마침내 대각大覺·견성見性의 경지에 도달했다. 성도成道의 경지, 득도得道의 경지, 그는 붓다가 된 것이다.

붓다는 이때 세상을 바라보는 천안통天眼通이 열리고 전세前世·현세現世·내세來世의 3세三世에 이르는 숙명지宿命智를 깨달았으며, 인간고人間苦의 근원과 업業의 고리, 12연기十二緣起의 사슬, 해탈에 이르는 빛, 무상정등각無上正等覺, '아누다라 삼막삼보리阿耨多羅 三藐三菩提', 대각에 이를 수 있었던 것이다.

 붓다는 큰 깨달음 불교의 궁극적 법의 경지, 도의 근원 해탈·열반에 도달한 것이다.

 인생은 과거 전생의 업業에 속박되어 이세상에 왔다. 이세상에서 수행구법을 통해 이를 벗어나야 한다. 일반적으로 신을 섬기는 다른 종교에서는 구원은 타율적인 신의 뜻에 의하는 것으로 생각하나 불교에서는 내적·심적 수행구도를 통해 깨달음의 지혜, 즉 반야般若를 증득證得함으로써 이루어지는 것이다.

 번뇌의 사슬, 욕고欲苦의 속박에서 벗어나고 욕계欲界·색계色界·무색계無色界를 벗어나 영혼의 무의자재無擬自在의 경지에 이르는 것, 즉 깨달음을 얻는 것, 이것이 해탈解脫이요 열반涅槃이다.

 열반이란 산스크리트어 '니르바나'의 음역이다. 한자로는 멸도滅度·적멸寂滅이라 쓰기도 한다.

 '니르바나'란 '불을 끄는 것', 타오르던 불이 꺼진 상태를 뜻한다. 타오른다는 것은 번뇌의 불꽃, 욕고의 불꽃, 이 어두운 불꽃들이 소멸된 상태, 업의 속박에서 풀려난 경지, 정적靜寂·청정淸淨의 경지가 열반이요 해탈이다.

 열반은 다른 신神의 종교에서는 죽어서 천당에 가는 경지이다. 불교에서는 신을 말하지 않고 '깨달음'으로 말했다. 불교에서 여래如來·보살·천天 등 신이 등장하는 것은 뒷날 대승불교·밀교 이후이다. 경전에는 이러한 궁극의 깨달음을 얻은 경지를 본래자성청정열반本來自性淸淨涅槃이라 한다. 이것은 법法의 경지요, 도道의 경지이다.

 제행무상諸行無常! 일체는 변한다. 일체는 낳는 것도 없어지는 것도 아니다. 하늘 즉 우주는 만滿이요, 만이 아니라 공空이다. 색色은 있는 것, 없는 것[空]이요, 없는 것이 아니라 차[滿] 있는 것이다.

제법무아諸法無我! 일체의 것은 직접적·간접적 인연因緣에 따라 생긴다. 일체는 독자적으로 존재하는 것은 없다.

열반적정涅槃寂靜! 일체는 윤회輪廻한다. 그것은 고苦이다. 고에서 벗어나 해탈하는 경지가 영원히 평안하다. 평안은 청정의 경지이다.

- 고체苦體 : 인생은 생각대로 되지 않는 고苦이다.
- 집체集體 : 고苦의 원인은 번뇌이다.
- 멸체滅體 : 번뇌가 사라진 경지가 열반이다.
- 도체道體 : 열반의 경지에 이르기 위해서는 수행의 도가 있다.

- 생生 : 인생은 생각대로 태어나지 않는다.
- 노老 : 늙는 것을 피할 수는 없다.
- 병病 : 병을 피할 수가 없다.
- 사死 : 누구나 반드시 죽는다.

- 애별리고愛別離苦 : 사랑하는 사람과도 헤어져야 한다.
- 원증회고怨憎會苦 : 미워하는 사람도 다시 만나고 뜻대로 안된다.
- 구부득고求不得苦 : 명예·재산·지위 등 모든 것은 생각대로 되지 않는다.
- 오음성고五陰盛苦 : 몸도 마음도 생각대로는 안된다.

생과 사는 영원히 유전流轉한다. 이 윤회에서 벗어나는 것이 해탈이다. 중생이 윤회를 반복하는 것은 미혹迷惑의 세계이다. 욕망이 지배하는 세계인 욕계欲界가 있고 욕망은 초월했으나 물질적인 것이 남아 있는 세계인 색계色界가 있으며 욕망도 물질도 없어진 정신만의 세계인 무색계無色界가 있다.

미혹의 세계, 그 영원한 윤회의 세계는 6도六道가 있다.

- 전세前世에서 가장 무거운 죄를 지은 이는 지옥地獄에 간다.
- 전세에서 욕망대로 행동한 자는 아귀餓鬼의 세계에 간다.
- 인간 이외의 것으로 전생하는 세계에 축생畜生계가 있다.
- 미워하고 노여워하며 살아간 사람의 세계는 수라修羅에 간다.
- 전세에서 선업善業을 많이 쌓으면 사람[人]세계에 다시 태어난다.
- 전세에서 많은 선행을 쌓으면 신神들의 세계 천天에 간다.

일체행위의 결과는 업業에 의해 결과가 결정된다. 착한 일을 하면 선행善行의 업에, 나쁜 일을 하면 악행惡行의 업에 보답된다. 업에는 신업身業〔身體行爲〕·의업意業〔意思〕·어업語業〔言語行爲〕가 있다.

열반에 이르는 것, '모크샤' 즉 해탈하는 것이 수행의 궁극적인 목적이다. 이 목적달성을 도道라 한다.

수행의 도에는 여덟 가지 큰 바른 길〔八正道〕이 있어 이것이 열반의 도를 두드린다.

- 바로 사물을 보는 것〔正見〕
- 바로 생각하는 것〔正思〕
- 바로 말하는 것〔正語〕
- 바로 행동하는 것〔正業〕
- 바로 맞게 살아가는 것〔正命〕
- 바로 실천 노력하는 것〔正精進〕

◎ 바로 가르침을 따르는 것〔正念〕
◎ 바로 명상 수도를 하는 것〔正定〕

수행실천의 핵심은 중도中道에 있다. 불고불락不苦不樂의 입장이 중도이다. 상견常見과 단견斷見에서 벗어나는 것이 중도이다.

일체 존재는 존재의 원인原因인 인因과 그 사물의 존재하는 조건인 연緣의 결과로서 존재한다.

근본적인 무지無知에서 노老·사死에 이르기까지의 인과관계는 12지연기十二支緣起에 의해 작용된다. 욕망대로 사는 것〔無明〕, 잠재적 의지에 의해 행하는 것〔行〕, 대상을 식별하는 마음작용〔識〕, 심적 활동의 주관적·객관적 측면〔名色〕이다.

인간은 여섯의 감각능력을 갖고 있다〔六感:시각·지각·청각·후각·미각·촉각〕. 감각기관과 대상물, 인식의 관계〔觸〕, 촉에 의해 받은 작용〔受〕, 감수한 것의 애착〔愛〕, 애착하는 것의 집착〔取〕, 집착에 의해 생긴 생존〔有〕, 새로 생기는 것〔生〕, 늙어 죽어가는 것〔老死〕 등이 있다.

욕망의 배후에는 갈애渴愛와 무명無明이 있다. 욕망의 배후에 대상을 충동적으로 구하는 것〔欲愛·有愛·無有愛〕이 '갈애'이고 진리를 모르는 상태〔無明·識·取〕 등이 '무명'이다.

'번뇌'란 3독三毒이나 5결五結 즉 마음의 오욕汚辱에서 나온다.

◎ 탐貪하지 말라.
◎ 남을 눈 부릅뜨고 흘기지〔瞋〕 말라.
◎ 어리석은 짓〔痴〕을 하지 말라.

이것은 깨달음을 해치는 3독이라 했다.

※ 게으름, 과시에 잠기지〔慢〕 말라.
※ 남을 의심치〔誤見〕 말라.

이것까지를 합해서 5결이라 했다.

자기 자신을 형성하는 요소, 또는 자기의 존재, 자기 구성요소는 느낌을 받아들이는 작용〔受〕, 외계의 이미지를 구성하는 작용〔想〕, 의사나 마음의 작용〔行〕, 육체와 물질〔色〕, 인식하는 작용〔識〕 등 5온〔五蘊〕으로 구성되어 있다.

지혜란 보편적인 본질과 원리를 탐구하여 다시 실천적인가를 구하는 것이다. 5온에 환원하면 영원이 존재하는 '자기'는 없다고 생각된다. 이렇게 해서 무아無我를 알고 집착을 단절하는 것이다. 무명無明〔無知〕에서 윤회를 벗어나 명明에 이르는 것이 지혜이며 이 지혜가 해탈·열반에 이르기 위해 활용한다.

자기의 감각感覺·지각知覺작용과 외계外界를 향한 작용을 6근根·6경境 등 12처處로 나누며, 여기에 다시 인식 6식識을 더해서 18계界로 나눈다. 6근六根은 안근眼根·이근耳根·비근鼻根·신근身根·의근意根·설근舌根이고 6경六境은 색경色境·성경聲境·향경香境·미경味境·촉경觸境·법경法境이며 식識은 이들 6종류를 서로 조립하는 6식계六識界, 즉 안식眼識이요, 이식耳識·비식鼻識·설식舌識·신식身識·의식意識 등이다. 이들 12처處·18계界는 인간의 육체와 정신의 구성요소와 외계의 관계이기도 하다.

자비慈悲란 자기의 생을 통해서 타인을 생각하는 마음이며, 자慈란 타인에 이익과 안락을 갖게 하는 것, 비悲란 타인의 불이익과 고苦를 없애주려는 것이다.

　법法[달마]이란 일체 사물을 성립시키고 그 상태를 유지하는 구성요소, 또는 속성을 말한다. 고대 인도에서는 '달마'를 사회보전의 원리原理·규범規範·정의正義·선善·진리眞理·섭리攝理와 신의 도道 등 뜻으로 널리 적용했다.

　특히 불교에서는 깨달음[悟覺]으로 달마[法]를 찾고 이를 중생에게 열어가는 것을 설법說法이라 했다. 달마란 '보전한다', '보전되는 것', '있어야 하는 것', '윤리', '법칙', '유지 존속되는 것' 등의 뜻이며, 인간에게는 인간이 반드시 있고, 지켜지고 밟아야 할 길, 우주·대자연에는 일체 만물이 존재하고 구성하며 기능하는 규범·질서·도道와 명命·진리 등의 뜻이다.

　불교에서는 수행을 통해 궁극적으로 깨쳐야 하고 깨달음을 통해서 두드리고 찾는 것은 이 진리 즉 달마[法]이다. 법이란 우주의 '나'의 결합되어야 할 진리이다.

2) 깨달음이란 무엇인가?

　불교의 불佛·붓다란 '깨달음을 얻은 자'라는 뜻이다. 붓다가 곧 신은 아니다. 그러나 불교는 대승불교화하면서 전생불·미래불·여래·보살·명왕 등이 등장하면서 '붓다'는 신이 되었다. 대승불교는 자리自利보다 타리他利·중생제도를 표방한다.

붓다는 신이자 우주의 달마 곧 법이요, 하늘의 도 그 자체이고, 사람이 닦아야 하고 두드려야 할 깨달음의 길이다.

붓다의 빛은 깨달음의 빛이요, 붓다의 진리는 우주의 질서, 하늘의 섭리이며, 붓다의 깨달음의 수행은 신을 '나' 속에 결합하는 길이다.

인도의 모든 경전들은 우주의 달마 곧 법의 빛과 나의 영혼의 결합을 추구한다. 우주는 브라만·법·빛·질서·힘이며 인간의 영혼, 개아個我는 아트만 즉 '나'인데 법과 도의 경지, 해탈의 경지는 바로 '우주와 소우주인 나의 영혼이 결합하는 경지'라 했다.

불교의 우주관은 고대 아리아 민족의 우주관 철학에서 왔다. 불교에서는 이세상 일체 존재는 있는 것도 아니요, 없는 것도 아닌 색色이라 보면 공空이요, 공이라 보면 색으로 말한다.

우주의 시간은 영원하며 일체는 삼사라 즉 윤회하고 우주의 공간은 광대무변한데 일체는 전생轉生한다 했으며 사람이란 생명체는 수행을 통해서 그 굴레에서 벗어나는 것을 득도得道 즉 깨달음, 모크샤 즉 해탈이라 했다.

해탈과 대각大覺은 동일선상에 있다. 깨달음의 경지는 청정淸淨의 하늘, 적광寂光의 열반, 니르바나 즉 열반의 하늘이라고도 말한다.

인도의 신앙철학에서는 '우주의 달마와 나', '영혼의 등지等至', '신神과 나와의 등지', '법과 나의 등지'를 존중한다. 등지란 결합結合이요 합일合一 사상이다. 우주는 우주를 낳은 순간 일체一切가 된 것이다. 대우주는 소우주와 다르지 않다.

우주는 나의 영혼 속에 광립光粒, 빛이 되고 숨결이 되어 포개지고 나의 작은 영혼 곧 우주가 된다. 그 순간 우주와 '나'는 일체요, 우주는 '나'

밖에 있는 것이 아니라 '나'가 있는 곳에 우주가 있다. 이 개념은 불교철학에서도 같다. 깨달음이란 나 자신의 성性 속에 법의 결합 곧 등지等至가 이루어지는 순간이다. 그 등지 즉 합일이 된 경지가 해탈이다.

불교이론에서는 '등지'를 사무색공四無色空·공무변처空無邊處·멸무변처滅無邊處 그리고 사무색정四無色定·멸진정滅盡定·무소유처無所有處·비상비비상처非想非非想處라 한다.

사람과 우주, 우주와 사람은 무엇인가? 우주란 하늘이요 공空이며 지地이다. 하늘은 태양·바람·허공·물·땅… 등이다. 이들은 모두 있는 것인가, 없는 것인가? 있는 마음으로 보면 있고 없는 마음으로 보면 없다.

우주를 찾으려면 '나'를 찾아야 한다.

'나'를 찾는 것이 수행의 선정禪定이다. '나' 속에는 무한한 욕망, 무한한 번뇌가 때처럼 엉켜 있다. 씨알의 섬광, 광립자光粒子의 섬광은 타들어 가면 무아정적無我靜寂에 이른다.

그 견지를 선禪의 '삼마지三摩地'라 하고 '정定'이라 한다. 수행을 통해 간절히 타들어 가는 혼불, 신아일지경神我一至境, 그 지止의 경지, 그 관觀의 경지에 이르러야 한다. 불교에서는 이 경지를 반야般若의 경지라 한다.

반야의 경지는 공空과 색色, 적광寂光·해탈이 무無와 유有, 무無와 불不 속에 공존한다. 깨달음이란 인간을 둘러쌓은 대우주, 그 대우주 속 먼지와 같은 입자粒子, 그 섬광, 그 찰나의 빛, 그 없는 것도 있는 것도 아닌 섬광 속의 우주의 대법칙, 하늘의 광도光道가 결합·합일되는 것이다.

인도의 고대 철학자·사상가·수행자·신앙자들은 고행을 통한 수행 속에서 그 빛을 찾았다. 수행이란 정신집중이다. 정신을 집중하려면 금욕·단식 등을 통한 '타바스[苦行]'·'데바스[威光]'·'라르마[功德]'·'야주니어[祭

儀)'… 등을 여행해야 한다. 이것이 우주의 대광도大光道와 '나' 속의 개혼個魂이 합일·결합하는 길이다. 이것이 해탈의 길이요, 깨달음의 길이다. 붓다는 곧 이 경지를 말한다.

『법구경法句經』 경전 속에는 깨달음이란 지식을 초월하고 신神도 스승도 없는 경지, 그 경지가 니르바나 즉 열반의 경지라 했다.

본시 종교란 영혼과 신神의 결합의 경지이다. 특히 인도철학은 이를 강조한다. 영혼은 신의 본질, 그 영원성 속에 침잠하지만 그 근저에는 못 미친다. 그러기에 신은 혼으로 전하여 '나' 속에 돌아온다. 나 속에 돌아온 순간 피조물이라 자각하는 '한 찰나'를 남긴다.

'찰나'란 무엇인가?

사람은 이성을 가졌기에 신의 본질적 영원성 사이에는 초극할 수 없는 단절이 있다. 신이란 한 찰나 동안 남아 있는 것이다. 유有는 유有가 아니며, 비소유非所有는 비소유가 아니다.

사람은 유한의 존재 즉 피조물이기에 그 절대근저根底에 이르지 못 미친다. 따라서 '한 찰나'를 철저하게 꿰뚫어 보는 것이 유한有限이 무한이며, 무한이 유한이 됨을 깨닫게 된다.

신이란 정복淨福이다. 그것은 한 찰나라고 생각하는 '선禪'자의 깨달음의 체험이다. 깨달음 속에는 신의 도道와 피조물인 인간의 도가 동시에 보인다.

한 찰나의 대칭은 영원이다. 영원이란 어떤 때는 어떤 일도 미래이며 다른 때는 현재이고, 또 다른 때는 과거가 되는 때의 무한정한 넓이이다.

그렇다면 '무한'이란 무엇인가?

시작도 없고 끝도 없는 경지, 그것은 맑고 거대한 수레(圓輪)! 이것이 반야의 경지, 중도의 경지이다.

생生도 없고 사死도 없으며 시작도 없고 끝도 없는 경지, 스스로 하나 되는 것은 아니고 다른 것과 따로 되는 것도 아닌 경지, 처음 생기는 것도 없고 존재하고 싶지 않은 것도 없는 경지, 이것이 중도中道와 궁극의 실재이다.

『반야바라밀다경般若波羅密多經』은 바로 이 경지를 말했다. 이것이 선禪의 세계요, 수행의 경지이다.

갈애渴愛란 대자비심의 근원에서 나온다. 이 속에는 존숭尊崇·신비神秘·경이驚異의 종교적 정서가 있다.

새벽하늘 속에서 눈 뜨고, 신의 궁전임을 깨닫고, 하늘과 땅(天空大地)와 공기를 천상의 기쁨으로 생각하며 이 세계를 찰나와 영원에 비추어 보는 것, 그 명상의 세계, 그 순수무구純粹無垢의 세계, 그것이 하늘의 광명이 있고 대우주의 달마, 법法이 숨쉬는 순결, 청정의 정토淨土이다.

기독교 성서에 나오는 시나이 산장에서 모세는 '나는 있으며〔有〕 있는 존재'라고 했다.

"나는 있다. 나는 존재한다."

삼십삼천에서 지옥까지 윤회에 의해 실어가더라도 오늘 존재하고 있는 것은 존재가 아닌가?

영혼의 세계, 육신의 세계, 갈애渴愛·대비大悲·탐욕貪慾·절대비의 자비를 뛰어넘어 불·보살 등 자유의 의지 속에 나가야 한다. 그것이 또한 그리스도교의 십자가의 부활復活이기도 한 것이다.

그리스도는 십자가상에서 수직의 모습으로 눈을 감았고 붓다는 평면에 누워 입멸했다고 말했다. 수직성은 행동·호전성·배타성을 뜻한다고

도 해석한다. 평면성은 평화·관용성·관대를 뜻한다 했다. 그리스도교는 '보편적인 우리'를 표방했다. 붓다는 초월·관조·무관심·비활동성을 상징한다. 그러나 붓다는 평화·정적·평정·안정을 추구했다.

수직성은 융통성이기도 하고 탄력성이기도 하다. 그러나 여기엔 경직성도 있고 경계심도 있다. 붓다는 태어났을 때 대지에 서서 한 손은 하늘을, 다른 한 손은 땅을 가리키며 천상천하 유아독존天上天下唯我獨尊이라 했다. 이것은 불교에서는 하나는 탄생誕生을, 둘에는 정각正覺을, 셋에는 열반涅槃을 뜻한다고 했다.

붓다는 고행·수도 끝에 대각을 얻었을 때 좌선坐禪의 모습이었다. 그는 대지에서 떠나지 않았고 대지에서 생육했으며 대지에서 밀려나지도 않았다는 것을 뜻한다고 볼 수 있다.

선禪은 하늘과 대지, 그리고 그 사이에 찰나와 영원, 그리고 공空을 깨닫는 수행이다.

선은 도道이다. 대우주의 달마達磨이다. 그리고 신의 숨소리이다. 선은 신비주의 속의 불빛이요, 불빛 속의 신이다. 때 속에 있으면서 때를 초월하고 존재 속에 있으면서 존재를 초월하는 것, 그것이 '빛'이요 '나'이다. 이것이 붓다의 깨달음이다.

붓다가 깨달음에 이른 것은 '8만4천 법문'이라 하지만 이를 요약하면 '4체8정도四諦八正道'이다. 붓다는 생후 7일 만에 어머니 마야부인이 죽고 이모의 손에 컸으며 29세 때 카필라성을 탈출, 생사병로生死病老의 고통·번민을 안고 마가다국 숲속에서 여러 철인·명상가들 사이에서 고행·수도에 들어가 전후 7년 만에 큰 깨달음[大覺]을 얻었다.

싯다르타 왕자는 성을 벗어나 단식·호흡억제·불면·불와不臥 등 극단의 욕망억제 속에서 정신의 정화, 혐오의 극복, 기갈·인내·타정·공포의 초극超克, 번뇌와의 싸움, 온갖 마귀와의 유혹을 물리치고 누더기 죽은 사람의 옷을 걸치고 수행에 들어갔다.

붓다는 4선정四禪定에 들어가 몸과 마음을 비우고 이승을 천안天眼으로 뚫고 3세三世를 숙명지宿命智로 가로질러 인간의 고뇌 한복판에 몸을 던졌다. 그리하여 그 속에서 고리가 되어 있는 업業과 12인연十二因緣의 정체를 살폈고, 그를 딛고 마침내 최상의 지혜, 우주의 대법, 하늘의 큰 빛을 '나' 속에 담았다. 그 '나'의 깨달음을 무상정등각無上正等覺이라 한다. 그리고 그 경지를 아누다라 삼막삼보리阿耨多羅 三藐三菩提라 한다.

붓다는 다시 결심을 하고 결가부좌結跏趺坐를 하고 명상삼매에 들어갔다. 그리고 마침내 악마들의 유혹·방해를 물리치고 최후의 선정·정리에 들어가 마침내 7 곱하기 7 즉 49일 만에 히말라야 카일라스 수미산의 영봉에 별이 반짝이는 12월 8일 새벽 성도成道·대각大覺에 이른 것이다. 이를 정각正覺이라고도 한다.

붓다가 깨달은 대각의 전제가 있다.

무상無常이란 무엇인가?

무상이란 일체를 종縱으로 전달하는 시간의 원리인가?

연기緣起란 일체를 횡橫으로 연결하는 공간의 원리인가?

색色이란 무엇이고 공空이란 무엇인가?

자비란 무상無償의 애정·관용·평등의 원리인가?

불교는 현실을 직시하되 집착과 구애를 초월한다. 조용하고 평안하며 흔들리지 않는 각성·해탈을 이상적 경지로 생각한다. 그러나 불교는 뒷날 여러 형태로 발전, 불신佛身은 법신法身·화신化身·보신報身 등과 과

거불·미래불·현세불·보살 등 다신교로 되어갔다.

붓다가 깨달음을 얻은 곳, 금강보좌金剛寶座에는 현재 마하보리사가 서 있다. 구법수도에 나선 현장玄奘, 신라의 혜초慧超, 그밖에 신라의 수도자들은 이곳에 들려 예배를 했다. 현장은 이곳에서 대성통곡을 해서 주위 사람들을 놀라게 했다.

붓다는 성도成道 후 영취산靈鷲山·사위성舍衛城·기원정사祇園精舍 등지에서 수행, 우안거雨安居 설교에 나섰다. 경전에는 이곳에서 붓다가 설교를 할 때 많은 제자들을 얻기도 했지만, 외도外道들의 갖은 박해와 음모, 살해의 음모를 신통력에 의해 물리친 것으로 전한다.

붓다는 마침내 80의 고령에 이르러 갠지스강 기슭 라자그리하·바이살리, 고향의 카필라성·슈라바스티… 등지를 돌며 설교, 구시나가라 사라쌍수沙羅雙樹 밑에서 눈을 감았다.

3) 붓다의 신

불교를 개창한 석존·붓다는 본시 신神에 대해서는 말하지 않았다. 그러나 대승불교화하면서 '붓다〔깨달음을 얻은 존자〕'는 법력의 무진의 시간, 영겁에 이어지는 전생·내생의 신격화神格化한 붓다이자 신이 되었다. 그리해서 불교는 신을 섬기는 종교가 되었다. 그 신이자 붓다를 경전을 중심으로 들어본다.

◎ 붓다·불佛 : 현세불〔석가무니불〕·과거불·전생불·미래불〔彌勤佛〕·비파시불毘婆尸佛·시승불尸乘佛·비사부불毘舍浮佛·구류손불俱留孫佛·구나함불俱那含佛·가섭불迦葉佛 등이 있다.

◎ 여래如來 : 붓다·석가여래·서방정토의 빛, 아미타여래 일체 병자를 구원하는 약사여래. 그밖에 밀교에서 섬기는 비로자나 여래〔또는 불〕, 대일여래, 대일여래의 분신 금강계여래, 태장계여래. 〔금강제의〕 아문여래〔동〕, 아미타여래〔서〕, 보생여래〔남〕, 불공성취여래〔북〕, 〔태장계의〕 보당寶幢여래〔동〕, 무량수여래〔서〕, 개부화왕여래開敷華王如來〔남〕, 천고뇌음여래天鼓雷音如來〔북〕 등이 있다.

◎ 보살菩薩 : 보디삿드바〔깨달음을 가진 자. 깨달음의 수행자〕, 관세음觀世音보살 … 관세음자재自在보살〔중생에게 자비를 베풂〕, 대세지大勢至보살〔큰 은혜로 중생을 구제함〕, 문수文殊보살〔역경을 당한 사람을 구제함〕, 보현普賢보살〔명을 연명하고 이익을 증대시켜 줌〕. ※ 문수보살·보현보살은 석가여래 양쪽에 脇侍한다. 지장地藏보살〔곡식을 잘 익게 함. 귀신을 쫓고 불행한 아이를 구해 줌〕, 미륵彌勒보살〔붓다 입멸 후 56억7천만 년 후 이세상에 나와 중생을 구제함〕, 허공장虛空藏보살〔지혜와 덕을 중생에게 베풀어 줌〕, 십일면관음보살〔천 개의 손, 천 개의 눈, 열하나의 얼굴을 가진 보살. 천 개의 자비를 한꺼번에 베풀 수 있는 보살〕, 이밖에도 밀교에는 일광보살·월광보살 등이 있다.

◎ 계界와 천天 : 불교의 신의 하늘은 궁극적으로 수행인의 영혼을 아끼는 신의 품이요 이상향 즉 피안의 정토, 선정·해탈의 정토이다. 이 신앙의 정토 즉 하늘〔界〕은 3계三界로 나눈다.

첫째 탐욕의 세계 즉 '욕계欲界'에는 6천六天이 있다. 사천왕四天王·도리천忉利天·야마천夜摩天·도솔천兜率天·낙변화천樂變化天〔化樂天〕·타화자재천他化自在天이 있다.

둘째 탐욕을 떠난 물질세계 즉 '색계色界'에는 17천天이 있다. 색계는 선정禪定의 단계에 따라 초선初禪~4선으로 나눈다. 초선은 범중천梵衆天·범보천梵輔天·대범천大梵天, 제2선은 소광천少光天·무량광천無量光天·극락천極樂天(光音天), 제3선은 소정천少淨天·무량정천無量淨天·편정천遍淨天, 제4선은 무운천無雲天·광과천廣果天·무번천無煩天·무열천無熱天·선현천善現天·선견천善見天·색구경천色究竟天·무상천無想天이 있다.

셋째 일체의 물질적인 것이 없는 심식心識만이 있는 '무색계無色界'로서 4천天이 있다. 공무변처천空無邊處天·식무변처천識無邊處天·무소유처천無所有處天·비상비비상처천非想非非想處天이 있다.

이렇게 욕계·색계·무색계 등 윤회의 범주 안에 있는 3계三界에는 도합 27계가 있다. 이들 천계天界에는 각각 정토의 빛과 법을 다스리는 천天의 여래, 법의 붓다가 있다. 이러한 붓다의 정토(天)사상은 수행자가 동경하고 신앙하는 '절대의 경지'요, 영원한 '해탈의 품'이다.

◎ 천天 : 불교의 신앙세계에는 정토淨土 또는 선정禪定세계인 천계天界와 붓다의 법과 빛을 수호하는 천天이 있다. '천'은 신이다. 제석천帝釋天(인드라)은 본래 인도의 주신으로 신들의 제왕이다. 바라문교의 신이지만 붓다의 법 수호신이다. 브라만(梵天)은 힌두교의 주신이지만 붓다의 법을 지킨다. 대흑천大黑天(마하가라)은 본래 복신福神이었으나 대마신大魔神이 되었다. 이를 섬기면 상업이 번창한다. 변대천弁大天(사라스바디)은 뱀을 거느리고 재財와 부富를 증진한다. 비사문천毘沙門天(페실라마나)은 무장武將의 신, 불교의 수호신이다. 길상천吉祥天(마하실리)은 재보財寶를 몸에 지닌 미녀신이다. 마리지천摩利支天(마리지)은 모든 고난을 피하고 퇴출시키는 신이다. 다길이천荼吉尼天(다기니)은 본시 인간의 피를 먹는 야차신이었으나 풍작을 기원하는 신이 되었다. 환희천歡喜天(가네샤)은

폭신과 관음이 포용하는 화합의 신이다. 염마천閻魔天〔야마〕은 죽은 자의 선과 악덕을 심판하는 염마대왕이다. 자제천自在天〔마혜수바라〕은 허공의 제6천에 앉아 폭풍·파괴를 담당한다. 귀자모신鬼子母神〔하리제〕은 아이의 성육成育과 안산을 지키는 서민의 신이다. 이밖에 사천왕四天王·지국持國·증장增長·광목廣目·다문多聞 등 신天이 있다. 이들은 모두 붓다의 법을 수호하는 천天이요 신이다.

◎ 명왕明王 : 밀교에서는 '힘'을 가진 신 즉 명왕을 섬긴다. '명왕'은 '부이도야' 즉 '왕王'을 뜻한다. 명왕은 번뇌를 잡는 분노와 위력을 갖는 무신으로 여래의 깨달음, 청정을 깨닫게 하는 데 기여하는 왕이요, 무신이다. 특히 대승불교 밀교에서 존중한다. 부동명왕不動明王은 힌두교에서도 숭앙받는 신이다. '부동' 즉 '움직일 수 없는 존재'로 밀교에서는 대일여래大日如來의 지배를 받는다. 금강야차명왕金剛夜叉明王은 현재·과거·미래의 번뇌를 먹어치우며 인간의 진실을 이끄는 초능력의 왕이다. 붉은 뱀 목걸이를 하고 위해를 주는 적을 격퇴하는 능력이 있다. 강삼세명왕降三世明王은 법에 따르지 않는 인간을 귀의시키는 힘을 발휘한다. 악인을 선인으로 바꾸는 힘이 있으나 극악한 인간은 말살하기도 한다. 대위덕명왕大威德明王은 아미타여래의 지혜를 지키며 방해자를 퇴치한다. 6도六道를 내다보며 푸른 소를 곁에 두고 있다. 애염명왕愛染明王은 격렬한 본능의 상징이며 애욕과 번뇌가 보리심에 직결됨을 깨닫게 하는 의무를 지닌다. 공작명왕孔雀明王은 명왕 중 무섭지 않고 우아한 얼굴을 하고 있으며 독을 극복하는 초능력을 가졌다. 번뇌·재난을 물리치기도 한다. 군다리명왕軍茶利明王은 외적을 물리치고 장애를 제거한다. 오추사마명왕烏芻沙摩明王은 세상의 부정을 떨어버린다. 대원수명왕大元帥明王은 주력으로 상대를 항복시킨다.

이러한 명왕은 불교가 다신교화한 과정이기도 하며 한편 기원 3세기경 인도에서 불교를 탄압하고 힌두교를 권장한 과정에서 불교가 대승불교·밀교화하면서 힌두교의 다신多神사상을 받아들여 습합화한 과정에서 여러 신들이 생겼다. 특히 밀교에서는 이러한 깨달음의 빛을 갖거나 수호하는 신들이 많이 등장했다.

4) 빛을 담은 경전經典

불교의 경전은 경장經藏·율장律藏·논장論藏 셋으로 나뉜다. 이를 3장三藏이라 한다. 불교는 어느 종교보다도 경전이 많다. 불경은 흔히 '8만 4천 법문'이라 말한다.

'경장'은 붓다의 가르침이요, '율장'은 불교교단의 규칙이며, '논장'은 불교에 대한 여러 논의를 담았다.

붓다의 최초의 가르침을 붓다입멸 직후 붓다의 제자인 아난다·마하가섭 등이 중심이 되어 여러 신도와 함께 붓다의 구전口傳된 말을 중심으로 말씀과 계율을 확인하는 가운데 엮었고 이를 제1회 결집結集이라 한다.

제2회 결집은 붓다입멸 100년경 인도 남방 각지로 신도·승려 7백 명이 베사리 땅에서 주로 이론체계를 세우는 조정작업을 했으며 3회 결집은 기원전 3세기 아소카왕 때 파탈리푸트라에서 다시 각지의 신도·승려 천여 명이 모여 결집이 이루어졌다.

불교는 그 가르침과 사상의 폭이 워낙 넓고 형이상학적 세계로 이루어져 뒷날 신도나 학승들의 연구 조탁에 따라 많은 이론이 나오고 따라서 파별도 생겼으며 각 지방에 따라 언어도 차이가 나서 여러 면으로 계파가 생겼다.

특히 남방의 상좌上座 부파部派에서는 기원전 1세기 제4회 결집이 이루어졌고 북방 대승불교에서는 2세기 카시미르에서 결집이 이루어졌다. 근대에는 1954년 랭군에서 제6회 결집이 이루어졌다.

불교는 크게 붓다의 가르침(口傳)을 중심으로 한 상좌 부파불교파와 널리 중생을 구제해 나가야 함을 표방하고 자리自利보다 타리他利를 내세우는 '마하야나' 즉 '대승大乘'불교로 갈라져 갔다.

상좌부 부파불교를 연각승緣覺乘 · 성문승聲聞乘이라고도 한다. 대개 18~20여 부파로 나뉘어서 인도 남쪽 스리랑카, 5~6세기 동남아 타이 · 미얀마, 10세기 라오스 · 캄보디아 등지로 퍼졌다.

대중부 대승불교는 인도 북방과 네팔 · 티베트 · 중궁 · 한국 등지로 많이 전도되었다. 수행을 쌓는 것을 중시 '보살승'이라고도 한다. 대승불교에서는 자리自利보다는 대중 · 중생 구제, 즉 타리他利에 중점을 두며 재가在家수행도 수용한다.

부파 소승小乘에서는 독선적 · 고답적인 면이 있고 대승은 대중적이며 수행을 통해서 해탈을 추구하는 데 치중한다.

불교의 경전은 많으나 부파 · 소승 · 승문에서는 붓다의 전언을 토대로 한 『아함경阿含經』을 중시하고 대승불교에서는 『반야경般若經』· 『법화경法華經』· 『화엄경華嚴經』· 『무량수경無量壽經』 등을 중시한다.

아함이란 '아가마' · '암기暗記' · 구전口傳 · 전승의 뜻이다. 대승불교에서는 서기 100년경 서방정토 · 아미타불을 염송하면 극락정토에 왕생한다는

법화사상이 일었고 기원 2~3세기에는 용수龍樹(나가르주나)·중관파中觀派·
요가행파瑜伽行派·유식파唯識派 등 사상이 등장했다.

또한 정통불교파에서는 '붓다의 육성肉聲'이라고까지 하는 『아함경』·『법구경』을 중시하며, 대승불교에서는 『반야심경』을 중시한다. 『반야경』에는 『대반야경』·『팔천송반야경』·『금강반야경』 등이 있고 『화엄경』에도 『정토淨土경전』·『열반경』 등이 있다. 이밖에도 불교의 경전은 헤아릴 수 없이 많다.

다음에 불교의 주요 가르침을 담은 경전내용 중 일부를 학습해 본다.

(1) 『법구경』

『법구경法句經』은 '붓다의 육성肉聲'이라고까지 한다. 특히 소승부파·승문승·상좌불교의 『아함경』·『법구경』는 불교의 가장 원초적 기본경전이다.

- 노여움을 가지면 '자기 마음이 먼저 오염'된다.〔10장〕
- 노하면 '자기를 파괴'하고 '타인을 파괴'한다.〔13장〕
- 산다는 것은 '다른 생명을 빼앗는 것'이다.〔17장〕
- 어떤 나쁜 사람이라도 '바로 돌아올 가능성'이 있다.〔20장〕
- 모든 싸움은 '자기 긍지'를 내세우기 때문이다.〔24장〕
- 이세상에 '이기는 사람'은 하나도 없다. 적의敵意만 남는다.〔28장〕
- 욕심과 노여움은 '심신을 소모'시킨다.〔36장〕
- 마음이 더러워지면 고통이 그만큼 다가온다.〔39장〕
- 일상생활에서 가장 중요한 것은 자기 마음 '나'를 보는 것이다.〔45장〕

- '과거를 되짚어 마음을 쓰는 것'은 '불행이 되는 훈련'이다. [275장]
- 세상의 일체 생명은 꽃이 지는 것과 같이 변한다. [170장]
- '무의미한 것'을 의미가 있는 것처럼 마음을 빼앗기면 자아를 놓친다. [11장]
- 있는 대로의 자기 마음으로 열반을 바라본다. [226장]
- 번뇌·혼미·선악을 초월하면 무서운 것이 없다. [39장]
- 노여움이 떠오르면 종소리를 듣는 것처럼 정적에 이르면 된다. [33장]
- 해야 할 일을 적당히 넘기면 번뇌가 증대한다. [292장]
- '갈애渴愛에서 근심·두려움이 생긴다.' 불안에서 벗어나는 것이 '깨달음에 이르는 길'이다. [216장]
- '마음은 미묘'해서 잡기가 어렵다. 욕심대로 뛰어돈다. 지혜있는 사람은 마음을 지킨다. [36장]
- 일체의 사물은 '나我'가 아니다. 지혜를 통해 보면 '고苦'는 벌어진다. [279장]
- 자기 자신을 '먼저 바르게 하여야' 번민에서 '괴롭지 않다.' [158장]
- '다른 사람의 허물, 한 일, 하지 않은 일 등을 볼 필요가 없다.' 자기가 보는 것이 중요하다. [50장]
- 자기가 자기에 대하여 심한 일을 한다. '그릇되게 자라는 마음속에서 자기 자신을 살핀다.' [42장]
- '현세이익에 달하는 도道'와 '열반에 달하는 도'는 다르다. 명예를 즐거워하지 않는 것이 좋다. [75장]
- 집착이 강하면 무거운 화차가 된다. '모든 것은 마음에 달렸다.' 그늘이 몸에서 벗어나지 않게 한다. [2장]
- '자기가 생각하는 대로 되는 것은 없다.' 자식이나 자기 재산 등을 생각하는 것은 번뇌이다. [62장]

2. 붓다, 그 깨달음의 하늘 155

◎ 얻는 도道가 아니라 버리는 도도 있다. '즐거움을 빚으로 삼고 살아야 한다.'[200장]
◎ '마음의 헐음'을 버리지 않고 법의를 통해 자제하려면 법의에 어울리지 않는다.[9장]
◎ '사람의 몸은 죽으면 썩고 멸한다.' 부패의 덩어리다. 생명은 죽음에 귀착한다.[148장]
◎ '사람들은 무리들은 죽는다고 생각 않는다.' 이를 알면 싸움은 없다.[6장]
◎ 모든 것은 무상(諸行無常)이다. 지혜를 통해 보면 사람은 고苦에서 멀어진다. 이것이 청정의 길이다.[277장]
◎ 정신의 안정과 통일이 이루어지면 열반에 다가간다.[372장]
◎ 만일 '자기가 어리석음을 알면 그는 현자'이다. 어리석은 자이면서 스스로 현자라고 하는 사람은 정말 어리석은 사람이다.[63장]
◎ 낮밤 해를 주지 않는 자비의 마음의 비구는 언제나 각성하고 있는 것이다. 자비심을 길러야 한다.
◎ 붓다의 가르침을 즐기고 자비를 베푸는 수행승은 '일체의 현상에서 진정되고 열반에 도달할 수 있다.'[368장]
◎ 나쁜 짓을 한 사람은 '현세에서 번뇌'하고 '내세에서도 번뇌하며' 두 곳에서 번뇌한다. 자기 행위가 더럽혀졌나를 보고 늘 걱정하고 번뇌를 해야 한다.[15장] ※ 착한 일은 정반대이다. 자기가 낳은 苦에선 벗어날 수 없다.
◎ '보報가 안 온다고 악을 가벼이 보지 말라.' 술 한 방울이 병을 채운다. '악을 쌓으면 장차 화가 찬다.'[121장]
◎ '나쁜 짓에 버릇 들여서는 안된다.' 악이 쌓이면 '그 자체가 고苦'가 된다.[117장] ※ 착한 일이 쌓이면 그것이 즐거움이 된다.
◎ '후회하는 일은 하지 않는 것이 좋다.' 장차 그 보報를 받아 눈물을 흘리

게 된다.〔67장〕
- '착한 일을 하기 위해서는 주저해서는 안된다.' 선행을 주저하면 마음의 악을 즐기는 것이 된다.〔116장〕
- '해야 할 일을 더 안하고 하지 말아야 할 방일放逸한 일을 안해야 한다.' 그러면 번뇌가 증대한다.〔292장〕
- '몸은 물병처럼, 마음은 성곽처럼' 방비한다. 지혜의 무기로 마음의 더러움〔악마〕과 싸워 이겨야 한다.〔40장〕
- '자기야말로 자기의 구제자이다.' 타인이 구제하지는 못한다.〔160장〕
- '진리를 즐거워하는 사람은 맑은 마음으로 지낸다.' 성자가 말한 진리를 현자는 늘 즐긴다.〔79장〕
- 붓다의 제자는 늘 잘 각성하면 밤낮 언제나 붓다를 생각한다.〔296장〕
- 모든 길 중에서는 8정도八正道가 가장 빛이 나고 모든 진리 중에서는 4체四諦가 가장 빛이 난다.〔273장〕

(2) 『반야심경』

『반야심경般若心經』은 대승불교의 으뜸이 되고 기본이 되는 철학 '공空' 사상을 담고 있다. 『반야심경』에 대해서는 앞장 '하늘가에서'의 '삶과 나' 속에서 언급했기에 여기서는 간단히 언급한다. 『반야심경』은 우주에 차 있는 지혜의 완성에 대한 법의 경전이라 말한다.

『반야심경』은 불교의 일체의 진리를 총체적으로 묶어서 밝힌 지혜의 경전이다. 『반야심경』은 '사람의 살고 죽는 것이 무엇인가?' 인간이 산다는 것, 욕심내는 것, 자기 마음을 찾는 것, 이세상에 있는 것, 없는 것, 진실이라는 것, 지혜의 본질, 자비심의 본질·미혹·번뇌·형체와 무형체,

집착의식, 즐겁다는 것, 느낀다는 것, 행복·불행·육신·심신, 그리고 인연·업보·수행, 이세상과 저세상, 피안의 세계, 열반·해탈의 세계에 대하여 언급했다.

『반야심경』에서는 오온개공五蘊皆空·색즉시공 공즉시색色卽是空 空卽是色·제법공상諸法空相·무의식계無意識界·고집멸도苦集滅道·구경열반究竟涅槃·진실불허眞實不虛 등 문제를 다루었고 보살의 깨달음 피안의 세계에 대하여 언급했다.

(3)『화엄경』

『화엄경華嚴經』은 대승경전의 큰 빛으로 시간과 공간을 초월하여 보현普賢·문수文殊 보살의 빛, 붓다의 깨달음의 내용을 화려한 문식으로 엮어놓은 경전이다.

『화엄경』에서는 붓다가 깨달음을 열었을 때 붓다는 이미 비로자나여래毘盧遮那如來의 깊은 경지에 달하여 일체가 되었다고 말한다. 비로자나불은 무한세계에 건너갈 수 있는 도력과 생명력을 길러준다. 그는 태양과 같은 존재이다. 극소極少의 세계를 극대의 세계로 넓히며 또한 무한의 세계가 한순간 사이에 위축되기도 하는 시간·공간, 보편과 특수 일체를 법화하는 붓다와 여래·신이요, 우주의 법인 것이다.

『화엄경』 속에는 장대한 운문으로 표현된 태양이 있고 영혼이 숨쉰다. 『화엄경』은 '법'은 '나'요, 나는 법이 되는 법아일치法我一致의 경지를 다루었다. 『화엄경』에서는 붓다의 법을 해인삼매海印三昧 속에 넣어 나타냈고 광명편조光明遍照의 경지에 인도했다. 특히 욕계·색계·무색계의 허상虛像

들을 밝혔다.

보살수행의 안계는 10지품十地品으로 나누었고 미륵・무수・보현 보살의 선善의 지식, 그리고 법계에 인도하는 빛의 길을 밝혔다.

『화엄경』은 『대방광불화엄경大方廣佛華嚴經』의 약칭이며, 붓다의 사상 가운데 구사俱舍・유식唯識・화엄華嚴에 이어지는 법의 이론적 토대가 된 경전이다.

(4) 『법화경』

『법화경法華經』은 붓다의 빛을 두드려나가는 수행자들을 그 법계에 인도하고 끌어들이는 경전이다. 『법화경』은 대승경전 중 가장 많은 신앙을 집중시키는 법경의 왕이라 일컫는다.

『법화경』은 『묘법연화경妙法蓮華經』을 줄인 말로서 붓다가 현실세계에 나타난 법의 가르침을 담은 '적문迹門'과 붓다가 영원한 붓다임을 말한 '본문本門'으로 되어 있다.

『법화경』에서는 붓다는 실재한 인간이지만 입멸入滅한 것은 '방편方便'이라 말하고 붓다는 영원불멸의 불이며 『법화경』을 받드는 수행자들은 미래의 세상에 붓다가 됨을 말하였다.

『법화경』은 알기 쉬운 비유로서 붓다와 법・중생 관계를 설법하고 이를 비유가 되는 이야기 형식의 법을 담았다. 이를 법화7유法華七喩라고도 한다. 법화7유는 삼차화택유三車火宅喩・장자궁자유長子窮子喩・삼초이목유三草二木喩・화성보처유化城寶處喩・의리계주유衣裏繫珠喩・계중명주유髻中明珠喩・양의치자유良医治子喩 등이다.

(5) 『정토삼부경』

『무량수경無量壽經』·『관무량수경觀無量壽經』·『아미타경阿彌陀經』 등을 『정토삼부경淨土三部經』이라 한다.

『정토삼부경』은 수행자들의 극락極樂에의 길, 법의 길을 설한 경전들이다. 붓다의 법을 두드리는 수행자는 궁극적으로 영원한 빛이요, 영원한 생명인 '무량수無量壽'를 동경한다. 또한 '아미타阿彌陀'의 경지를 동경한다. '아미타'란 범어 아미타바 즉 '영원한 생명'의 뜻이다.

◦ 『무량수경』에는 붓다가 저 영취산靈鷲山에서 제자들에게 보현보살·미륵보살 등에 대해 설법한 내용을 담았으며 '법장法藏'보살이 48대 소원을 내세워 수행을 성취한 정토에 대하여 설법한 내용을 담았다. 수행자들은 법장보살을 항상 염원하고 소망을 빈다. 그 길 중 가장 큰 길, 영원한 길은 붓다가 되는 길이고 붓다가 되어 정토 속에 영혼을 담는 일이다.

◦ 『관무량수경』은 라자그리하 왕사성王舍城의 비극을 줄거리에 담아, 이를 법력으로 극락에 왕생토록 한 법 내용을 담았다. 왕사성의 빔비사라 왕은 아자타샤트루 세자에 의해 유폐되었으며 이를 말리려는 모친도 유폐시켜 죽이려 했다. 이에 의사인 기파耆婆와 월광月光이 붓다에게 구원을 청해 붓다는 구원을 받고 극락에 가기 위한 16방법을 설교했다. 붓다는 여기에서 초인적인 신통력을 발휘 그들을 구원하였다. 마음을 집중 통일하여 극락정토가 관상觀想되도록 정선십삼관定善十三觀과 마음의 산란을 막는 3종의 실천방법, 그리고 다시 3종을 3종류로 분류한 도합 9품九品의 실천방법을 제시했다. 정토에 가기 위해선 마

음과 입으로 '아미타불'을 염송해야 한다. '나무아미타불' 염송은 여기에서 설법한 내용이다.

◎ 『아미타경』은 내용이 짧다. 그래서 소경전小經典에 분류된다. 『아미타경』에서는 붓다가 슈라바스티 기원정사祇園精舍에서 사리불舍利佛 등 제자들에게 설법한 내용과 문수보살 등에 대하여 설법한 내용을 담았다. 『아미타경』 속에는 서방극락정토의 모습과 왕생하는 법, 현세現世에서는 여러 붓다에게 수호되고 임종臨終의 내영來迎을 받는 극락왕생의 길이 설교되었다.

극락에의 왕생은 생전의 행실에 따라 9종의 계위階位에 분류되며 상품·중품·하품은 각각 상생上生·중생中生·하생下生으로 나뉘며 그 극락정토에 왕생하는 방법과 극락에서 붓다가 되는 길을 열었다. 이것은 아미타불의 9품 내영來迎 수인手印으로도 구분한다. 서방정토는 붓다의 빛의 품이며 가슴이다.

(6) 기타 경전

이밖에 대승경전에는 『유마경維摩經』·『승만경勝鬘經』도 있다. 이들 경전에는 재가在家의 수행자, 출가出家의 수행자에 대하여 설법했다. 수행을 통해 빛을 두드리면 모두 깨달음에 이를 수 있음을 설법했다. 이것이 붓다의 대승大乘사상이다. 출가수행자는 상좌부上座部 수행자이다.

◎ 『유마경』에서는 주인공 유마거사維摩居士가 부유한 환경 속의 인물임에도 지혜를 닦아 붓다의 제자들이나 보살·수행자들을 대승이론으로 설득시키는 내용이 들어 있다. 유마거사는 재가在家하면서도 깊은

지혜와 신앙을 가졌고 병상에 있을 때는 붓다가 그 제자들이 문안을 가도록 권고했을 정도였다.

붓다의 10대 제자 중 미륵보살·광엄光嚴보살·지세持世보살·선덕善德 보살·수달타 장자 등이 붓다의 법의 이론으로 유마거사의 설법이론과 융합시켰다.

유마거사와 붓다의 고제자들은 '공空'이나 생멸生滅·선악善惡 등속은 이원二元이 아닌 일원一元이며 이것이 불이법문不二法門이라 하였다. 문수 보살의 물음에 대하여 유마는 한 마디도 말대꾸를 안했다. 그러나 그것으로 대답이 다 된 것으로 불경에선 말한다. 이것이 "유마維摩의 일묵一默 여뢰如雷"이다. 유마거사는 신통력이 있었던 것으로 말하고 있다.

◎ 『승만경』 속에는 코살라국 왕의 딸 수리마라 왕비의 이야기를 담고 있다. 그는 붓다에 귀의하면 부모를 섬기고 신앙하면 미래에 붓다가 된다는 예언을 받고 서원을 하고 일심으로 수행에 전념하였다. 붓다는 그를 옳다고 했다.

재가의 여성이 주인공이란 점에서 대승불교의 매우 시사 깊은 법언이요, 사상이다. 이를 '여래장사상如來藏思想'이라 하기도 하며, 『법화경』의 일승사상一乘思想을 분명히 한 경전으로 지칭한다.

상좌부 불교는 붓다의 전통사상이기도 하다. 재가신자는 출가수행자를 돕는 공덕을 쌓아야 한다고 말했다.

수행에 전념키 위해 출가한 수행자를 항상 우위優位에 두어야 한다는 사상을 기본으로 하면서도 대승사상은 재가수행을 통해서도 타리他利를 위해서, 그리고 중생의 구제를 위해서 수행을 해나가는 대승수행자들을 또한 중요한 구법수단으로 생각하고 있다.

◎ 『열반경』은 붓다의 입멸을 중심으로 한 교리를 설법한 경전이다. 남

전南傳·북전北傳 둘이 있다. 남전의 『대반열반경大般涅槃經』은 장부長部에 속하며 『장아함경』에 해당한다.

붓다는 스스로 죽음을 깨닫고 고향에 발을 옮겼으며 수행제자들에게 '슬퍼하지 말라', '이세상은 고苦이다' 하는 감동적인 설법을 남기면서 눈을 감았다. 『열반경』에는 이 모습을 담았다. 또한 붓다는 법신法身이기에 '깨달음 그 자체'이며 '상주常住 영원한 존재'임을 말하고 붓다가 열반에 든 것은 '방편方便'이라 했다.

모든 사람은 붓다가 될 수 있다. '일체중생 슬유불성一切衆生 悉有佛性'이다. 대승불교에서는 이를 주창한다. "산천초목도 모두 불성이 있다〔山川草木 悉有佛性〕"는 말도 한다. 그러나 생물 중 정신작용을 하는 이는 수행하는 사람 오직 일체중생뿐이다.

5) 깨달음의 큰 빛

다음에 다시 붓다의 가르침을 여러 경전에서 인용하여 '깨달음'의 본질, '깨달음에 이르는 길' 등을 중심으로 학습해 본다.

붓다란 '깨달음을 얻은 자'를 뜻한다. 붓다는 우주에서 하강했거나 하늘이 보낸 신은 아니다. 붓다는 깨달음을 통해 우주의 법에 이르렀고 해탈解脫했으며 신에 이른 것이다. 붓다가 된 것이다.

붓다는 '천상천하 유아독존天上天下 唯我獨尊'이라 했다. '나'가 우주의 전부라는 것이다. '나와 우주, '나'와 하늘, '나'는 차원次元 이전이고 질량質量

이전의 생명이다. '나'는 일체를 초월한 실체이다. '나'는 무극無極이요 혼돈·이理이며 영靈의 존재, '나'는 천상천하 하늘의 해탈이요, 보리菩提 즉 대자유의 존재이다.

붓다의 깨달음은 무엇인가?

'나'는 무엇인가, '나'는 마음인가?

성性인가?

"태어나고[生] 있고[存] 변하고[異] 없어진다[滅]"는 뜻은 무엇인가?

나는 몸인가, 마음인가?

있는가, 없는가?

시간은 영원하다. 과거와 현재·미래, 이것이 모두 시간이다. 우주만물은 낳고 자라고 무성하고 그리고 간다. 이것이 공간이다. 공간은 얼마나 넓고 그 속에서 일체만물은 생기고 살고 변하고 끝난다. 그 시간, 그 공간의 길이와 넓이는 무한무극이다.

우리가 보는 시간, 내다보는 시간, 내다보는 공간, 그것은 점 하나인가, 먼지 하나인가?

환상 같은 영상, 그것이 마음인가?

그 마음을 바로 열어 본성本性, '나'를 찾는 것, 견성見性의 경지, 그것이 깨달음이라 붓다는 보았다. '나', 그 '성性'을 찾는 것, 그것이 본심을 찾는 것이요, 직지인심直指人心·견성성불見性成佛이다.

마음 그것이 곧 깨달음 붓다요, 마음이 곧 법法달마요, 도道이며 뜻이다. 마음을 깨치는 것이 붓다요, 마음의 빛, 도·명·법·빛을 두드리는 것이 불법이다. 심즉시불心卽是佛·견성여불見性如佛이다. 마음은 모든 사고의 주체요, 자심自心이 곧 불심이요, 깨달음 붓이다.

붓다의 몸은 법신法身·보신報身·화신化身 등 자심自心, 즉 3신三身이라 한다.

'법신'은 빛깔도 없고 현상도 없는 영겁불변한 진리의 붓다. 현상이 아닌 순수이치의 붓다이다.

'보신'은 붓다가 보살수행을 닦을 때 한량없는 원행願行을 닦았기 때문에 과보果報로 나타난 붓다의 몸이다. 보신은 영구성을 가진 몸이면서 빛깔 형상이 있는 붓다의 몸이다.

'화신'은 중생을 구제하기 위해 붓다의 방편方便의 힘으로 나눈 몸을 말한다. 보살도 되고 중생도 되고 짐승도 되고 귀신도 되며 중생을 제도하기에 알맞은 몸을 나누는 응신應身·화신化身이다.

붓다의 법력을 발명성사지發明成四智라 한다. 붓다의 마음이나 법력은 곧 네 가지 지혜를 성취한다.

첫째로 묘관찰지妙觀察智는 불가사의한 힘으로 모든 법을 남김없이 관찰하고 설법하여 중생의 번뇌를 끊어주는 지혜이다.

둘째로 성소작지成所作智는 보살과 중생들을 이롭게 하기 위해 여러 가지 불가사의한 일을 보여주는 지혜이다.

셋째로 평등성지平等性智는 평등일여平等一如한 진리를 차별심없이 대자대비심으로 보살과 중생을 이롭게 또한 즐겁게 하는 지혜이다.

넷째로 대원경지大圓鏡智는 거울에 비치는 것처럼 지혜도 원만하고 분명하게 보살피는 지혜이다. 이것을 대승에서는 사지보리四智菩提라 한다.

붓다는 6년 고행수도 끝에 무無와 공空을 깨달았다. 일체는 시시각각으로 변한다. 한순간도 그대로 머물러 있는 것은 없다.

내 몸도 마찬가지이다.

붓다는 우주의 도道와 법法을 말했다. 도는 말로 못 전하고 글로 못 전하며 행으로도 나타낼 수 없다. 이것은 지식도 아니고 사상도 신앙도 아니다. 물질도 허공도 아니어서 자살도 타살도, 칼로 벨 수도, 불에 굴수도 없는 태초 이전이고 차원 이전이어서 인간의 언어에 구속을 안 받는다. 무엇에도 귀속되지 않는다.

우주의 도를 찾는 도심道心, 법의 마음인 원동대통圓同大通, 허공처럼 대우주처럼 끝도 없고 시작도 없고 둥근 것도 모난 것도, 긴 것도 짧은 것도 아닌 마음의 모양새, 그것이 도를 찾고 지혜를 찾는 마음이다. 무결무여無缺無餘의 마음, 남고 모자람이 없는 마음 도는 바로 그것이다.

그래서 생사를 버리고 몸을 버리며 붓다도 중생도 다 없어지고 없어진 것마저 없어지는 공空, 그 세계가 열반이다. 공空은 무無와 유有를 초월한 세계이다.

불법에서는 '아공'은 중생상衆生相이라 한다. '법공'은 사상·신앙·정치·정계·예술·문화 등의 법을 말한다. 아공이 되면 육체의 자유가 생기고 법공이 되면 우주의 자유가 생긴다.

"색즉시공色卽是空 공즉시색空卽是色"

이세상 일체는 있는 것도, 없는 것도 아니다. 모두 변하고 모두 생과 멸 속에 존재한다. '나'는 마음이요, '마음'은 곧 창조주創造主이다. '천상천하 유아독존.' 이 말은 이 뜻을 담고 있다. 육신은 생겨난 것이기 때문에 사멸死滅이 있지만 '마음'은 생겨난 것이 아니기 때문에 사멸이 없다. 사멸이 없기에 생사윤회하는 것이며 이세상의 모든 것은 인과응보因果應報의 업業 속에서 이루어진다.

깨달음은 '나'를 찾는 것이다. '나'는 성性이라 했다. 따라서 '나를 찾는 것'이 견성見性이다. 견성은 깨침이다. 우주의 법은 영원하다. 그런데 '나'를 찾으면 우주의 법이 '나' 속에 결합한다. 하나가 된다. 이 경지를 해탈이라 하고 열반이라 한다.

해탈은 일체로부터 벗어나는 일이요, 열반은 타오르던 불길이 꺼지는 것을 뜻한다. '나'는 수행을 통해 찾는다.

불교진리의 근원은 '성스런 진리 4성체四聖體'를 기본으로 한다. '4성체'는 고뇌에 대한 진리, 고뇌의 원리에 대한 진리, 고뇌의 종식에 대한 진리, 고뇌의 종식에 이어지는 도에 대한 진리 등이 있다. 이것이 붓다가 7년 수도 끝에 깨달은 빛이다.

법法을 얻는다는 것은 마음을 깨쳐 '나'와 '온 우주'가 결합하고, 온 우주 전체가 동시에 '나'와 합일하며, '나'와 온 우주가 하나가 되며, 온 우주 전체가 동시에 '나'와 통하는 '나'와 '남'이 둘이 아니라 하나인 경지에 이르는 것이다.

이 모든 전체가 '나의 마음'이면서 동시에 '나'이다. 도덕·법률·윤리 등은 시대에 따라 변경되지만 '마음'은 어느 시대, 어느 장소에서도 변하지 않는다. 그러기에 법 중의 법왕은 '마음'이다. 『법화경』은 이를 잘 말하고 있다.

마음을 두고 '진여眞如'라 이름 붙였고 마음이 차지하는 경계를 '법계法界'라 했다. 마음은 만물의 생명이며 온 우주의 근본이고 만법萬法의 주체이다. 시방삼계十方三界 모든 불, 그리고 보살은 하나의 종宗으로 귀일한다. 이 마음의 종宗은 '마음' 곧 '심즉시불心卽是佛'이다.

나를 알 때는 과거·현재·미래 3세三世 중 무한대의 우주공간이 눈앞에 전개된다. '3세'는 한생각 한생각, 한순간 한순간의 연속이다. 비고지금비古之今·삼세일념三世一念·신심불이信心不二·불이신심不二信心·무소부재無所不在·십방목전十方目前이다.

우리의 마음은 작을 때는 바늘 끝 위에도 올라앉을 수도 있고 또 클 때는 온 우주를 둘러싸고도 모자람이 없다. 유즉시무有卽是無요 무즉시유無卽是有이다. 유有는 본시 무無에서 나왔다. 있는 것, 없는 것은 모두 우리의 마음의 세계이다. 하나가 곧 일체요, 일체가 곧 하나이다[一卽一切 一切卽一].

나는 나, 남은 남의 생각은 나를 잃어버린 생각이다. 나만을 생각하는 것, 나 속에만 빠져든 것, 이것이 미혹이다.

인생은 생生만 있는 것이 아니다. 사死가 함께 있다.

인생因生은 동시에 인사因死이다. 차안은 피안과 함께 있다.

삶 속에 함께 있는 죽음을 바라다보아야 고에서 벗어나고 미혹에서 탈출할 수가 있다.

웃음이란 나와 너의 것이고 죽음이란 너와 나의 것이다.

인간은 108번뇌를 가지고 있다. 번뇌에서 떠날 수 없는 것이 인간이다. 번뇌란 무명·갈애를 뜻한다. 무명이란 어리석음이요, 갈애란 욕심이다.

어리석음과 욕심에 허덕이는 인간, 인간은 지옥계·아귀계·축생계·수라계·인간계·천상계 등 여섯 경계를 간다. 이것이 6도윤회이다. 6도란 살아 있는 인간의 기쁨·슬픔·노여움·괴로움 등을 나타내는 말이기도 한다.

인생은 과거에서 현재, 현재에서 미래에 업業의 인연이 3계에 걸쳐 변천해 가는 것을 생사유전이라 한다. 생사유전을 하는 인생을 안락의 경지에 정주시키려면 12인연의 근원을 차례차례 찾아내서 각각의 상을 멸각해 가는 것이다.

소승불교에서는 12인연의 각상을 환멸하여 깨달음의 경지에 이르는 것을 연각 또는 독각이라 하며 대승불교에서는 12인연의 일체도 부정하여 '공'이라 본다.

불심佛心·법심法心은 인간의 언어 밖에 있고 글자 밖에 있으며 생각 밖에 있다. 적멸寂滅의 세계, 수조隨照의 세계, 영零의 세계, 그것은 사납게 굼닐던 바다의 파도가 잔잔하게 가라앉는 경지 즉 민연자진泯然自盡의 경지라고나 할까, 그것이 법法의 세계이다.

법이나 도란 우리 마음을 두고 한 말이다. 마음 밖에 '도'가 있을 수 없으며 마음이 곧 '법'이다. 큰 길〔大道〕는 우리 마음자리는 무한대로 크고 넓어서 온갖 것을 다 포용한다.

법 속에는 붓다도 있고 중생도 있고, 성자도 있다. 또한 도척도 있다. 참 마음속에는 이利도 해害도 없다. 주관과 객관, 부정과 긍정도 없다. '일색공一色空' 속에는 높고 낮은 것, 빛깔·모양·산하대지山下大地·시간·공간·생사·열반·번뇌·해탈이 없는 경지를 말한다. '일체공'은 '일체미一切迷'에 통한다. 본시 공空은 미迷에서 태어났다. 아무 생각이 없는 것, 이것이 성품이요, 본성 그 자체가 도이다.

법이란 이치理致이다. 이치는 유교·기독교·불교 또한 철학·과학·정치·문화·예술 등 모든 것이 우리 마음으로 생각하는 법이요 이치이다.

불교는 불교라는 말까지도 버리고 우주와 인생 전체를 우리 마음 하나로 이야기한다.

참선 곧 선정禪定은 마음을 찾는 공부이다. '직지인심 견불성성直指人心 見佛性成'은 이를 뜻한다. 마음은 심성心性·불성佛性이기에 억만 겁 이전부터 있었고 억만 겁 뒤에 가서도 있다〔歷千劫而不古 亘萬古而長今〕. 선정은 바로

이 참마음을 찾는 노력이다.

불심·법심은 없는 것, 없는 마음을 따로 창조하는 것이 아니라 본시부터 있는 마음, 우주를 주재하며 우주의 핵심인 신, 조물주·창조주라 일컫는 그 '마음자리'이다. 이것이 보리지혜요, 법의 마음자리이다.

'보리지혜菩提智慧', 이것은 수행을 통해서 찾을 수 있다. 진실로 선과 악, 유와 무를 초월, 초월한 그것까지 초월한 경지, 그 무아의 경지에 들어가면 우주·심령계·영혼의 세계에 동할 수가 있다.

불심은 진리의 마음이요, 진리는 법이며 도이다. 지극한 도, 최고의 도는 아주 어려운 것은 아니다. 성불은 누구나 할 수 있다. '일체중생 실유불성一切衆生 悉有佛性'이다.

"밖으로 모든 인연을 쉬어 없애고 안으로 마음의 허덕임을 없게 하라〔外息諸緣 內心無喘〕." 이것은 달마達摩가 혜가慧可에게 한 말이다. "마음이 장벽처럼 움직이지 않아야 도에 들어갈 수 있다〔心如障壁 可以入道〕." 도를 구하려면 반드시 무아지경에 들어가야만 되는 것은 아니다.

삶은 다만 그림자이다. 저 실낱 같은 한여름 태양 아래 어른거리는 하나의 환영, 그리고 얼마만큼의 광기, 그것이 전부이다. 삶은 우리에게 충분한 시간을 준다. 그러나 우리는 그 시간 속에 살지를 못했을 뿐이다.

죽는 법을 배우는 것, 그것이야말로 가장 가치있는 과학이며 모든 과학을 초월하는 배움이다. 죽는 법을 배우는 것이 곧 삶을 제대로 사는 방법이다.

누구에게나 죽음은 온다. 이것은 인간에게 공통된 것이다. 그러나 죽는 법을 배울 만큼 지혜를 가진 사람은 너무 적다.

참다운 죽음, 그것은 참다운 삶이다. 그것은 영혼을 행복하게 하고 지혜를 갖게 하며 아름다운 삶의 근본이 된다. 이곳에 있는 것은 무엇이든 그곳에 있다. 그곳에 있는 것이 마찬가지로 이곳에도 있다. 이곳에 있는 것과 그곳에 있는 것이 차이가 있다고 보는 자는 영원히 죽음에서 죽음으로 이르는 길을 걷게 된다. 참된 마음, 참된 수양만이 이를 깨달을 수 있다. 그곳은 이곳과 아무런 차이가 없다.

이세상 만물의 본질은 하나이며 같다. 그 본질은 더없이 고요하고 평화롭다. 그곳에는 아무것도 무엇으로 되어야 하는 것이 없다. 그러나 무지가 스스로를 눈 멀게 하고 명상이 깨달음을 잊게 한다. 그것 때문에 우주의 모든 현상을 특징짓는 조건과 차이와 행동들을 바르게 인식하지 못한다.

육체는 덧없는 것이니 죽음을 면할 수 없다. 그러나 육체는 무형의 자아가 살고 있는 '자아의 집'이다. 형체가 있는 자아는 기쁨과 고통의 희생물이다. 그러므로 자아를 육체와 동일시하는 한 기쁨과 고통은 끝내지 않는다.

그러나 자아를 이 육체와 동일시하지 않는 사람은 결코 기쁨과 고통의 침해를 받지 않는다. 청정淸淨한 자아自我는 육체의 집착에서 벗어나 높은 자각에 이르게 되면 그 자신의 본래 모습으로 나타난다.

생과 사의 삶은 덧없는 것이다. 자만심·무지·어리석음·광기의 속박에서 벗어나는 것, 그것이 깨침이요 깨달음이다. 벗어나는 것, 해탈하는 것, 초월하는 것이야말로 모든 괴로움이나 속박에서 벗어나 자유로운 경지에 도달하는 것이다.

마음의 미혹은 환각과 같다. 허깨비 같은 욕심과 속박에서 벗어나 '나'라고 하는 '우주'에 도달해야 한다.

순수한 존재의 근원에서 나오는 투명한 빛, 그 깨달음, 그 마음이 곧 존재의 근원이며 완전한 선이다. 그것은 본래 텅 빈 것이고 모습도 없고 색깔도 없는 것이다. 그 마음이 곧 참된 의식이며 완전한 선을 지닌 각자 覺者임을 믿으라. 그것은 텅 빈 것이지만 아무것도 없는 텅 빔이 아니라 아무런 걸림이 없고 스스로 빛나며 기쁨과 행복으로 가득 찬 텅 빔이다.

마음속에 진리를 여는 길, 그것은 마음속에 우주의 섭리, 하늘의 빛을 새기는 일이며 숭앙하고 따르며 받들고 섬기는 일이다. 대자연의 질서 속에 내 마음은 나(자아)로서 포개어 섭리에 합일하며 대우주의 명命 속에 '나'로서 창조를 수행한다. 우주와 나, 빛과 길, 진리와 수행의 길은 근원이며 힘이다.

'나'를 찾는 것이 우주를 찾는 것이요, 우주의 법, 하늘의 도를 두드리는 길이다. 나의 참모습은 수행 속에 있다. 수행은 갈고 닦는 일이요, 성찰하고 추구하는 일이며, 정진하고 연마하는 길이다. 붓다 즉 깨달음은 곧 나를 찾고 나 속에 우주의 법을 포개는 것이다.

3. 도교, 그 도道의 하늘

> 발자국
> 노을에 시간이 멈춘 먼 들녘
> 나그네는 빈 발자국을 헤맨다.
> 가버린 것인가, 오지 않은 것인가?
> 모두 지워버린 빈 지평, 안개가 지도를 적신다.
> 아스라한 불빛 속에 이정표가 바람에 떤다.
> 시간은 가는 것인가, 오는 것인가?
> 공간은 멈춘 것인가?
> 나그네는 그 땅 끝 변두리를 돌며 빈 발자국을 헤맨다.
> 발자국엔 시간이 되돌아오지 않는다.

도道!

도란 길이요 뜻이다.

도란 우주의 질서요, 하늘의 섭리, 생명을 가진 사람의 삶의 길이요 뜻이다.

"행하는 것이 도이다."

"행하지 않는 것이 도이다."

도道에는 성자들의 여러 이견이 있다. 그러나 이세상 우주와 하늘 속에서 "사람은 어떻게 살아가야 한다"는 길[道]임에는 틀림없다.

별이 하늘의 궤도를 돌고 해가 우주의 궤도를 돌며 만물이 태어나고 꽃피고 열매 맺는 것도 도이다. 그 속에서 사람이 살아가는 것도 도이다.

노자老子는 그 길을 무위자연無爲自然이라 했다.

물이 흐르듯이 살아야 함을 말했다. 본체관념 속에 인위조작하지 않고 무욕無欲・무無의 방법 속에 자연의 도에 순응해야 함을 말했다.

도교의 철학은 불교의 철학과도 상통하는 점이 있다.

노자는 누구인가?

『도덕경道德經』은 무엇인가?

나는 여기 많은 이론에 끼어들고 싶지는 않다. 그러나 도교의 사상은 엄연한 삶의 빛길로서 고대부터 오늘까지 많은 사람들이 신봉해 왔고 비판도 해왔으나 심오한 철학적 빛이 있음을 나는 깊이 신봉한다.

1) 노자와 도道의 신앙

"부드러움이 강강剛强을 이긴다."
"나의 분수를 알고 무지・무욕 속에 처세한다."
"나를 굽혀 남에게 대항치 않는다."

'무위자연無爲自然!'·'무위이치無爲而治!'·'유약겸하柔弱謙下!'
이것은 노자의 『도덕경』에 나오는 말이다.
'도가도 비상도道可道 非常道'·'도자만물지오道者萬物之奧.'
노자가 누구인가?
『도덕경』은 정말 노자가 썼는가?
『도덕경』 그리고 『도덕경』을 썼다는 노자에 대해서는 뒷날 많은 학자들의 이견이 있으나 노자가 실제인물이든, 신화적 인물이든 간에 노자의 철학과 『도덕경』에 담겨 있는 도道의 사상은 오늘날 동양사상의 근원이 되고 있고, 특히 불교와 유교권에서는 상통하는 점이 많아 동방의 3대종교·3대도교라 지칭하기도 한다.
물론 유교의 인의예지仁義禮智의 철학이나 불교의 3보三寶·4체법인四體法印·8정도八正道의 가르침이 무위자연無爲自然의 도의 가르침인 도덕경과 같지는 않다. 그러나 노자의 도는 불교의 우주의 도, 유교의 하늘의 도와 도道와 법, 진리·빛이란 점에서 상통하는 점이 있다.
노자의 『도덕경』은 상편 37장, 하편 44장, 합해서 81장(分章)으로 되었고, 약 5천 언, 5천수백 자로 되어 있다. 『도덕경』은 『논어』처럼 어록이나 문답식이 아니고, 일체 지명이나 인명이 안 나오는 시간과 공간을 초월한 진리로 되어 있다.
노자는 역설逆說을 많이 했고 부정적 긍정의 화법을 많이 썼다. 특히 노자는 위정자나 유가儒家적 주창에 대해서 부정적 언사로 일관했다. 특히 노자는 우주자연과 생명체인 인간에 대하여 관심을 보였고 '무위자연無爲自然'을 주장했다. 불교에서는 궁극적으로 해탈解脫을 통해 청정淸淨의 정토에 다다라야 함을 말했는데 노자의 사상은 불교의 사상과도 일맥상통한다.

    노자사상은 전부는 아니더라도 인도철학 속의 우주의 '달마'의 경지, 공空과 무無의 『반야심경』의 경지와 무관하지 않다. 그리해서 일부 철학자들은 이른바 도교는 불교의 영향을 많이 받았다는 말도 한다.

    또한 노자사상은 중국의 고대 요순堯舜시대, 자연주의자 소부巢父나 허유許由, 우주자연의 도道를 말한 왕예王倪나 지인至人의 덕德을 가르친 연숙連叔·상용商容 또는 윤희尹喜 등의 자연주의사상을 이어받아 체계화했다는 해석도 있다.

    고담古譚에 전해 오는 말이지만 요堯임금이 소부에게 "임금을 맡아달라" 하니까 소부는 "더러운 말을 들었다"고 대꾸했고 이 말을 들은 허유는 다시 "더러운 말을 들었다"고 자기 귀를 영천수에 씻었다고 한다.

    요堯는 허유에게 또 이런 말을 했다고 한다.

    "해와 달이 있는데 횃불을 왜 쓰느냐? 횃불을 끄지 않는다면 빛을 말하기 어렵다. 또한 때를 맞춰 비가 내렸는데 논밭에 물을 준다면 그것은 헛된 일이 되지 않겠느냐?"

    이에 대하여 허유는 "비록 만물을 만든다고 해도 뽐내지 않고 생산은 하지만 소유하지 않고, 일을 하되 뽐내지 않으며 공을 이루어도 차지하지 않는다면 그것이 우주의 뜻이 아니겠는가?" 하고 물었다.

    또한 왕예에 대해서는 이런 말이 전해 온다.

    "만물이 똑같다는 것을 나는 모른다. 나는 모르는 것을 모른다. 내가 안다고 하는 것은 진정 모른다고 하는 것을 안다고 하는 것과 같다. 지인至人은 원래 신이다. 계곡에 불이 타고 황하가 얼어도, 우레가 산을 깨뜨리고 바람이 바다를 뒤흔들어도 사람은 그것을 상관할 수 없다."

연숙連叔은 말했다.

"묘고야라는 산이 있는데 살결은 빙설 같고 부드럽기는 처녀 같다. 곡식을 먹지 않고 바람을 호흡하며 이슬을 마시고 살고 구름을 타고 비룡을 몰아 사회 밖에서 논다. 그 정신이 뭉치면 만물이 병들지 않게 되고 그 해 곡식을 익힌다."

상용商容은 노자에게 말했다.

"높은 나무 밑을 지나면 옛땅을 안다. 노인공경은 나의 혀나 이빨을 보면 된다. 강한 것은 없어지고 약한 것은 남게 된다. 세상이란 그런 것이다."

또한 노자의 도가道家사상을 후세에 체계화해서 전하게 된 것은 서력기원전 『한서漢書』를 쓴 반고班固와 관련한 『열자列子』와 『장자莊子』·『순자荀子』·『한비자韓非子』 등을 든다.

열자는 황제黃帝에 대해 말했고 장자莊子는 그가 남긴 내편·외편·잡편 등속에서는 무위자연에 대한 사상을 강조했다.

장자는 사람들이 그가 죽었을 때 장사를 후하게 지낸다는 말을 하자 "하늘과 땅이 곧 내 관이요, 해와 달이 내 그릇이요, 별들이 나 구슬이요, 만물이 나를 받아들이니, 어찌 내가 장례도구를 갖추지 못했다 하겠는가?" 했다. 또한 "사람이 죽으면 까마귀와 솔개의 밥이 되는 것은 당연하다. 땅속에 들어가면 굼벵이와 개미의 밥이 되는 것도 당연하다"라고 했다. 장자는 아내가 죽자 북을 두드리며 노래를 불렀다.

장자는 자연법칙에 순응하는 것이 도道를 아는 것이고 그것을 인위적으로 얻을 수 있는 것이라 강조했다. 그가 초나라에 갔을 때 앙상한 해골이 뒹굴고 있었다. 장자는 말에서 내려 채찍으로 해골을 내리치며 물었다.

"이 무슨 꼴인가? 그대는 방탕한 짓을 하다가 이런 꼴이 되었나, 아니면 망국의 일로 중형을 받아 이렇게 되었는가? 그것도 저것도 아니면 행실이 좋지 못해 부모 자녀에게 누를 끼칠 것이 부끄러워 이렇게 되었는가? 혹은 춥고 배고픈 나머지 이렇게 되었는가? 나이가 다 되어서 이렇게 되었는가?"

장자는 말을 마치고 해골을 베고 누웠다. 그런데 밤중에 해골이 꿈에 나타나 거듭 말했다.

"그대가 말하는 것은 변사를 닮았구나. 말하는 바를 보니 모두 산 사람의 쓸데없는 생각일 뿐 죽은 사람에게는 소용없는 소리로다. 임자는 죽음의 이야기를 모르는도다."

"죽음에는 위로 임금이 없고 아래로 신하가 없으며, 또 네 계절의 변화도 없다. 으레 하늘과 땅으로서 춘추를 삼으니 남쪽을 향해 누워 있는 이 즐거움을 어찌 그대가 알 것인가? 나는 이세상에서 왕의 즐거움을 지금 줄 테니 인간으로 돌아오려 해도 이 즐거움을 버리고 인간의 노고 속에 돌아가고 싶지는 않다."

"이세상 사람들은 우주의 원리와 본질을 모르고 출세와 부귀에 빠진다. 이세상이란 우주에 비하면 모래알에 지나지 않고 우리 그토록 얽매고 있는 우리의 육신도 언젠가는 우주의 먼지가 되어 자유를 만끽하게 될 것이다."

이것이 장자의 자연관이요 우주관이다. 이러한 철학이나 사상은 노자의 『도덕경』 내용을 체계화했다.

나는 도道 중에서도 노자老子나 장자莊子 등의 도에 대하여 깊은 관심을 갖고 있다. 노자의 도는 우주적이고 총체적이며 형이상학적이다. 도란 우주 대자연, 하늘의 도이자 사람의 도, 곧 삶의 길이다. 이세상의 모든 신앙은 도의 빛을 추구한다. 따라서 도교만이 아니라 불교의 도, 유교의 도도 있고 그리스도교나 이슬람·힌두교 등에도 도는 존재한다.

도란 종교의 가르침 즉 신앙의 길이기도 하다. 특히 노자의 도는 유가儒家의 가치·도덕과는 본질적으로 다른 존재론적 본체관념本體觀念에 입각하여 인위조작人爲造作하지 않으면서도 무욕無欲 즉 무無의 방법, 부정적 방법을 통해 자연의 도에 순응하는 삶의 길을 역설했다.

노자의 도는 우주적인 면에서도 불교나 인도의 종교, 우주의 달마사상과 일맥상통한다. 노자는 도에서 만물이 이루어지는 생래生來과정에 대해서 역설했고 장자는 무위자연을 주장하면서도 무욕양생無欲養生을 말했다.

노자는 전체중심에서 개체중심으로 전환하여 조화일기造化一氣로 자유자재하면서도 장구한 것, 무욕물화無欲物化의 경지를 이상으로 삼았다. 노자는 인간사회의 일체욕구를 극소화하고 시비是非·피아彼我의 구별없이 병생竝生하는 장생長生사상을 이상으로 삼았다.

나는 '도가사상의 근원'이라고도 하는 노자의 '도道사상'을 존중한다. 유교의 도의 가르침, 붓다의 도의 가르침과는 또 다른 면에서 웅려무애·순수무구의 큰 진리의 빛길임을 신용한다.

노자가 누구인가?

『도덕경』은 실제로 '노자'라는 철인이 썼는가?

사마천司馬遷이 쓴 『사기史記』에는 노자는 초楚나라 고현苦縣출신으로 성은 이李, 이름은 이耳, 자는 담聃으로 동주東周의 문서서기였다고 되어 있다.

젊은 날 공자는 주나라 도읍 낙양洛陽에 들러 노자를 만났고 예禮에 대해서 말했다고 쓰고 있다. 또한 공자는 제자들에게 "노자는 용과 같은 인물이라고 칭찬했다"고도 썼다. 그러나 이것은 확실치 않은 것으로 뒷날 사가들은 평한다.

　노자가 썼다는 『도덕경』에 대해서는 더욱 비판이 많다.

　'노담老聃' 이름에 대해서도 뒷날 『여씨춘추呂氏春秋』나 『장자』 등에 이의를 제기하고 있고 『사기』의 기록도 허구라고 학자들 중에는 말하는 사람이 있다.

　그 주요한 이유는 당시 주왕조시대나 춘추전국시대 모든 선지자・제자諸子들은 다투어 천도와 인도・왕도・치도를 대의명분으로 삼아 유교적인 윤리도덕을 강조했기에 일부 이에 대한 반론이 일어 유교적 실천철학에 정면으로 맞서는 '도'의 이론을 제시했었다.

　노자의 이론은 이를 어느 학자가 집대성한 것으로 보기도 한다. 노자의 이름은 『도덕경』에 나온다. 그러나 『도덕경』 자체가 노자 개인의 저술인지 확실치 않고 특히 노자라고 하는 인물이 『사기』나 『장자莊子』・『고사전古事傳』 또는 『여씨춘추呂氏春秋』 등 여러 곳에 보이나 그 어느 것 하나 확실한 고증을 한 일은 없다.

　사마천은 노자는 초나라 고현사람이라 했고 이씨李氏 성을 가진 '도덕'을 논한 사람으로 은둔가라 소개했다. 또 한 사람의 노자를 직접 함곡관函谷關에서 만났다는 윤희尹喜라는 사람도 나온다.

　『사기』를 보면 사마천은 노래자老萊子로 불리는 또 한 사람의 은사를 소개하고 있다. 그도 초나라 사람인데 『한서漢書』에도 노래자 15권을 남겼다는 기록을 남겼다. 또한 「열녀전烈女傳」・「명현전名賢傳」에도 노래자 이야기가 나오는데 그는 속세를 등지고 몽산蒙山일대에서 은거하는 도사였다고 쓰고 있다.

　또 한 사람의 노자도 있다. 추나라의 태사 담儋은 도덕을 닦아 목숨을 오래 전했는데, 세상사람은 그를 노자라고 지목하기도 했다. 그의 이름은 종宗이다.

노자에 대해서는 이렇게 많은 설이 개재되어 있는 것이 특징이다. 노자는 확실히 의문의 인물이며 어쩌면 한 사람의 철학자가 아니라 신화적인 존재, 상상적인 절대자일 수도 있다. 이것은 이세상에 종교적 인물이나 성자·선지자는 초인적인 면이 가미되어 숭앙의 표적으로 삼는 것과 같다.

물론 노자가 실제인물인지는 알 수가 없다. 1995년 중국의 신화사통신은 안휘성 와양현渦陽縣 곽점촌郭店村에서 『도덕경』에 대한 죽간竹簡이 발굴되어 기원전 270여 년 전 쓰인 『도덕경』에 대한 새로운 논란이 일었다.

노자에 대해서는 『예기禮記』에도 나온다. 노자는 고대 소국과민小國寡民의 시대인 황제黃帝·복희伏羲·신농神農 시대의 이른바 결승지세結繩之世를 이상적 사회, 무위이치無爲而治시대로 보고 권력·무력·지혜·지식·학문·문화·문명 등을 거부하고 원시의 소박한 자연지배를 이상사회로 보았다. 그 시대는 유약겸하柔弱謙下·무위이치가 제대로 되었다고 보는 것이다.

2) 도교에 존재하는 신

또 하나 문제가 되는 것은 도교道敎가 종교인가 아닌가의 문제이다. 도교가 종교가 되려면 도교의 신神은 누구이고 그 교리敎理, 그리고 가르침과 수행의 계율·의례는 무엇인가의 문제가 대두된다.

그러나 결론적으로 말하면 도교는 엄연한 신앙의 대상인 종교가 되고 있고 그 신은 원시천존元始天尊·현천상제玄天上帝 등으로 불리는 하늘의 신, 신앙의 신이 존재한다. '천제天帝'·'천존天尊' 등 도교의 신은 유교의 '하늘'·'천天'과 같이 하늘의 제왕帝王이요, 신앙의 신이다. 도교는 하늘 곧 도道라는 표현에서 같은 신이기도 하다.

물론 교리나 이념은 다르지만 무위자연無爲自然의 도에서는 우주·하늘·대자연의 질서와 규범·섭리에 따라 유유하게 삶을 살아가야 한다는 견지에서 불교철학과 유교철학과도 상통하는 점이 많고, 신이란 절대적 존재, 영원한 빛의 존재를 '하늘'·'우주' 등으로 보는 점에서 다른 신교神教와도 상통된다.

도교는 신앙하고 섬기며 받드는 신神이 많다. 뒷날 도교는 불로장생의 신선사상神仙思想과도 습합이 이루어져 도교사원에는 원시천존元始天尊이나 원시천황·옥황상제 등 하늘의 신을 비롯해서 중국의 황제黃帝나 태상노군太上老君〔老子〕·서왕모西王母 같은 인물들을 모신다. 팽조彭祖·팔선八仙·우사雨師·풍백風伯·신농神農·용왕龍王·성황신城隍神·토지신土地神·문신門神·화신火神·조신竈神·조사신祖師神 등 전설이나 신화 속 인물이나 신들도 있다. 북극北極대제·북두北斗진군·남극노인성 등 하늘의 신, 별들이나 자연의 신, 사람의 신 등도 함께 열위列位되어 있었다.

반면에 실제로 이세상에 살았던 도사道士나 명인名人·명승名丞·명장名將 등 출중한 인물들을 신격화하여 모시는데 태공망 여상太公望呂尙·화타華陀·관제〔關雲長〕·악비岳飛 등 많은 인물이 대표적이다.

이로 보면 도교는 그리스신화에 보는 다신多神, 인도의 힌두교, 고대 아리아·인더스 문명 속의 우주 섬라만상 속의 다령多靈·다신多神계 신앙

종교라 말할 수도 있다. 다시 말하면 도교는 우주대자연, 생명체인 일체 속에 바탕이 되어 있는 섭리·질서·법·도의 화신을 숭모하고 대자연의 질서와 인간생활의 교감交感·결합結合을 추구하고 있는 도道의 교敎라 할 수 있다.

도교에서는 신이란 절대자가 따로 있으면서도 인간은 그 신의 경지에 이를 수 있는 것이다. 이 점은 불교에서 '깨달음' 즉 '해탈'에 이르면 누구나 '붓다'라고 하는 신이 될 수 있는 것과 같다.

특히 도교는 우주 '대자연의 도道'를 신앙하는 종교이다.

중국의 역대제왕은 적극적이던 소극적이던 도교를 믿었다. 현재 북경에는 천교대가天橋大街에 도교사묘 천단天壇이 있다. 황제가 등극할 때는 이곳 황릉궁皇陵宮 원구圓丘에서 3궤9고三跪九叩의 예를 하늘에 드린다.

중국은 황제黃帝·황천黃天의 나라이다. 황도에는 천단을 세워 하늘과 일월성신·북두를 섬겼고 풍우, 사직의 신, 토지신께 제를 드렸다. 그것이 도교사원 백운관白雲觀이다. 하늘의 현천玄天황제·옥황·태상노군 등께 제를 드린다.

도교사원에는 조원전朝元殿을 짓고 고대신화에 등장하는 복희伏羲·신농神農·황제黃帝 그리고 우禹·탕湯·문文·무武 등 제왕의 제를 지낸다.

도교의 제례는 5악五岳에서도 지낸다. 동서남북과 중앙의 태산泰山·화산華山·형산衡山·항산恒山·숭산崇山에는 하늘의 현신玄神을 받드는 묘악이 있고 특히 태산에서는 천서강하天書降下·봉선封禪의 고천의식이 치러졌다. 숭산의 황개봉黃蓋峯에서는 중화中華의 의식이 치러진다. 이것은 진시황 때부터 일이다.

도교사원 중에는 뒷날 신선神仙과 양생술養生術·기도·점술 등으로 번져 이른바 황건黃巾의 난, 태평도太平道의 난, 오두미五斗米난, 천사도天師道의 난 등으로 번져가 사회혼란이 일기도 했다.

또한 순수 노자중심의 도교가 여러 갈래로 갈라지고 특성화하여 전진교全眞敎・진대교眞大敎・태일교太一敎 등으로 갈라지고 숭앙체계도 동진洞眞・동현洞玄・동신洞神 등 3품三品과 태현太玄・태평太平・태청太淸・정일正一 등 4보四輔로 나뉘기도 했다. 또한 신선상이나 장도전張道傳 등 도교운동의 주역을 받든 곳도 있다.

중국에는 현재 전국 '도교협회'가 조직되어 있다. 북경 수도에는 백운관白雲觀 본사원이 있고 각 지방엔 지원형식의 사원들이 있다. 산동성에는 봉래・위해 등에 삼청당三淸堂 사원이 있고 태산泰山에는 역대제왕이 하늘에 고천告天한 거대한 사묘들이 있다. 강서성 소주蘇州, 절강성 항주抗州에도 현묘관玄妙觀 도교사원이 있고 사천성 성도成都에는 규모가 큰 청성산靑城山 도교사원이 있다. 복건성 일대의 우산于山・구선산九仙山 등지에는 구선관九仙觀 사원이 있고 남경南京, 남동해 천주泉州지방에도 큰 사원이 있다.

소수민족이 많이 사는 운남성・귀주성 일대에도 도교사원이 있다. 그 중 전지滇池의 사원은 규모가 크다. 이곳 사원들에는 민속적인 종주 씨족장 토착신을 모신 곳도 있고 토지신・뇌신雷神・현무玄武・진무眞武・풍백風伯・두모斗母 등과 관제關帝 등 그리고 유・불 신주들을 함께 모신 곳이 많다. 도관이름도 용천관龍泉觀・흑룡관黑龍觀・태화궁太和宮 등으로 붙이고도 있다.

도교사원은 대만台灣에도 많다. 대만의 도교는 상청파上淸派・전진교全眞敎・정일교正一敎 등이 있고 민속신인 복덕진신福德眞神・풍수風水・음양陰陽・오행五行 등 신을 받들기도 하고 곳에 따라서는 신당神堂사묘에 신괴神

怪나 악령을 쫓는 신장神將을 받드는 소규모 사원도 있다.

3) 도교의 삶의 빛

다음에 『도덕경』의 「도경道經」 37편과 「덕경德經」 44편 등 도합 81장에 나오는 주요 교리·가르침의 명구들을 인용해 본다. 앞에서도 말했듯이 『도덕경』은 왕필王弼의 초간본과 백서帛書본, 그리고 『사기』에서 전하는 5천여 자의 『도덕경』 등 여러 본이 있으나 대개는 초간본을 원전으로 삼는다.

◎ 도가도道可道·비상도非常道라고 하는 것은 도는 영구불변한 도가 아니요, 이름은 영구불변한 이름이 아니다. '도'나 '이름'은 언어를 초월한 존재이다. 무명無名이야말로 천지의 원초적 상황이요, 유명有名은 만물의 어머니이다.〔無名天地之始 有名萬物之母〕

◎ 천하가 모두 아름다움을 알고 아름다움으로 여겨지는 것은 모두 추함 때문이다. 천하가 선을 알고 선으로 여겨지는 것도 불선 때문이다. 어둠이 없다면 밝음이 성립될 수 없다.〔天下皆知美 之爲美斯惡已〕

◎ 너무 재주 많은 사람을 떠받들지 않아야 백성들이 재주를 가지고 다투지를 않는다. 욕심낼 만한 것을 보여주지 않아야 백성의 마음은 어지럽지 않다.〔不尙賢 使民不爭〕

◎ 도는 비어 있으면서 작용하는 것인데, 그것은 도저히 채울 수 없을 정도로 깊어 흡사 만물의 근원과 같다.〔道沖而用之或不盈淵兮似萬物之宗〕

◎ 천지는 초연한 까닭에 만물을 추구(마른 풀로 만든 물건)처럼 여기고 성인
도 초연한 까닭에 백성을 추구처럼 여긴다. 비워두면 다함이 없다.〔天地
不仁以萬物爲芻狗 聖人不仁以百姓爲芻狗〕
◎ 계곡의 신은 죽지 않는데 그를 일러 현빈이라 한다. 현빈의 음문(음부)
을 일러 천지의 뿌리라 한다.〔谷神不死 是謂玄牝 玄牝之門 是謂天地根〕
◎ 천지는 장구하다. 천지가 장구한 것은 스스로가 살려고 애쓰기 때문
이다. 그러기에 오래 살 수가 있다.〔天長地久 天地所以 能長且久者 以其不自生
故能長生〕
◎ 최상의 선은 물과 같다.〔上善若水〕
◎ 소유하고자 그것을 채우기만 하면 채우지 않는 것만 못하다.〔持而盈之
不如其己〕
◎ 인간은 하늘을 보려 해도 하늘을 볼 수 없다. 인간이 모른다고 없는
것은 아니다.〔視之不見〕
◎ 허와 극에 이르고 고요함을 굳게 지킨다. 마음을 비우는 것, 그것이
선禪에 이르는 것을 뜻한다.〔致虛極 守靜篤〕
◎ 가장 뛰어난 지도자는 백성들이 그가 있다는 것만 안다.〔太上下知有之〕
◎ 무위로 자연스럽게 다스린다. 자연스럽게 하지 않고 다스린다. 행하
지 않고 행하다.〔無爲之治 無爲自然 爲無爲〕
◎ 지혜가 사라지니 큰 거짓이 있게 되고 육친이 불화하니 효한 자제가
있게 되고 국가가 혼란하니 충신이 있게 된다.〔慧智出有大僞 六親不和有孝慈
國家昏亂有忠臣〕
◎ 거룩하게 여겨지는 것을 끊고 지혜라 여겨지는 것을 버리면 백성의
이익이 백 배가 된다.〔絶聖棄智 民利百倍〕
◎ 배움을 끊으면 근심이 없어질 것이다.〔絶學無憂〕
◎ 심오한 덕의 모습은 오직 도를 따를 뿐이다. 너무 커도 없는 것 같고

너무 작아도 없는 것 같다. 도는 너무 큰 까닭에 알 수 없고 너무 작은 까닭에 보이지 않는다.〔孔德之容 惟道是從〕
◎ 나무는 휘어져야 온전하게 산다.〔曲則全〕
◎ 말을 아끼는 것은 자연스런 것이다.〔希言自然〕
◎ 발돋움을 하고 있는 사람은 제대로 설 수 없다.〔企者不立〕
◎ 무거움은 가벼움의 뿌리이며 고요함은 부산함의 임금이다.〔重爲輕根 靜爲躁君〕
◎ 길을 잘 가는 사람은 수레바퀴 자국을 남기지 않는다.〔善行無轍迹〕
◎ 자고로 뛰어난 병력이라는 것은 좋지 않은 도구이다.〔天佳兵者 不祥之器〕
◎ 도의 본질은 이름도 없고 순수하고 소소한 것이다.〔道常無名樸雖小〕
◎ 타인을 아는 사람은 지혜롭고 자기를 아는 사람은 현명하다.〔知人者智 自知者明〕
◎ 성자는 헌옷을 입고 복을 품는다. 싸움에 이기면 상례로 대처하라.〔聖者衣褐 戰勝喪禮〕
◎ 도라는 것은 무엇을 행하는 것도 아니고 무엇을 행하지 않는 것도 아니다.〔道常無爲 而無不爲〕
◎ 상덕은 덕이 없다고 하는 까닭에 덕이 있게 되고 하덕은 덕을 잃지 않으려 하는 까닭에 덕이 없어진다.〔上德不德 是以有德 下德不失德 是以無德〕
◎ 도는 하나를 낳고 하나는 둘을 낳고 둘은 셋을 낳고 셋은 만물을 낳는다.〔道生一 一生二 二生三 三生萬物〕
◎ 천하에서 가장 부드러운 것은 천하에서 가장 굳은 것을 마음대로 부린다.〔天下之至柔 馳騁天下之至堅〕
◎ 크게 이룬 것은 모자란 듯하다.〔大成若缺〕
◎ 집 밖에 나가지도 않고 세상을 안다.〔不出戶知天下〕
◎ 학문을 한다는 것은 날로 보태는 것이요, 도를 행한다는 것은 날로

줄이는 것이다.〔爲學日益 爲道日損〕
◎ 성인은 고정된 마음이 없기에 백성의 마음을 자신의 마음으로 삼는다.〔聖人無常心 以百姓心爲心〕
◎ 대도가 막히니 인의가 있게 되고 지혜가 사라지니 큰 거짓이 있고 육친이 불화하니 효자가 있고 국가가 혼란하니 충신이 있게 된다.〔大道廢有仁義 慧智出有大僞 六親不和有孝慈 國家昏亂有忠臣〕
◎ 예를 잃음이란 충과 믿음이 얄팍해진 것이고 어지러움의 시작이다.〔失禮者 忠信之薄 而亂之首〕
◎ 천지가 생기기 전에 혼돈을 이룬 무엇인가가 있었다. 적막하고 고요한 가운데 홀로 존재하면서 변화를 겪지 않은 채 두루 운행하면서도 위태롭지 않았으니 가히 천하의 어미라 하겠다.〔有物混成 先天地生 寂兮廖兮 獨立而不改 周行而不殆 可以爲天下母〕
◎ 태어나는 것은 죽음으로 돌아가는 것이다.〔出生入死〕
◎ 도는 낳고 덕은 기른다.〔道生之 德畜之〕
◎ 천하의 처음이 있으니 이것으로 천하의 어머니를 삼는다.〔天下有始 以爲天下母〕
◎ 잘 세운 것은 뽑히지 않는다.〔善建者不拔〕
◎ 덕을 두텁게 지니면 어린아이와 비슷해진다.〔含德之厚 比於赤子〕
◎ 아는 자는 말하지 않고 말하는 자는 알지 못한다.〔知者不言 言者不知〕
◎ 바르게 하는 것으로 나라를 다스린다.〔以正治國〕
◎ 정치가 민민하면 백성이 순박해진다.〔其政悶悶 其民淳淳〕
◎ 백성을 다스리고 하늘을 섬긴다.〔治人事天〕
◎ 대국이란 것은 하류와 같아서 천하가 만나는 곳, 천하의 암컷과 같다.〔大國者下流 天下之交天下之牝〕
◎ 도라는 것은 만물의 근본이다.〔道者萬物之奧〕

◎ 강과 바다가 모든 골짜기의 왕이 될 수 있는 까닭은 잘 낮추기 때문이다.〔江海所以能爲百谷王者 以其善下之〕

◎ 알면서 모르는 척하는 것은 최상이요, 모르면서 아는 척하는 것은 병이다.〔知不知上 不知知病〕

◎ 지나치게 용감하면 사람을 죽이고 지나치지 않게 용감하면 사람을 살린다.〔勇於敢則殺 勇於不敢則活〕

◎ 백성이 굶주리는 것은 군주가 세금으로 착복하는 것이 많기 때문이다.〔民之飢以其上食稅之多〕

◎ 사람이 태어날 때는 유약하지만 죽을 때는 견고하고 강하다.〔人之生也 柔弱 其死也堅强〕

◎ 하늘의 도는 활을 매는 것과 같아 높은 것은 내리누르고 낮은 것은 들어 올린다. 하늘의 도는 넘치는 것은 덜어내고 부족한 것은 더해 주며 넘치는 것을 덜어 부족한 것을 보충한다.〔天之道 其猶張弓與 高者抑之 下者擧之〕

◎ 천하에서 유약하기로는 물보다 더한 것이 없다. 유약은 강에 이긴다.〔天下柔弱 柔弱謙下〕 ※ 그러나 견고하고 강한 것을 공격하는 데에는 이것을 이길 수 있는 것은 없다.

◎ 나라를 작게 하고 백성을 적게 하라.〔小國寡民〕

◎ 믿음직한 말은 미려하지 않고 미려한 말은 믿을 만한 것이 못된다.〔信言不美 美言不信〕

◎ 금과 옥으로 집을 가득 채우면 그 집을 지킬 수가 없고 부귀하다 하여 교만하면 스스로 재앙을 끼치는 것이다. 공을 이루면 물러나는 것이 하늘의 도이다.〔金玉滿堂 莫之能守 富貴而驕 自遺其咎 功遂身退 天之道〕

◎ 심오한 덕의 모습은 오직 도를 따를 뿐이다. 도는 알 듯 모를 듯하고 있는 듯 없는 듯한 속에 만물이 있으며 아득하고 흐릿한 속에 정신이 있다. 그 정신은 참되어 그 속에 믿음이 자리잡는 것이다.〔孔德之容〕

◎ 대도는 넘치고 흘러 어느 곳이나 미친다. 만물이 대도에 의지해 살지만 자랑하지 않고 공을 이루되 이름을 드러내지 않고 만물을 입히고 먹이지만 주인이 되지 않는다.〔大道汜兮〕

◎ 도는 늘 하는 일이 없지만 하지 못하는 것도 없고 제후나 왕이 만약 도를 지킬 수 있다면 만물이 저절로 교화된다.〔道常無爲〕

◎ 서른 개의 바퀴살이 하나의 바퀴살통에 모인다. 서른 개의 바퀴살이 하나의 바퀴살통에 모여 있는데 바퀴살통의 공간〔無〕이 있기에 수레를 쓸 수 있다.〔三十輻共一轂〕

◎ 근본으로 돌아간다는 것은 도의 움직임이고 약하게 된다는 것은 도의 작용이다. 천하만물은 있음으로부터 생겨나고 있음은 없음으로부터 생겨난다.〔反者道之動 弱者道之用 天下萬物 生於有 有生於無〕

◎ 최상의 선은 물과 같다. 물의 선이란 만물을 이롭게 하면서도 다투지 않고 많은 사람들이 싫어하는 곳에 머무르는 것이다. 그러므로 도에 가깝다.〔上善若水 水善利萬物而不爭 處衆人之所惡 故幾於道〕

◎ 명예와 자신 중에 어느 것이 더 친하뇨? 자신과 재화 중에 무엇이 중요하뇨? 얻는 것과 잃은 것 중에 어느 것이 더 병이 되느뇨? 그런 까닭에 지나치게 아끼면 반드시 크게 소비하고 많이 감춰놓으면 반드시 많이 잃게 된다. 족함을 알아야 욕됨이 없고 그칠 줄을 알아야 위태롭게 되지 않아 가히 장구하게 된다.〔名與身孰親 身與貨孰多 得與亡孰病 是故甚愛必大費 多藏必厚亡 知足不辱知止不殆 可以長久〕

이상 노자의『도덕경』속 명구名句들 중 특히 내가 관심이 가는 구절들을 인용해 보았다.

노자는 도道를 우주·천지·자연 속에서 사람의 삶의 길을 결합하여 생각했다. '도'는 우주의 근원이며 천지만물의 일체의 근본개념이다. 도는 비존재로서 존재하며 현존하면서도 그 형체를 바라볼 수 없는 무無이면서 유有이고, 공空이면서 만滿이다.

특히 이세상 일체존재는 증增도 없고 감減도 없으며 도의 세계는 우주의 달마·법칙·질서라는 인도 고대 다신교 신앙사상과도 일맥상통한다.

유교에서도 '도道'를 말했다. 그러나 노자는 인위적으로 설정한 규범 즉 도는 "도가도 비상도道可道 非常道"라 했다. 노자는 유형의 천지, 그 위에 존재하는 무형의 힘, 그 조화의 에너지를 말했다. 이 조화는 천지가 있었을 때 이미 있었고 지금의 천지도 그 에너지에 의해서 이룩되었기에 '도'는 무형이며 또한 무명無名이라는 것이다. 무명이란 이세상의 가치관을 초월한다.

도는 무형의 형, 무상無象의 상, 무한의 한 존재의 존재이다. 도는 비존재로서 존재한다. 또한 작용하지 않는 듯이 작용한다. 도는 모든 동일존재에 있어서 첫째로 하나의 근원이다. 모든 존재는 도가 근원이다.

도는 선악의 피안에 있으나 그러나 무한히 자애롭다. 도는 모든 생성과 생성과정의 하나이다. 도는 무행위·무위無爲·무의도성이다. 도는 천지만물의 일체이며 본래적이요 근원적이다. 노자가 보는 '도'란 천지 이전의 존재이며 천지만물의 어머니로서 '천지만물을 포함하는 혼연일체'라는 것이다. 노자는 도 자체를 본시 무명으로 보았다.

『노자』는 대방大方은 무우無隅이고 대기大器는 만성이며 대음大音은 희성希聲이라 했다. '만성'이란 '끝없이 늦어지는 즉 성사되지 않는 경지'이다.

『노자』의 '도'는 유명有名·유위有爲의 현상세계의 근저에 무형無形·무명無名·무작위無作爲 등 일종의 형이상학적 세계를 말했다. '도'란 무작위이다. 그러기에 생성화육生成化育하고 무위이무불위無爲而無不爲 즉 무위이지만 성취하는 것이다. 이것은 노자특유의 역설적 강한 수사법이다. 이 표현은 노자철학의 핵심이다.

'작위'하는 것은 '무작위', '무작위로서 작위'를 내세워 결과적으로는 '유가儒家'가 말하는 '도와 같이 사람이 따라야 할 규범이 되는 것이다. '유약柔弱'도 같다. 약弱은 도의 용用인 셈이다. '유약은 강강剛强에 승하다'는 뜻도 역설적 표현이다.

유가는 '하늘(天)을 창천蒼天'으로 보지만 도에 있어서는 인위적이다. 노자는 '무위이무불위'이다. 이 견해는 정치론이나 체재론·실제론에 있어서 유형有形·유명有名의 현상계의 근원에 무형무명의 도가 있는 것을 통해서 천지만물을 일체로 한 세계관을 구축했다고 볼 수 있다.

또한 『도덕경』의 덕德에 대해서도 일부 학자는 "도의 형이하학 현상세계에 흔적으로 나타낸 것"이라 보기도 하지만, 노자의 경우 '덕'이란 "도를 체득한 사람의 모습"이기도 했다. 노자가 말한 성인聖人이란 '도를 체득한 사람'인데, 그 도는 유가가 보는 도와는 다른 셈이다.

노자의 덕은 생生하되 가지지 않고(不有) 행하되(爲) 믿지 않고(不恃) 성취하되(長) 주재하지 않는(不宰) 덕이다.

만물을 낳았으되 자기 것으로 하지 않고 길러 키우되 자기 마음에 두지 말며 대업을 성취하되 그 공을 과시하지 않고 만물을 성장시키면서 지배를 하려 않는 마음, 이것이 노자의 도요 덕이다.

흔히 '도'는 사람이 지켜나가는 규범인데, 노자의 도는 그 '규범'이 문제이다. 따라서 그것을 덕德으로 말한 것이 아닌가 추측도 한다.

노자는 도道·천天·지地·왕王을 나란히 놓아 "성왕聖王은 도에 필적하는 존재"라 했다. 따라서 노자가 말하는 이상적인 제왕은 절묘한 통치에 의하여 천하를 평치平治하면서도 제왕연하고 과만하거나 권력으로 백성을 구속하지 않고 자연 그대로 방치하는 것이다. 이것이 '무위이치'이다.

또한 노자는 암컷은 수컷을 이기며 여성이 약한 것 같아도 강하다 했다. 어린아이는 세상의 오탁을 모르기에 무욕무지無欲無知라 했다.

부드러움은 강강剛强을 이긴다.

나를 굽혀 남에게 대항치 않는다.

나의 분수를 알고 무지무욕 속에서 처세하라.

오만하지 말고 겸허하라.

'유약柔弱'은 결코 약하지 않다. '유약한 자'가 영원한 승리자가 된다.

으뜸이 되는 선[上善]은 물과 같다.

물은 낮은 곳으로 낮은 곳으로 흘러가면서 무한한 은혜를 만물에게 준다. 이것이 '유약겸하柔弱謙下'이다. 그칠 줄[止]을 알면서 나눌 줄[分]을 알면 치욕을 살 염려가 없다. 이 사상은 유가사상의 '수분지족守分知足'과도 일맥상통한다. "지족지족 상족의知足之足 常足矣"라는 말도 비슷한 뜻이 있다.

"빳빳이 오래 서는 사람은 오래 살 수 없다.[企者不立 跨者不行]"

사람은 부드럽고 겸허하고 겸손해야 한다. 양보하고 관용하는 사람이 진실로 강한 사람이다. 특히 공을 이룬 사람은 몸을 낮추어야 하고 지도자는 우쭐대거나 잘난 체해서는 안된다.

큰 냇물은 작은 냇물이 합해서 비로소 큰 강이 된다. 바다는 세상의 모든 물이 흘러내려 와 큰 물바다가 된 것이다. 작은 도랑물은 늘 출렁댄다. 그러나 바다는 출랑대지 않는다. '제왕帝王연'하기에 앞서 '저지底地'를 먼저 알아야 한다.

셋째생각

신앙의 빛을 찾아서

1. 그리스도교, 신神의 빛

나는 성서의 말씀들을 평소에 늘 음미한다. 성서를 읽으면 마음이 편안해진다. 나는 신의 속삭임을 늘 마음에 포개고 싶다.

- 태초에 신神이 하늘과 땅을 창조하셨다.
- 땅이 혼돈하고 공허하며 어둠이 깊음 위에 있고
- 신의 영은 물 위에 움직이고 있었다.
- 이때 신은 '빛 있으라' 하였고 빛은 어둠과 밝음을 나누셨다.

『구약성서』 창세기에서

- 나는 세상의 빛이다. 나를 따르는 사람은 어둠 속에 다니지 않고 생명의 빛을 얻을 것이다.

『신약성서』 요한복음에서

- 마음이 가난한 사람은 복이 있다.
- 하늘나라가 그들의 것이다.
- 슬퍼하는 사람은 복이 있다. 그들의 위로를 받을 것이다.
- 온유한 사람은 복이 있다. 그들이 땅을 차지할 것이다.
- 의에 주리고 목마른 사람은 복이 있다. 그들이 배부를 것이다.

※ 자비한 사람은 복이 있다. 그들이 자비함을 입을 것이다.
※ 마음이 깨끗한 사람은 복이 있다. 그들이 하나님을 볼 것이다.
※ 평화를 이루는 사람은 복이 있다. 그들이 하나님의 자녀라 불릴 것이다.
※ 의를 위하여 박해를 받은 사람은 복이 있다. 하늘나라가 그들의 것이다.

『신약성서』 마태복음에서

1) 그리스도교

그리스도교는 예수 그리스도〔救世主〕의 종교이다.

성서입장에서 보면 『구약舊約성서』는 예수 그리스도의 구제를 증명하는 '예언의 서'이고 『신약新約성서』는 구제를 약속 실천한 복음서福音書이다.

『구약』은 신과 유태민족 사이에 맺어진 계약으로서 모세의 십계十戒에서부터 시작된다. 그러나 『신약』은 예수 그리스도와 그를 믿는 자와의 새로운 계약의 성취에 대해서 기록한 성전이다.

예수는 이름이요, '그리스도'란 구세주를 뜻한다. 『구약』의 교를 흔히 '유태교' 즉 구교라 하고 『신약』의 교를 '구세주교' 즉 신교라 하기도 한다.

기원전 13세기 이스라엘 민족은 이집트에서 노예생활을 했으며 이를 벗어나기 위해 출애굽의 지도자 모세를 통해 도움을 주어 신으로부터 약속된 땅이며 부조父祖의 터전인 가나안 성지에 인도를 받는다. 이때 탈출 도상에서 모세는 신의 약속 즉 '십계명十誡命'을 받는다.

『구약성서』는 39권으로 되었다. 구약의 창세기創世記에는 신 야훼의 천지창조의 이야기가 나온다. 최초에 신은 하늘과 땅을 창조하고 빛을 밝힌다. 낮과 밤을 만들었고 차례차례 모든 것들을 만든 뒤 제6일은 인간을 만들고 제7일은 안식일安息日로 정했다.

신이 최초로 만든 인류는 아담과 하와이며 이스라엘 민족은 아브라함 족장의 인솔하에 신과 계약을 맺고 다윗과 솔로몬의 왕국을 세운다. 그리고 한때 신과의 계약을 위반하여 이교異敎의 신과 우상숭배를 하다가 멸망하게 된다. 또한 사람들의 죄를 속죄할 구세주가 나타난다는 예언을 담는다.

『구약』은 기원전 12세기에서 기원전 2세기에 이르는 약 1천 년간에 걸쳐 쓰였다. 신앙과 생활의 정전正典으로 확정된 것은 기원 90년경이며 정전에는 「율법역사서」・「예언서」・「지혜의 문학서」 3부로 구분되어 히브리어로 쓰였다. 유태교에서는 이를 「율법」・「예언서」・「제서諸書」라 부른다.

좀더 상세히 『구약성서』의 구성을 살핀다. 우선 '신화神話와 역사'에서 신화를 다룬 '모세 5서'가 있는데, 「창세기」・「출애굽기」・「레위기」・「민수기民數記」・「신명기申命記」 등을 다루었다. '역사서'에서는 「여호수아」・「사사기士師記」・「룻기」・「사무엘기」・「열왕기」 등을 담았으며, '연대기적 역사'에서는 「역대지歷代誌」・「에스라기」・「느헤미야기」・「에스더기」 등이 담겨 있다.

시詩와 문학文學에서는 「욥기」・「시편」・「잠언箴言」・「전도서」・「아가雅歌」 등이 실려 있다.

예언서豫言書에서는 3대 예언서와 「애가哀歌」・「12소예언서」 등이 들어 있다.

『구약』에는 특히 "나를 두고 다른 신을 믿거나 상(像)을 만들어서는 안 된다"라는 경고를 엄하게 했다. 이 『구약성서』만을 신봉하는 것이 유태교이다.

그런데 기원 1세기 팔레스타인의 변경에서 태어난 유태인 예수는 당시의 유태교를 비판하고 신은 이스라엘 민족만이 아니라 모든 사람을 구원해야 한다는 신의 의지를 펴기 시작했다. 이러한 예수의 가르침은 팔레스타인에 있어서 외국의 지배와 국내의 특권계급에 의한 억눌림 아래 고통을 받던 민중 사이에 급격히 지지를 받았다. 『구약』에 예언된 "장차 이세상에 구세주가 나타난다"는 신의 계시자로 예수가 등장한 것이다.

그러나 일부 유태교도들은 예수를 위험한 것으로 간주, 마침내 그를 이단자로 몰아 십자가에 처형하고 말았다.

그리스도(救世主)교는 예수 사후 그 제자들에 의해 급격히 확산되었다. 그리스도교는 따라서 유태의 전통과 그리스적 전통 위에 형성된 종교라 볼 수 있다. 정신적·문화융합적 성격을 갖고 있는 셈이다.

예수와 그 최초의 제자들은 아랍어를 말하는 팔레스티나의 유태인이었으나 초기 그리스도교 형성자의 대부분은 그리스어를 일상어로 사용한 유태인과 유태교에 속했던 사람들이다. 이 사실은 『신약성서』가 처음에 그리스어로 쓰인 것으로도 증명할 수가 있다.

구세주 '메시아'란 본시 '기름을 붓자'의 뜻이다. 왕위에 오른 사람을 등극 때에 기름을 부었던 데서 기인한다.

이스라엘 민족은 메시아 즉 구세주를 대망했다. 메시아사상은 '왕적인 메시아'로부터 '고난의 종' 또는 초월적인 '천상적 메시아' 등으로 확대되어 '다윗의 아들' 나아가 '그리스도교의 창시자 예수도 메시아로 부르게 되었다.' 그런 속에서 '구세주의 복음'을 갈망하는 신도들이 늘어났다.

이때는 알렉산더 대왕의 원정에 따라 이집트 문화와 그리스 문화의 융합된 헬레니즘 문화가 확산된 시기이다. 그런만큼 헬레니즘 문화에는 이집트의 신과 그리스의 신 등이 혼용되어 있었다.

유대교는 여러 파로 갈라졌고 예수의 선구자 요한 세례자가 등장, 묵시默示사상이 전파되는 가운데 "유일신 여호와는 천지를 창조하고 천상적 메시아가 내림, 사자를 부활시켜 최후의 심판을 행한다"는 사상을 선도先導했다.

'예수'라는 그리스어는 히브리어에서는 모세의 뒤를 이은 이스라엘 민족을 가나안땅에 인도한 지도자 '요시아'에 해당된다. 여호와란 '구救한다'는 뜻이다. 그리스도란 '구주救主'·'구세주救世主'를 뜻한다.

예수는 가난한 집에 태어나 세례자 요한으로부터 세례를 받았다. 예수는 30세경부터 독자의 선교활동을 폈으며 가난한 사람을 도왔고 제자와 함께 수도 예루살렘에 나아가 종교권력자들과 격론도 벌였다. 그러나 그 뒤 예수는 치안유지 명목으로 체포되었다.

예수는 "오늘 저녁 닭이 두 번 울기 전에 세 번 나에 대한 것을 '모른다' 할 것이다" 하고 제자들의 이반離反을 예언했다.

예수는 자신을 못질[刑]할 십자가를 메고 골고다언덕에 올라갔다. 이 길을 슬픔의 길 즉 '부이아 도로로사'라 한다. 예루살렘 동쪽 올리브 산이다. 겟세마네에 들어선 예수는 눈앞에 펼쳐질 자기 운명의 공포와 싸우며 기도했을 것이다.

유다의 사제상·율법학자, 그리고 군중에 둘러싸인 예수는 재판을 받고 가시관을 씌운 채 두 사람의 강도와 함께 십자가에 못 박힌다. 예수는 이때 "나의 신, 나의 신이시어! 어찌해서 나를 버리십니까?" 하고 비통하며 숨을 거두었다.

그러나 십자가에 못 박혀 숨을 거뒀던 예수는 3일 만에 부활復活한다. 안식일 새벽 여인들이 예수를 장사지내고자 찾았을 때 그는 거기에 없었다. 그는 승천昇天한 것이다.

유태교 묵시문학의 종말대망終末待望 예언 속에는 "이세상 종말에 사자死者가 부활한다"는 말이 있었다. 예수는 그 예언대로 부활했고 자기를 희생해서 널리 사람들을 구제하는 '고통의 종'으로 보여준 것이다.

예수의 말 즉 가르침은 주로 복음서福音書에 담겨 있다.

예수는 부활해서 40일 동안 다시 제자들 앞에 나타나 설교를 한 뒤 승천했다고 기록되어 있다.

'예수의 십자가'는 신들의 계획 속에 있었던 종말사상이며 이는 스스로를 희생하여 고통 속에 있는 사람들을 구제하는 '고난의 종', '메시아상'을 보여준 것이다.

마리아가 잉태했을 때 천사 가브리엘이 나타나 '신의 아들' 예수가 잉태했음을 고지시켰고 동방에서 점성학자들은 이를 축복했다.

예수는 세례자 요한으로부터 세례를 받은 뒤 수행修行의 황야荒野에 나아가 "사람은 빵만으로 살 수는 없다", "신을 시험해서는 안된다" 등의 신의 목소리를 신들의 계시로부터 들었고, 악마들의 "네가 신이라면 돌을 빵으로 만들라", "이 높은 곳에서 뛰어내려 신을 증명하라", "엎드려서 악마를 기도하면 영화를 주겠다" 등 유혹을 물리쳤다.

예수는 "때가 되었다. 신의 나라는 가까이 왔다" "회개하라" "복음을 믿으라" 하면서 갈릴리지방 거친 땅을 돌며 병자들을 고쳐주는 기적을 보이고 어려운 사람들을 돕는 등 사랑을 실천했다.

　예수는 '신의 나라', '차별없는 공동식사', '병든 자의 구제' 등을 실천하는 한편 복음을 펴면서 이스라엘 민족 종래의 가치관을 부정하는 혁명적 선교를 했다. 마침내 예루살렘 갈릴리 지방 선교시에는 그 유명한 12제자〔使徒〕를 얻었다. 12라는 숫자는 유태인의 『구약성서』에 등장하는 12부족에도 해당된다. 이들은 뒷날 예수사망 후 그리스도교 복음성서를 낳는다.

　예수 선교사상의 핵심은 이스라엘 백성들에게 최후의 심판을 통해 이상향 가나안땅 '신의 나라'의 전설을 고취시킨 점이다. 그때 이스라엘 백성들은 바빌론의 포수捕囚로 묶여 노예로 학대받던 터였으므로 '신의 나라'가 다가왔음을 알려 강렬한 민족의식을 고양시킬 필요가 있었던 것이다.

　예수는 신앙을 통한 신의 나라와의 합치, 사랑을 통한 '선善한 사마리아인 비유'를 통해 신앙고백·사도신조, 그리고 사랑의 윤리를 세상에 펴 나갔다.

　예수 그리스도의 구제사상 복음을 담은 것이 『신약성서』이다. 『신약』의 원문은 기원 50년부터 150년 사이에 그리스어로 쓰였다. 『신약』는 마태의 복음서, 마가의 복음서, 누가의 복음서, 요한복음서, 사도언행록, 모라 신도의 편지, 고린도 신도에의 편지 1~2, 가라디아 신도의 편지, 에베소 신도의 편지, 빌립보 신도의 편지, 골로새 신도의 편지, 데살로니가 신도의 편지 1~2, 제모지에의 편지 1~2, 디오스의 편지, 빌레몬의 편지, 히브리인의 편지, 야고보의 편지, 베드로의 편지 1~2, 요한의 편지, 유다의 편지, 요한묵시록默示錄 등 27개 문서로 이루어졌다.

　『구약성서』에 나오는 신은 숨겨진 계시의 신이다. 그러나 『신약성서』

에 나오는 신은 '아버지의 신'으로 되었다. 『구약』의 신은 유일절대의 존재 여호아이고 『신약』의 신은 '아버지 신'이며 예수는 그 '신의 아들'이다. 여기에 성령聖靈을 합쳐 삼위일체三位一體가 된다.

　모든 성서에는 종말사상이 있다. 유태교나 그리스도교·이슬람교에도 종말사상이 있다. 종말론은 이세상의 모순이 해결되지 않기 때문에 불길한 예고를 통해서 세상을 바로잡자는 희구希求사상이 담겨져 있는 것이다.

　『구약』에서는 "이대로 가면 장차 천변이 일어나 모두 암흑 속에 파묻힌다" 했고 『신약』에서도 "지금이 종말이다. 모두 회개하라. 마음을 새로이 하라. 미래에 일어날 일이 오늘 모두 일어나고 있다"고 했다.

　구세주사상은 바로 여기에 연결이 된다. '묵시록'사상은 다른 종교에도 있다. 모든 종교는 궁극적으로는 인류의 구제에 있다. 고난으로부터 구제하고 악으로부터 구원하며 모두 평화롭고 자유롭게 살아가게 하는 데 최종목적이 있다.

　특히 『구약』이나 『신약』은 이러한 인류의 구제만이 아니라 인류문화, 인류의 정신문화에 기여한 공이 크다. 인류 2천 년의 역사는 기독교 문화와 떼어서 생각할 수가 없을 만큼 절대적 영향을 주었던 것이다.

　한편 그리스도교는 그 후 기원 3세기에 교회의 통일론이 일어나 신과 인간을 매개하는 권위를 사교에게 주어 '전체적·보편적·공적인 교회'화를 촉진했다. 여기서 '가톨릭'이라는 그리스어가 붙여졌다.

　초기에는 박해를 받던 그리스도교는 마침내 로마의 국교가 되었고 8세기 이래 동·서 교회의 대립 속에 각국 정교회의 분화와 프로테스탄트 분화가 일어났으며 십자군十字軍이 발단 제1회 1096년부터 제8회 1270년까지 예루살렘 종교성지에 대한 [그리스도교·이슬람교·유태교] 전쟁 속에 휘말리기도 했다.

　이후 가톨릭에 대한 프로테스탄트의 종교개혁 물결이 일어 신앙중시·성서주의·만인사제주의 주장이 세를 확산함에 이르렀고 16세기에는 헨리 8세와 로마교황의 대립 속에 영국교회가 로마교회에서 떨어져 나와 퓨리턴개혁이 촉진, 미국·라틴아메리카의 그리스도교 교화가 촉진되었다.

2) 그리스도교의 삶의 빛

　그리스도교의 신神은 '인류의 삶의 빛의 신'이며 '하늘'이다. 다음에 성서에 나타난 삶의 빛길 일부를 인용한다.

(1) 『구약舊約』에서

- 빛이 있으라. ※신이 천지를 창조하고 나서 한 첫말.
- 나는 신이다. ※ 이집트 노예의 집에서.
- 열어라, 이스라엘이여! 우리들의 신, 주는 유일의 신이다. 그대들은 마음을 다하라. 영혼을 다하고 힘을 다하여 주를 사랑하라.
- 아미다(立禰)는 매일 세 번(아침·낮·밤) 하라. 매 금요일 해진 뒤 토요일 저녁까지는 안식일로서 일을 하지 말고 기도와 함께 율법을 낭독하라.
- 모세의 십계十戒
　당신은 나를 두고 다른 신을 가져서는 안된다.

당신은 어떤 우상을 만들어서는 안된다.

당신의 신, 주이름을 함부로 부르거나 욕되게 해서는 안된다.

안식일을 지켜 성별聖別하라.

당신 부모를 공경하라.

살생을 해서는 안된다.

간음을 해서는 안된다.

도적질을 해서는 안된다.

이웃에 관해 위증을 해서는 안된다.

이웃집을 욕심내거나 탐해서는 안된다.

◎ 사람은 선善과 악惡을 아는 자가 되었다.

◎ 자기 자신을 사랑하듯이 이웃을 사랑하라. 사람의 일생은 풀과 같다. 꽃처럼 피고 바람에 진다. 태어난 곳을 아는 자도 없어진다.

◎ 집을 짓는 자가 버린 돌이 도리어 집을 떠받드는 돌이 된다.

◎ 파멸에 앞서는 것은 마음의 교만이요, 명예에 앞서야 하는 것은 겸손이다. 듣고 좇기 전에 말을 늘어놓는 자는 무지하고 부끄럼을 모른다.

◎ 모든 일에는 때가 있다. 천하의 모든 일은 정해진 때가 있다. 울 때, 웃을 때, 구할 때, 잃었을 때, 침묵할 때, 말할 때, 사랑할 때, 미워할 때는 모두 때가 있다. 모든 일은 때를 알아서 알맞게 해야 되며 또한 때를 잃어서도 안된다.

◎ 사랑이 그것을 바랄 때까지는 사랑을 하지 말아야 한다. 사랑은 죽음처럼 강하고 열정은 음부처럼 혹독하다. 사랑은 불꽃과도 같다. 강요해서는 안된다. 너무 바라서도 안된다.

◎ 자기 자신의 마음에 반해서까지 타인에 다가가서는 안된다. 짐짓 염치없는 행위로 몸의 파멸을 가져와서는 안된다.

I. 그리스도교, 신神의 빛

◎ 옛친구라 해서 함부로 해서는 안된다. 그는 새로운 친구보다 훨씬 좋을 수가 있다. 새로운 친구는 새로운 포도주, 오래된 포도주는 더욱 깊은 맛으로 먹을 수 있다.
◎ 이세상에서 가장 강한 것은 술·왕·여자이다. 그러나 진리는 모든 것에 앞선다.
◎ 자기를 판 형제에게 복수보다 관용을 베풀어라.
◎ 신은 시련 속에서 나타난다. 신은 신앙자의 구혼救魂·고행·방황·정진·극복 속에 나타난다.
◎ 신은 절대·유일·영원한 존재이다.
◎ 신의 기적은 정신적·신앙적 진실을 향한 구원의 노력이다.
◎ 신은 개인 편에도 서지만 한 민족의 용기를 북돋운다.
◎ 모세의 십계十戒는 신과 인간의 계약이다.
◎ 예수는 이스라엘의 예약〔신과의 계약〕 속에서 탄생했다.

(2) 『신약新約』에서

◎ 하늘에 계신 아버지 이름으로 이 땅에도 하늘에서처럼 영광을 베풀고 우리를 구원해 주소서. ※이 말은 신을 대신하여 만백성을 위하여 새로 약속한 신약新約이다.
◎ 주여! 당신의 뜻대로 만민의 구세주가 되어 빛을 주시옵소서. ※예수는 사도의 신조를 만들고 아버지 신, 구세주 예수, 정령精靈, 교회당, 신교방법, 죄의 사면, 부활, 영원한 생명 등에 대하여 밝혔다.
◎ 가난한 사람, 슬픈 사람, 마음이 착한 사람들이여, 천국은 너희들 것이다.

◎ 그대들은 세상의 소금이 되고 빛이 되라.

◎ 적을 사랑하라. 남모르게 도와라. 부를 탐하지 말라. 하늘의 문은 좁다. 죄를 짓지 말라. 구하면 열린다. ※예수는 유다의 배신, 권력의 희생이 되어 골고다언덕 십자가에 매달렸다. 그러나 그는 다시 생명의 부활을 얻어 다시 태어났다. 그리고 이세상 신도들에게 신을 따르면 생명의 부활이 됨을 몸소 보여주어 천국을 약속하였다.

◎ 에로이 에로이 사마사바구다!! ※이것은 예수가 십자가에서 외친 처절한 비통의 목소리다.

◎ 주여, 당신은 만민의 구세주, 만민의 계시의 빛이십니다. 우리들 종들을 이끌어 주십시오.

◎ 마음이 가난한 사람은 행복하다. 하늘나라는 그들의 것이다. 슬픈 사람은 행복하다. 그들은 위로를 받을 것이다. 유화柔和한 사람은 행복하다. 그들은 땅을 이어받는다. 의義에 굶주린 사람은 행복하다. 그들은 마음이 채워져 있다. 불쌍한 사람은 행복하다. 그 사람은 연민의 손길을 받는다. 마음이 맑은 사람은 행복하다. 그들은 신을 볼 수가 있다. 평화를 실현하는 사람은 행복하다. 그들은 신의 아들이라 불린다. 의義에 박해를 받은 사람은 행복하다. 천국은 그들의 것이다. ※ 이것은 예수의「산상수훈山上垂訓」이다. '행복하다'로 이어지는 약속은 신도들에게 영원한 교훈이며 위안이고 긍지이다. 히브리어 성서에는 '아슈레' 즉 '있는 그대로'의 뜻을 가진 말인데, 이를 '행복'으로 번역했다.「산상수훈」은 예수 가르침의 압권이라 평을 받는다.

◎ 너희들은 땅의 소금이다. 소금은 인간의 선善과 악惡, 강약强弱·근면·나태 등의 좋은 행동과 나쁜 행동의 기준 속에서 좋은 면을 들었다.

◎ 누가 당신의 오른 뺨을 때리거든 왼쪽 뺨도 내놓아라. ※눈에는 눈, 이에는 이'라는 말도 했지만「출에굽기」예수의 진정한 가르침은 용서하라는 뜻이

강하다.
- 내일 일까지 걱정 속에 잠기지 말라. 내일 일은 내일 스스로 생각하고 걱정하라.
- 좁은 문으로 들어가라. 멸망에 통하는 문은 넓고 그 길도 넓어서 그 길로 들어가는 사람이 많다. ※하늘의 뜻을 따르는 길은 좁고 험하고 어렵다. 그러나 욕망을 버리고 악을 물리치며 그 좁은 문으로 들어가야 한다고 했다. 바른 길은 좁은 길이다.
- 칼로 일으킨 자는 칼로 망한다. ※『구약』에서는 '성전聖戰'이란 말도 있지만 『신약』에서는 '성전'이란 말은 없다. 싸움은 부정한다.
- 죄를 범한 일이 없는 사람만이 먼저 이 여인에게 돌을 던져라. ※『구약』에서는 "간음하지 말라"는 말을 했다. 그러나 예수 옆에 끌려나온 간통의 여인에 대해서 예수는 비난보다는 구제를 호소했다. 이세상에 죄를 짓지 않고 사는 것은 참으로 어렵다는 관용의 말을 한 것이다.
- 우리들은 보이는 것은 아니며 보이지 않는 것에 눈을 돌린다. 보이는 것은 지나쳐 버리지만 보이지 않는 것은 영원히 존속한다. ※이것은 사도 요한의 편지 속에 나오는 격언이다.
- 노여운 일이 있어도 죄를 범해서는 안된다. 해가 질 때까지 노여워해서는 안된다.
- 일하기 싫은 자는 먹어서는 안된다. ※웃음을 슬픔으로 바꾸고 기쁨을 걱정으로 바꾸어라. 『성서』에서는 부지런히 일을 해야 한다고 했고 근심 걱정 속에만 빠지지 말고 밝게 살아야 한다고 했다.
- 내가 이세상에 온 것은 율법과 예언자를 폐지키 위해서가 아니라 완성하기 위해서이다.
- 억울한 자는 누구라도 풀어준다. 어서 풀어라.
- 간음을 해서는 안된다. 마음속에 두는 것도 간음이다.

◎ 반항하면 이루어지지 않는다. 복수해서는 안된다.
◎ 베푸는 것은 남몰래 하라.
◎ 단식을 의연하게 하라. 기도는 간결하게 하라.
◎ 하늘에 부富를 쌓아라. 신과 부는 함께할 수 없다.
◎ 자기 혼자 괴로움에 빠지지 말라. 주主께 맡겨라.
◎ 사람을 의심치 말라. 자기 잘못을 숨기지 말라.
◎ 구하지 않으면 얻을 수 없다.
◎ 목숨이 통하는 문은 좁다.
◎ 나무가 좋은가 나쁜가는 그 열매를 보면 안다.
◎ 천국에 들어가는 자는 주의 마음을 갖고 행하는 자이다.
◎ 다른 사람에게 받고 싶은 것은 무엇이든 남에게 베풀어라.
◎ 남의 말만 듣고 행하지 않는 사람은 어리석은 사람이다.
◎ 하늘에는 법이 있다. 진리가 있다. 그것을 지켜야 한다.
◎ 용서하라. 사랑하라. 관대하라. 어려운 사람을 도와라.
◎ 회개하라. 참회하라. 반성하고 또 성찰하라.
◎ 신앙을 돈독히 하라. 예배하라. 찬양하라. 감사하라.
◎ 신은 진리이다. 마음의 빛이다. 영혼의 희망이다.
◎ 하늘의 뜻, 하늘의 길에 마음을 닦아 두드리라.

(3) 기타

예수의 구세주사상을 담은 복음福音성서는 사도나 제자들에 의해 예수 사후에 만들어졌다. 이 점은 유교의 『논어』나 불교의 모든 경전도 마찬가지이다.

신의 '계시'나 '예언'·'계명' 등은 그 당시 특수한 사명을 가지고 민족을 이끈 지도자들에게 내려졌다. 모세·무함마드·예수 등은 인간이지만 인간을 초월한 민족의 고난을 뚫은 진리의 사도자들이라 볼 수 있다.

　『성서』에 나오는 신의 아들·기적·부활 등은 신앙적·신학적으로 승화시켜 다루어야 한다. 또한 이러한 예언·계약·계시·이적 등은 뒷날 신도나 신앙자들에 의해 더욱 각색되고 신격화되고 신화화된 것이 많다. 특히 예수의 출생과 사후 부활문제 등은 불교 붓다의 전생·보살·미륵 사상과도 일맥상통한다.

　『성서』에는 밝음〔천당〕·어둠〔지옥〕이 선과 악과 함께 등장한다. 인간은 생사문제·사후심판의 불안을 절대자인 신에게 맡기고 있다. 이것이 신앙이다.

　예수나 모세·무함마드는 물론 마태·마가·누가·요한·베드로 등은 모두 구도求道의 화신이며 인류의 평화민족의 화합을 추구한 수행자요 성자들이다.

　『구약』의 신은 숨겨진 계시의 신인데, 『신약』의 신은 '아버지인 신'이다. 『구약』의 신은 유일절대의 '여호아'이고 『신약』의 신은 '아버지 신'이고 예수는 그 아들이다. 여기에 성령聖靈이 합하여 삼위일체가 된다. 이것이 유태교·그리스도교에 있어서 신의 특색이기도 하다.

　모든 종교에 있는 '종말론'은 이세상의 모순이 해결되지 않기 때문에 불길한 예고를 통해서 세상을 바로잡자는 희구希求사상이기도 하다. 『구약』에서는 "이대로 가면 장차 천변이 일어나 모두 암흑 속에 파묻힌다"고 경고했고 『신약』에서는 "지금이 종말이다. 모두 회개하라. 마음을 새로이 하라. 미래에 일어날 일이 오늘 모두 일어나고 있다"고 했다. 구세주사상은 바로 여기에서 일어났다.

『묵시록』의 사상은 불교에도 있고 이슬람교는 물론 모든 종교에 있다. 유교에서도 "세상이 바로 서지 않으면 천벌을 받는다"고 했다.

『구약』이나 『신약』의 유태교·그리스도교는 인류역사 2천 년에 모든 삶의 정신이나 문화면에 절대적인 공헌을 했다.

2. 이슬람교, 신의 빛

이슬람민족은 『코란』을 읽으면서 민족의 고난을 딛고 일어섰다. 그런 까닭에선지 나는 『코란』 성전聖典을 읽으며 그 속에 담겨 있는 신앙행위·신앙개조·사회생활·국가관 등 많은 진리, 삶의 빛을 배운다.

- 신神을 신앙하는 사람은 위축되지 않는다.
- 신의 고백 속에는 인간의 자존심과 자중심을 깊게 심는다.
- 신을 섬기는 사람은 모든 일에 겸허하고 삼간다.
- 신을 신앙하는 마음은 늘 고결하고 공명정대하다.
- 신을 받드는 사람은 어떠한 곤경이나 비참한 환경 속에서도 실망과 낙담하지 않고 일어선다.
- 신을 가슴에 품으며 삶의 강한 사명과 인내를 갖고 절대자에 대한 신뢰감을 갖는다.
- 신을 신앙하는 사람은 인간의 용기를 고무한다.
- 신을 섬기면 평화와 만족을 낳고 바르게 살려는 노력을 촉진하며 성공을 얻기 위해 부정의 수단을 쓰지 않는다.
- 신을 마음속에 품고 사는 사람은 신의 진리의 통어력에 따르며 법을

준수하는 진지한 삶을 추구하게 된다.

『코란』에서

1) 이슬람교

이슬람교 무슬림의 신앙고백을 들어본다. '무슬림'이란 이슬람교를 말하고 '이슬람'이란 '신의 의지와 명령에 절대복종', '신의 귀의'를 뜻한다. 또한 '무슬림'은 아랍어 '사라므' 즉 평화(살롬)을 뜻하기도 한다.

- 알라의 신은 위대하다.
- 당신 이외의 신은 없다.
- 무함마드는 최후 유일의 신의 사자이다.
- 성전聖戰! 도전하는 적과는 싸워라.

이슬람교의 탄생은 그리스도교 탄생보다 6백 년 뒤로 그 개조開祖 무함마드의 포교가 본격화한 것은 서기 622년이다. 이 해를 이슬람력 원년으로 정했다.

무함마드는 기원 570년 아라비아반도 메카에서 탄생, 무역대상인 조부에 의해 길러졌으며 40년경 집을 떠나 동굴에 들어가 명상에 잠겼다. 이때 천사 가브리엘이 나타나 아라비아어로 번역한 신의 계시를 받는다. 무함마드는 유일신唯一神 알라가 예언자로서 선택되었다.

처음에는 메카에서 전도했으나 무함마드의 말에 귀 기울이는 사람이 많지 않았고 박해를 당해 622년 메디나에 이주했다. 그러나 10년이 못되어 아랍인들은 이슬람교도에 개종되었고 630년에는 메카를 제압, 제1의 성지로 삼는 데 이르렀다.

무함마드는 문자를 읽고 쓰지 못하여 신의 말을 소리를 통해서 신자들에게 암송시켰고 마침내 성전聖典『코란』이 탄생되었다. 이슬람교도는 같은 신에게 받는 말로서 유태교의 율법律法인『구약성서』도 중시는 한다. 그러나 무함마드가 받은『코란』을 제1의 성서로 받든다.

무함마드는 메카에 살고 있는 쿠리시어 부족 출신이다. 그는 25세 때 연상의 여인과 결혼하여 세 자녀를 두었다. 40세 무렵에 뜻을 세우고 이슬람을 이끌 사명감을 갖고 13년을 메카, 10년을 메디나에서 살았다.『코란』의 3분의 2가 메카에서 이슬람을 전도할 때 받은 계시이고 나머지가 메디나에서 교단 최고지도자로 있으면서 받은 계시이다.

무함마드가 메카에서 전도할 때 귀족층인 대상계급은 그를 비웃었다. 그러나 가난한 사람들이나 젊은이들이 무함마드 주위에 모여들었으므로 위협을 느낀 귀족들은 차차 그의 눈치를 보기 시작했다.

615년경 귀족들의 위협에 소수의 이슬람교도들을 피난시켰고 620년경에는 많은 이슬람들이 그에게 충성을 서약해 왔다. 622년 그는 메디나로 이주 '헤지라'[이슬람력 원년]을 이룩했다.

무함마드는 524년 1천 마리의 낙타로 쿠라이시족 대상이 시리아에서 메카로 향하고 있는 중이라는 정보를 얻고 3백여 명 이슬람교도를 거느리고 습격했으며 격렬한 싸움을 벌였다. 이러한 격렬한 싸움은 이후에도 몇 차례 더 있었으며 627년에는 다시 쿠라이시족을 맞아 처절한 싸움을 벌였다.

630년 무함마드는 메카정복에 나섰다. 그는 메카에 입성하여 신전을 부수고 어지러운 사신邪神을 파괴했으며 그 잔해 위에 서서 모여드는 군중을 향해 "이미 사교시대는 끝났다"고 절규했다.

632년 그는 메카를 다시 순례했다. 메카는 그의 출생지, 쫓겨났던 거리, 정복한 도시이다. 이 순례에서 돌아온 그는 재혼한 어린 처 아이샤 옆에서 숨을 거두었다.

『코란』에서는 예수를 메시아(救世主) 그리스도라고는 생각하지 않고 '예언자의 한 사람'으로 생각한다. 그리고 알라신의 한 사도로 본다. 또한 무함마드도 한 사람의 인간으로 보며 존경은 해도 신앙의 주요대상으로는 생각지는 않는다.

신은 유일신 알라뿐이며 따라서 신앙의 대상도 알라뿐이다. 『코란』은 610년부터 632년 무함마드가 세상을 떠날 때까지 약 23년에 걸쳐 생활과 관련된 여러 문제들을 유일신 알라에게 들은 내용들을 담은 성전이다.

『코란』은 전장 114장으로 되었다. 당시는 종이가 없었던 시대여서 기억을 되살려 전한 것을 제3대 칼리프 무함마드의 후계자 우스만 때에 이르러서야 이를 기록으로 남겼다. 따라서 애매한 곳도 있다.

『코란』은 장章의 표시가 있으나 내용과는 다른 제목도 많고 아라비아 특유의 철자법이기도 한 상하의 모음부호도 생략하고 쓰인 문장도 많아 700년 때 초에 와서야 자이드 빈 사비드 등에 의해 『코란』이 완성되었다.

또한 무함마드의 언행록은 『하디스』라 불리며 아라비아어로 '전승'·'이야기' 등 뜻을 가지고 있다. 『하디스』는 본문을 전한 전승자의 이름을 열기하여 전승경로 등을 적고 있다. 『하디스』는 6개의 전승집이 있는데 위조시비가 일고 있으며 정치적 동기, 통치계통의 정통성, 특정민족과 부족의 찬양, 종교적 선행고취 등 면에서 이슬람 사이에도 이견들이 있다.

또한 이슬람 신도의 규정을 정한 『샤리아〔규법〕』 법전도 있다. 샤리아란 '물이 흐르는 길', '따라야 할 순정의 길'을 뜻하는데 그 주된 내용은 사람은 자기 자신에 대해 진실을 다해야 할 권리, 다른 사람을 행복케 할 권리, 신의 자원과 능력을 활용할 권리 등과 신도의 의무사항·금지사항 등이 실려 있다. 이 행동규범 『샤리아』는 일반사회의 법률과는 다르다. 이 『샤리아』는 무함마드의 『하디스』에 토대를 두고 있다.

'이슬람'이란 말 속에는 세속적인 것과 종교적인 것을 함께 다룬 총체적인 말이며 알라의 신, 그리고 예언자 무함마드의 생애, 그 당시 아라비아반도의 정치·경제·사회·문화 등이 어우러진 넓은 뜻이 담겨 있다.

『코란』은 얼핏 일반 다른 종교의 경전과는 달리 논리적이거나 스토리가 체계적인 면은 없다. 그러나 읽다보면 신앙심을 갖게 되는 신비성이 있고 자연스럽게 사회적 윤리나 종교적 의식생활 규범을 느낀다.

『코란』은 계시를 내린 시간의 연대순이 아니라 전 114장으로 되어 있는 문장을 그 길이로 편집되어 긴 말은 앞쪽에, 짧은 말은 뒤쪽에 되어 있다. 또한 『코란』의 특색은 남자세계와 여자세계가 구별되어 있고 한 남자는 4명의 처를 거느릴 수도 있다. 이는 무함마드 자신과 그 시대 아랍민족의 생활관습이기도 했다.

무슬림의 신 '알라'는 아라비아어 신神·마루(宗)의 뜻이다. '알(al)'은 정관사定冠詞이고 '라(ilah)'는 신이란 뜻이다. 이 말 속에는 유일·절대·신의 뜻이 있으며 의역하면 하늘과 같은 '절대자', '진리의 존재'이다.

『코란』은 절대로 번역이 불허된다. 세상에 떠도는 많은 성전은 정전正典이 아니라 해설서로 간주된다.

『코란』에는 천지창조·종말·천국과 지옥·예언자·예배·단식·순례·터부禁忌(하라무)·지하드(聖戰) 등 종교적 내용과 일상생활의 법률·도덕에 대하여 광범위하게 언급되었다. 특히 이 속에 있는「노아의 홍수」·「출애굽기」·「예수이야기」등은『구약』·『신약』의 영향을 받았으며 이것이 개창자 무함마드가 메카에서 당시 유태교·그리스도교와 교류를 가졌기 때문이며 또한 이때 종교사상이 형성되었기 때문이다.

『코란』은 무함마드 사후 초대 칼리프의 최고지도자 아부바크르 때 제1회 성전결집結集이 이루어졌고 제2회 결집은 3대 칼리프의 오스만 때 했다. 이것은 계시내용의 기억자가 전사하거나 하여 이유로 소실을 우려해서 2회에 다시 결집을 행한 것이다.

무슬림의 신앙대상은 이세상에서 저세상까지 일관된 세계관을 갖고 누가 구제받고 못 받는 자임을 명확히 하지는 않았으나 무슬림들은 먼저 6신六身과 5행五行을 중시한다.

'6신'은 대강 다음과 같다.

- 첫째로 알라 유일신만을 절대 믿어야 한다.
- 둘째로 천사 가브리엘을 섬겨야 한다. ※ 천사 가브리엘은 무함마드에게 알라신의 계시를 전한 존재로서 신과 인간의 중간존재로 생각한다. 천사 중에는 죽은 자의 혼을 다루는 천사도 있고, 나팔을 부는 천사, 인간에게 위해를 가하는 하늘에서 타락한 천사(마귀) 등이 등장한다.
- 셋째로 계전啓典을 절대로 믿어야 한다. ※ 계전이란『코란』·『모세 5서書』등을 말한다. 이를 신앙하는 이슬람 신도를 계전민啓典民이라 하기도 한다. 여기에는『구약성서』의「시편」,『신약성서』의「복음서」도 포함시킨다.
- 넷째로 예언자인 무함마드를 받들어야 한다. ※ 예언자 속에는 아담·노

아·아브라함·모세·솔로몬·요하네·예수 등도 포함된다.
◎ 다섯째로 내세來世를 믿어야 한다. ※ 종말이 와서 신전神殿에서 심판을 받고 무함마드가 죄의 최후심판으로 천국과 지옥이 결정된다.
◎ 여섯째로 예정豫定을 믿는다. ※ 신은 모든 것을 견통見通한다. 모든 것은 장부에 기록되며 내세의 '예정'을 신앙대상에 넣는다. 이슬람공동체 '운마'에 속하면 구제를 확실히 받는다.

또한 무슬림 신앙실천 5행行은 다음과 같다. 다른 종교도 그렇지만 특히 무슬림 신앙에서는 실천행위의 형태가 통일이 되어 있다.

◎ 첫째로 '사하다' 즉 신앙고백信仰告白이다. ※ 신앙고백에서 반드시 넣어야 할 말은 '알라 이외의 신은 신이 아니며 무함마드는 알라의 사도이다'이다. 이 말을 아라비아어로 해야 한다.
◎ 둘째로 '사라도' 즉 예배禮拜이다. ※ 예배의 원칙은 하루 다섯 번. '마구리부' 즉 일몰후日沒後, '이샤' 즉 밤[夜], '화질' 즉 새벽, '스흘' 즉 정오正午, '아스르' 즉 오후午後에 하는데 그 중 일몰 후 기도를 가장 존중한다. 예배기도의 방향은 세계 어디에 있든지 반드시 메카를 향해서 해야 하며 금요일에는 모스크사원에서 집단예배를 한다.
◎ 셋째로 '자가도' 즉 희사喜捨를 해야 한다. ※ 희사는 그리스도교나 다른 종교의 헌금·성금과 같다. 일종의 세금이다. 소득에 따라 물품·금전을 이슬람공동체 '운마'에 지불한다.
◎ 넷째로 '사우무' 즉 단식斷食을 한다. ※ 특히 라마단 월月[이슬람력으로 제9일]에는 단식의 계율을 지켜야 한다. 라마단에는 1개월간 일출에서 일몰까지 한 줌의 음식, 한 모금의 물도 먹어서는 안되며 담배나 성생활도 금한다.[다만 병자·여자임산부·유아·모친·노인은 제외한다]
◎ 다섯째로 '하지' 즉 순례巡禮이다. ※ 순례는 이슬람력 제12월에 하는 것이

원칙이다. 순례는 메카에서는 카바신전 주위를 왼쪽으로 7회 돈다. 또한 몇 개의 성지를 방문하며 순례시는 남녀 같이 흰 순례복을 착용한다.

이슬람교에서는 우상숭배를 엄금한다. 따라서 어떤 모스크 사원에도 신상神像은 없다. 신상은 그림이나 어떤 방법으로 묘사해도 이를 알라신의 모독으로 본다. 이는 모세의 십계十戒 속에도 "자기를 위해서 우상을 만들어서는 안된다"라고 되어 있다.

또한 『성서』 속에는 "너의 이름을 함부로 불러서는 안된다"고 했는데 『코란』 속에서는 "신은 위대하다. '알라아구바루'"라 해야 하며 "알라는 유일신이다" 해야만 한다.

이슬람의 『코란』은 그리스도교의 성서와는 달리 신에 대한 지성知性만이 아니라 감성感性·의지意志 등이 담겨 있다. 이는 아랍민족의 독특한 생활규범과 신앙의 특성이라 할 수 있다.

『코란』은 역사적으로 문제시비도 있었다. 무함마드의 언행에 있어 위작시비도 일었고, 8~9세기에는 그의 전승기록이나 윤리와 의례·규범 문제에도 견해차가 생기기도 했다. 또한 법학자〔하나후이·마리기·샤후이·한바리 등〕사이에 해석상 이견도 나타나 각론을 벌려오기도 했고 무함마드 사후에는 후계자들 사이에 암투싸움도 일었다.

현재도 이슬람에는 무슬림 9할을 점유하는 수니파와 시아파가 대립양상을 보이고 있으며 무함마드에서 종형제 3대 칼리프〔오스만〕가 살해당하고 4대 칼리프 알리가 또한 자기편에 암살당하는 등 후계자들의 체제싸움·편당세력 다툼이 계속되고 있다.

이슬람교에서는 신교에 있어 많은 신비주의적 신앙도 존중된다. "다가

오는 종말에 대비하여 허식에 찬 세속생활을 버리고, 금욕과 고행·명상 속에 신만을 의지하고 싶다"는 신비·실천 의식이 많다. 일종의 수행생활이다.

또 한편 이슬람교 부흥개혁운동의 물결도 있어 이란·이라크·인도·파키스탄 등 이슬람 국가 사이의 세력과 종파의 의견·조화·원리주의에 대한 이견 등 대립이 야기되고 대미對美관계, 대 기독교 신교관계, 대 불교관계 등에서도 갈등이 노정되고도 있다.

2) 이슬람교의 삶의 빛

다음에 이슬람교 성전 『코란』에 담고 있는 신의 가르침 즉 교리에 해당하는 여러 삶의 빛에 대하여 주요한 부분 일부를 인용해 본다.

※ 알라의 신은 일체를 견통見通하며 만능이고 무소부재하다.
※ 이슬람 신도는 신에 귀의하되 예배시에는 항상 반드시 고백하고 서약해야 할 신조가 있다. 알라신은 위대하다. 알라신은 유일신이다. 알라신은 만유의 주이시다. 알라신께 모든 것을 바친다. 알라신은 나의 삶과 죽음을 관장하고 인도한다. 알라신을 욕되게 하거나 부정하면 엄벌을 받는다. 알라신을 찬양하는 99의 찬사를 항상 고하라. 〔당신은 유일신이다. 당신은 위대하다. 당신은 창조주이다. 당신은 만유의 주시다. 당신은 생명의 빛이다 등〕

◎ 이슬람 신도는 알라신에게 항상 구원을 앙청해야 한다. 당신 곁에 나를 인도해 주소서. 나에게 명령을 내려 주소서. 주님의 옷[아랍민족의 신도의 흰 옷]을 입게 해주소서. 잘못을 용서해 주소서. 죄를 사하여 주소서. 우리를 긍휼히 여기고 끝까지 보호해 주소서. 우리에게 늘 승리를 안겨주소서. 부정을 저지르지 않게 이끌어 주소서. 주님을 위해 죽게 해주시고 사후 주님 곁에 이끌어 주소서. 알라신을 위하여 용기를 갖게 해주소서. 만인의 행복을 위하여 도와주소서.

다음은 『코란』에 언급된 주요 가르침이다.

◎ 알라의 계시를 거짓이라고 하는 자는 겁화劫火를 당한다.
◎ 『코란』에 계시하고 있는 것을 물었을 때는 분명히 해주지만 너무 여러 가지 일을 물어서는 안된다.
◎ 내세를 믿는 자들이라면 이것을 믿고 예배의 의무를 지켜야 한다.
◎ 알라를 위하여 그대들은 적대시하는 자와 싸워라. 그러나 불의를 행하여 도가 넘으면 안된다. 그대들에게 싸움을 걸지 않는 한 신성한 예배당 근처에서는 싸움을 하지 말라. 상대방이 멈추면 알라께서는 관대한 자비를 베푼다.
◎ 박해가 없어질 때까지, 종교가 알라의 것이 될 때까지 싸워라. 상대방이 멈추면 적의를 버리라.
◎ 신성월에는 신성월을, 거룩한 것에는 거룩한 것을. 이것이 보복이다. 누구든지 그대에게 무법을 행하면 상대가 한 대로 무법을 행하라.
◎ 『코란』이 낭독할 때는 정신을 차리고 귀를 기울여라. 그렇게 하면 자비를 받을 수 있다.
◎ 『코란』을 읽을 때는 저주할 사탄으로부터의 보호를 알라께 구하라.

◎ 『코란』은 가장 바른 길로 인도되어 여러 가지 선한 일을 하는 믿는 자들은 큼직한 보수를 받는다.

◎ 『코란』은 그대에게 고생을 시키려 한 것이 아니라 두려워하고 공경하는 자에 대한 훈계요, 대지와 지고의 하늘을 창조해 주시는 분의 계시이다.

◎ 알라신은 땅을 침상으로 하늘을 천개로 하여 비를 내리게 하고 그대들의 양식으로 과실을 여물게 하는 분이다.

◎ 동쪽도 서쪽도 알라의 것. 어디에 얼굴을 돌려도 알라의 얼굴이 보인다. 알라는 넓고 크고 모든 것을 다 안다.

◎ 알라신은 하늘에 성좌聖座를 만들어 올려다보는 자를 위해 장식하였고 모든 저주를 받은 사탄에게서 그것을 방위하였다.

◎ 알라는 흙으로 인간을 만들고 그 속에 생명을 불어넣었다.

◎ 땅 위에 있는 모든 수목이 붓이고 대양이 잉크라 해도 알라의 말을 다 쓸 수는 없다. 알라는 힘이 강하고 총명한 분이다.

◎ 땅과 하늘의 모든 것을 알라신은 소유한다. 알라는 땅 속으로 들어가는 것, 땅 속에서 나오는 것, 하늘에서 떨어지는 것, 하늘로 올라가는 것을 다 안다.

◎ 알라신은 영원한 분, 낳지 않고 태어나지 않고, 오직 한 분으로 그분에 견줄 자가 없다.

◎ 무함마드는 최초의 귀의자이다. 예배도 수행도 삶도 죽음도 모두 만유萬有의 주인신 알라께 속한다.

◎ 알라가 사도를 보냈을 때는 반드시 그 민족의 말을 쓰게 하였다. 그것은 알라께서 원하는 자에게는 길을 잃게 하고 원하는 자를 인도하신다. 그는 존엄하고 총명한 분이다.

◎ 그녀들 가운데 누구라도 생각나는 대로 뒤로 돌리거나 동침해도 좋다. 한번 그대가 버린 여자를 되불러도 좋으며 그것이 죄가 되지는 않는다. 그것이 그녀를 즐겁게 하고 슬픔을 없애고 그대가 베푼 것을 그녀들 모두가 만족하는 가장 가까운 방법이다.

◎ 알라신은 당신을 응혈로부터 인간으로 만들어 주셨다. 주님은 한없이 넓고 인간에게 미지의 힘을 가르쳐 주었다.

◎ 라마단 달 밤에 처와 사귀는 것은 허용된다. 예배당에서 예배할 때는 그 여자들과 사귀면 안된다. 그대들의 처는 그대들의 밭이다. 마음 내키는 대로 밭으로 가라.

◎ 이혼은 두 번까지 허용한다. 단 여자에게 준 것은 뺏어서는 안된다. 그대들이 처를 뒤에 남기고 죽었을 경우 여자는 4개월 10일 기다려야 한다.

◎ 만일 고아에게 공정치 못한다 생각하면 누구든지 마음에 드는 두 명, 세 명, 네 명 여자와 결혼해도 좋다.

◎ 자기 아버지와 결혼한 여자를 처로 삼으면 안된다.

◎ 예배할 때는 방향을 메카의 카바신전이 있는 방향이다. 어디에 있을지라도 이 방향으로 하라. 예배 전에는 반드시 대소변을 끝내고 세정을 깨끗이 한다. 오른손부터 왼손, 손목까지 세 번 씻고 목도 세 번 씻는다.

◎ 어떠한 예배장소에서도 몸을 단정히 하라. 도를 넘게 마셔서는 안된다. 낮의 시작과 끝에 그리고 초저녁에 반드시 예배를 지켜라. 새벽에 『코란』을 낭송하라.

◎ 이자를 받아먹는 자들은 사탄의 일격을 받게 된다. 혼기에 달할 때까지 아이들을 잘 보살펴라. 그러고 나서 성원이 되었을 때 재산을 넘겨

주어라.
- 금과 은을 축적하여 이것을 알라의 길을 위해 쓰지 않는 자에는 심한 중벌이 있다.
- 사이비 신자는 정신적으로 병든 자이다. 마음의 병을 고치지 않으면 현세나 내세 악이 뒤덮게 된다.
- 허위로서 진리를 덮고 알면서 진리를 감추면 안된다. 예배를 잘하고 희사를 하며 성전을 늘 읽어야 한다.
- 불신의 무리는 하늘의 증거를 보이고 기적을 보이라 한다. 증거란 『코란』의 말씀으로 충분하다.
- 마음을 팔고 불신을 사는 자는 알라께 아무런 해도 미칠 수 없다. 그들에겐 통렬한 징벌이 있을 뿐이다. 주를 공경하고 두려워하는 자는 낙원이 있고 물이 흐른다.
- 우상을 숭배해서는 안된다. 다신교도에게 경고한다. 유일신은 알라뿐이다.
- 심판의 날에 불신자들이 천국에 들어가는 것은 낙타가 마치 바늘구멍에 들어갈 수 없는 것과 같다. 믿는 자는 알라의 이름만 들어도 전율을 느끼고 성전을 읽으면 믿음이 복받친다.
- 이슬람교는 사회 그 자체이며 신앙은 삶의 방법이다. 신을 찾는 것은 인간의 영혼에 가장 깊이 있는 열매이다. 우상을 숭배해서는 안된다. 알라를 믿는 자는 번영한다.
- 장벽이란 죽음의 날부터 부활의 날까지의 기간이나 상태에 적용된다. 이는 지옥과 천국의 징벌과 보상을 불완전하게 깨닫고 있는 중간상태이다.
- 신도들은 라마단 단식을 지켜야 한다.

◎ 술은 커다란 죄악도 되고 이익도 되나 죄악이 더 크다.
◎ 시체·피·돼지고기 등 알라 이외의 이름으로 타살된 것, 찔러 죽은 것, 우상 앞에서 죽인 것, 이것들은 금지된 것이다.
◎ 순례는 이슬람교도가 꼭 지켜야 할 의무이다. 순례는 이슬람력의 12월 7일부터 4일간에 걸쳐 행한다. 이것은 무함마드가 메카를 정복한 이래 오늘까지 행한다.
◎ 신은 사라져 가는 민족에게도 소생의 힘을 준다. 이스라엘 백성이 그 예이다.
◎ 효는 인간의 근본도덕이다. ※『코란』은 효를 인류의 으뜸으로 여긴다.
◎ 죽을 때 영혼을 뺏는 것은 알라신이다.
◎ 진실로 믿음을 가진 사람들과 유태교도·기독교·사비아인 등 누구든지 알라와 최후의 심판날을 믿고 좋은 일 행하는 자들은 그들의 주로부터 보상을 받을 것이며 두려움도 없고 슬픔도 없을 것이다.
◎ 예수의 탄생은 알라의 말씀으로 명령으로 태어났다. 알라는 다른 예언자를 통하여 알라 자신을 표현한 것과 같이 예수를 통해 알라 자신을 표현했다고 말했다.
◎ 구세주, 신의 사도, 마리아의 아들 예수를 죽였다고 말하고 있다. 어째서 잡혀 죽었겠는가? 어찌하여 십자가에 매달렸겠는가? 단지 그와 같이 보였을 뿐이다. 본래 논쟁을 벌이고 있는 사람들은 그에 대해 의문을 갖고 있다.
◎ 구세주라고 하는 마리아의 아들 예수는 단지 알라의 사도에 불과하다. 하늘에 있는 것과 땅에 있는 것은 모두 알라에 속한다.
◎ 신도들아! 유태교나 그리스도 교도를 벗으로 해서는 안된다. 마리아에 주어진 알라의 말씀이며 알라에서부터 나타난 영혼에 불과하다.

알라와 그 사도를 믿어라. 결코 삼위일체라 해서는 안된다.
- 신도들・유태교도・사비아인・그리스도・배화拜火교도 및 다신교도, 참으로 알라께서 부활의 날에 이들 사이에 판결을 내린다. 알라는 모든 것을 다 보고 있다.
- 이슬람교도들이 메카에서 핍박을 받거나 적과 마주치면 언제든 어디서든 싸워라. 그대들에게 반항하는 그들을 추방하라. 박해는 살해보다 더 나쁘다. 그대들에게 싸움을 걸지 않는 한 신성한 예배당 근처에서는 싸움을 하지 마라.
- 약한 마음을 가져서는 안된다. 슬퍼해서도 안된다.
- 알라의 길에서 살해된 자는 결코 죽은 자라고 생각해선 안된다. 그들은 주 곁에서 부조를 받고 살고 있다.
- 현세를 버리고 대신 후세를 바라보고자 하는 자는 알라의 길을 위하여 싸워야 한다. 알라의 길을 위하여 싸우는 자는 누구든지 전사하더라도 알라로부터 큰 상을 받게 될 것이다.
- 누구든지 알라의 길을 위해 고향을 버리고 떠나는 사람은 지상에 얼마든지 몸을 의지할 장소와 여유를 발견케 될 것이다. 굶어죽었을 경우 이에 대한 보수는 알라께서 책임을 질 것이다.
- 알라와 그 사도에 싸움을 걸고 지상에 해악을 뿌리려 하는 자는 벌을 받되 살해되든가, 십자가에 박히든가, 손발을 반대쪽부터 절단하든가, 그렇지 않으면 국외로 추방할 수밖에 없다. 또한 내세에서도 큰 벌을 받는다.
- 신도들아! 알라의 길을 위해 출정하라고 말했을 때 왜 그대로 있는가? 너희들은 내세보다 현세에 만족하는가?
- 나의 적도, 너희들의 적도 벗으로 삼지 마라. 사도와 너희들을 내쫓은

그들에게 우정을 보이면 나는 그대들이 감추고 있는 것도 다 알 것이다.
- 그대들은 알라 곁에 불려가는 날을 두려워하라. 그때에는 각자 번 것 만큼 지불될 것이다.
- 현세의 생활은 노는 것이나 유희에 지나지 않는다. 내세야말로 아주 훌륭하다.
- 믿지 않는 자들은 집단을 이루어 지옥으로 쫓겨갈 것이다. 최후의 심판일에는 천지가 진동할 것이다.

3. 조로아스터교, 신의 빛

조로아스터교!
조로아스터교의 신은 '아후라마즈다'이다.
조로아스터교의 성전 『아베스타』는
다른 모든 신교神敎들의 성전과 경전교리에 깊은 영향을 주었다.

아후라마즈다신은 첫째로 인간의 영혼의 운명과 인간에게 존재하는 선善의 신, 악惡의 신, 양신의 투쟁을 심판·판정한다.

아후라마즈다신은 이세상에 광명[빛]·생명·청정淸淨을 상징하는 최고의 신이다.
아후라마즈다는 암흑·죽음·부정不淨을 상징하는 악의 신 즉 앙그라마이뉴를 견제하며 악신에 의한 유혹·불선·공격·파괴 등에서 방어하는 힘을 갖고 있다.
아후라마즈다는 사람이 이세상을 마칠 때 선과 악의 발자취를 심판하여 천상의 낙원과 겁화의 지옥에 보낸다.
조로아스터교는 최고의 신이 이세상의 종말에

> 불(聖火)을 사용하기에 '불' 또는 '빛'을 '아후라마즈다신'으로 상징
> 불을 통해서 기도를 하고 빛을 우러러 섬긴다.
>
> 이러한 조로아스터교의 선과 악의 심판, 천당과 지옥, 밝음의 빛과 어둠의 악, 성화聖火신봉신앙은 다른 종교 모두에게 깊은 영향을 주어 성서·성전·경전 내용 속에 이들 신앙의 개념들을 삽입했다.
>
> 조로아스터교는 오늘날 신도수는 적으나 모든 종교의 근간을 세운 효시종교사상이다.

조로아스터교는 일명 '배화교拜火敎'라고도 한다. 조로아스터교는 그리스도교나 이슬람교보다 먼저 기원전 7~6세기 이란에서 조로아스터에 의해 개창되었다.

조로아스터는 종교의 개조開祖로서만이 아니라 고대신학의 모세나 피타고라스 등과 함께 유럽이나 아시아 등지의 많은 석학들로부터 성자聖者·현자賢者로서 존경을 받았다.

조로아스터교의 주신主神은 아후라마즈다이며 그는 우주를 창조하고 인간에게 필요불가결한 '암샤스몬디' 즉 일곱 가지를 신으로 받들었다. 그 신들은 천공天空·물(水)·대지大地·식물·동물·불(火)·사람 등이다.

조로아스터교의 교의敎義의 핵심은 선善과 악惡의 2원론과 이세상의 종말론이다. 조로아스터교의 성전은 『아베스타』이다. 이는 조로아스터에 의한 말과 그의 사후에 쓰인 부분 두 갈래로 구성되었으며 전 21권으로 되었다. 그러나 오늘날 전해지는 것은 21권의 4분의 1뿐이다.

성전에 의하면 이세상은 지고의 신 아후라마즈다를 추대하는 선신군善

神群과 악惡의 신 앙그라마이뉴〔아리만〕의 세력이 싸우는 장場이며 생명〔빛〕과 죽음〔어둠〕과의 싸움이라고 말하고 있다. 그리고 그 싸움은 최후의 심판으로 선善의 세력이 승리를 하여 그 후 이상세계가 생기며 변해 간다고 했다.

선신善神의 상징은 불꽃 즉 빛이며 이에 따라 조로아스터교를 배화교拜火敎라고도 불리게 되었다.

조로아스터교에서는 사람은 선사善思・선어善語・선행善行의 3덕三德을 존중 실천해야 하며 사후에는 신의 심판을 받아 천국과 지옥 어느 쪽에 간다고 말했다. 또한 이세상의 종말도 총심판에서 다시 생존자도 사자도 다시 심판 선별되어 모든 악이 멸한 뒤 새로운 세계에 구세주에 의해 영원의 생명을 얻는다고 했다.

이러한 '빛의 신', '선과 악의 2원론', '사후심판', '천국과 지옥', 그리고 '세상의 종말관', '구세주의 등장', '부활' 등은 그 후 수세기 뒤에 개창된 그리스도교 그리고 그 후에 개창된 이슬람교(기원 7세기) 등에 크게 영향을 주었으며 또한 불교나 유교・도교 등에도 경전교리상 영향을 주었다.

조로아스터교에서는 아후라마즈다를 보좌하는 선신善神으로 성령聖靈의 신 '스펜타마이뉴', 청정淸淨과 의지의 신 '신후마나흐', 우주의 질서를 지키는 신 '아샤', 대지의 신 '아르마이티', 하늘의 왕권의 상징인 '크샤트라', 물의 수호신 '하우루바타트', 생물의 수호신 '아메르타트' 등이 있고 선신과 대치하는 악마의 신, 허위・죽음・광폭의 신 '앙그라마이뉴', 노여움・욕망의 신 '아애슈마', 독을 뿜는 3개 머리인 '아지 다하가', 여악마 매춘의 신 '쟈히', 배신의 신 '타로마티', 질병의 여악마 '두르지', 모든 여자의 악마 '바리가' 등이 있다.

조로아스터는 이란 동북부 아프가니스탄〔현 아제르바이잔공화국〕에서 태어났다. 20세경부터 양친의 허락하에 방랑의 여행에 나서 은둔생활에 들어갔으며 30세 때 다음과 같은 천계天啓를 받아 예언자가 되었다.

> 봄의 계절제를 축하하는 새벽이 가까운 시각 조로아스터는 의식에 쓸 물을 기르기 위하여 근처의 내에 갔다. 물을 길러 돌아오려는데 '빛의 신'이 나타나 그 광명光明에 인도되어 천상의 최고신 '아후라마즈다〔현명한 주신主神〕'의 세계에 도달했다.
>
> 이곳에서 신의 광명에 둘러싸인 조로아스터는 자기의 혼이 열리는 것을 깨달았다. 이러한 경험을 몇 번 반복한 조로아스터는 아후라마즈다에 의해 신에 종사하는 '예언자'로 선택되어 그 교를 넓히는 역할을 받게 되었다.

이 뜻에서 조로아스터교는 최고신의 이름에 따라 '마즈다교'라고도 일컬었고 또한 최고신을 상징하는 재단상의 '성화聖火'를 신으로 생각했다.

조로아스터는 그 후 전도에 힘을 다했으나 이란 중심부에서는 '미트라교' 등 이란재래의 종교에 눌려 받아들여지지 않고 그가 42세경 동방에 나아가 바크트리아의 추장〔大首〕 비쉬타스바의 귀의歸依를 얻어 겨우 발판을 굳히고 이란 전국토에의 보급이 실현되었다.

이란 중심부에서 다시 주변의 아르메니아·바빌로니아에도 귀의자가 나타났다. 그는 77세 때 침입자 유목민 튜란족의 공격을 받아 사망했다.

이란의 사산조(朝: 226~651)시대에는 조로아스터교가 국교의 지위를 확립하여 그 지도자〔수위성직자〕는 왕 다음의 지위를 갖게 되었고 조로아스터의 성전『아베스타』가 편찬되었다. 이는 최후의 편찬이며 그 주석서·신학서가 나왔다.

7세기 이슬람교도가 이란에 침입하여 조로아스터교는 급격히 쇠퇴의 길을 갖게 되었다. 그러나 북위北魏시대 중국에 전교한 조로아스터교는 당나라 시대 요교祆敎라 불렸고 이란계 주민을 중심으로 각지에 요교의 묘당·사당이 지어졌고 한때 세가 상당히 확산되었다. 그러나 당나라 이래 점차 세력이 쇠퇴, 소수종교가 되었다.

인도에서는 10세기경 서해안에 전파 봄베이 등지에 10여만 명[추산]이 이 종교를 신봉한다. 인도에서는 이를 '파시'라 한다. 파시신도는 파시신도 사이에만 결혼을 한다.

조로아스터교의 성전 『아베스타』는 「야스나[祭儀]」·「비스페레드[除魔法]」·「벤디다드[戒律]」·「호르다아베스타[祈禱讚歌]」 등으로 되었다. 조로아스터 개조開祖의 가르침과 사멸 후 작성한 부분의 「야스나」 일부에는 운문[謁]이 있고 이는 개조가 직접 교설한 신의 계시, 그리고 설법이 있다.

조로아스터교의 특징은 창조력을 갖는 선善과 악惡 양신의 투쟁과 종말, 인간의 영혼의 운명의 판정 등이 있다. 광명·생명·청정을 상징하는 최고신 아후라마즈다와 암흑·사死·부정不淨을 상징하는 악신惡神 앙그라마이뉴의 두 대신大神과 그 권속신, 7대 천사와 7대 귀신의 존재를 말했고 이 신들의 투쟁에 의해 상세常世의 역사가 구성된다고 가르친다.

여기서 악신에 의한 유혹·불선不善·공격·파괴 등에서 몸을 지키고 모든 악행을 배제하여 선신에 따르는 것이 진실한 조로아스터교도의 본무本務이다.

또한 아후라마즈다가 인간을 창조했을 때 인간에 있어 행동의 자유를 주기 위해 선과 악에 대한 주체적 선택은 개인에게 맡겼기에 그것만이 개인책임을 중시한다. 그러니 '개인의 타락'은 '악'은 아니고 선과 악은 본래 독립한 별개존재이기에 악을 저지르는 것은 악신에 봉사하는 것이 되고 선의 영역에 드는 것은 선신에 봉사하는 것이 된다.

개인의 선과 악에 대한 판정은 사후에 내린다. 사람은 죽으면 육체와 영혼은 분리되어 혼은 3일간 사자의 머리 가까이에 머물며 4일째 아침 '심판의 다리〔진와드橋〕'에서 선과 악이 엄정하게 심판되어 사후혼의 운명이 결정된다. 이 운명의 결정은 생전의 행위 모든 것을 기록한 '생명의 서'에 근거하여 행해진다.

판정을 받은 혼은 천상의 낙원과 겁화劫火의 지옥으로 나뉘며 선과 악이 똑같은 혼은 '하밍스타간〔淨罪界〕'에 머물며 최후심판의 때가 오는 것을 기다리게 된다.

조로아스터교는 최고신이 이세상의 종말에 제하여 "불을 써서 심판을 행한다"고 간주, 따라서 성화聖火를 아후라마즈다의 상징으로 존숭尊崇되며 불을 통해 최고신에게 기도를 드리고, 또한 신도의 시체는 악마에서 지키기 위해 '침묵의 탑'에 방치하여 새나 들개 등의 밥이 되게 하는 조장鳥葬을 행한다.

조로아스터교 성전 『아베스타』는 전형적인 이원론二元論이며, 선령善靈과 악령惡靈의 대립, 생명·빛〔光明〕과 죽음·어둠과의 싸움 등을 가르침의 요지로 삼았다. 그 사이에서 인간은 자유의지를 갖고 빛 쪽에 '생명'을 두느냐, 어둠 쪽에 '죽음'을 두느냐를 결정하고 그 실천의 결과를 죽었을 때 구세주가 등장하여 천국이냐 지옥이냐를 심판하게 된다.

◎ 사람은 죽으면 육체와 영혼이 분리되어 3일간 사자의 머리맡에 머물다가 4일째 아침에 '진와드 다리'〔심판교〕에서 선과 악의 양을 칙정, 사후

의 운명이 결정된다.

◎ 우주에는 창조력을 갖는 선善과 악惡 두 신의 투쟁과 종말, 인간영혼의 운명판정이 온다. ※ 광명·생명·청정清淨을 상징한 최고신 아후라마즈다와 암흑·죽음·부정不淨을 상징하는 악신惡神 앙그라마이뉴의 2대 신 권속과 여러 신(7대 천사와 7대 귀신)이 있으며 이 신들의 투쟁에 의하여 상세常世의 역사가 만들어진다.

◎ 아후라마즈다가 인간을 창조할 때 인간의 행동에 자유를 주었기에 선악에 대한 주체적 선택을 할 수 있다. 따라서 악신惡神의 유혹·불선·공격·파괴 등에서 부단히 싸워나가 선신善神을 상대해야 한다.

일명 '배화교拜火敎'인 조로아스터교는 기원전 7세기 조로아스터(이란식 이름)가 30세 때 물을 기르기 위해 냇가에 갔을 때 천상天上의 최고신 '아후라마즈다(현명한 主神)'에 인도되어 여러 신들의 대광명 속에서 자기의 영혼이 열리는 것을 자각, 그 뒤 그 최고신의 이름 '마즈다'를 따서 이름을 짓고 최고신을 상징하는 제단 위의 성화聖火를 존중해서 부르는 말이다.

넷째생각

신의 빛을 찾아서

I. 힌두교, 신의 빛

인도민족은 4천 년의 아득한 고대부터
우주의 많은 신들과 함께 삶을 살아왔다.
인도민족은 신과 함께 이세상을 살고
신과 함께 영원한 저세상을 산다.

인도민족은 신화 속에 살고
신들과 함께 우주 속에서 산다.
비슈누 신은 우주의 본원이며
태양의 빛과 같은 지혜로운 삶의 빛의 신이다.

시바 신은 우주의 창조·유지·파괴를 수행하며
일체생명의 생식과 구제를 수행한다.
인도의 신들은 신이자 사람이다.
인도의 신들은 사람의 삶, 사람의 영혼 속에 항상 사람의 바램과 소망,
마음의 평화 속에 화신 현출하여 함께 산다.

인도의 힌두교 성전, 천계天啓성전『베다』·『고전서古傳書』,

> 국민의 서사시敍事詩 『마하바라다』・『고담古譚』・『부라나』・『마누법전法典』 등은 철학적이고 사상적이며 삶의 교의敎義를 깊이 담고 있다.
>
> 나는 인도민중의 카르마[業]・삼사라[輪廻]・모크샤[解脫] 사상 속에서 깊은 진리를 느끼며 힌두교의 우주의 달마[法]・아르다[窓利]의 철학사상 속에서 무한한 교의를 느낀다.
>
> 특히 나는 인도종교가 가지는 삶의 수행철학과 방법을 거듭 신봉한다. 인도민족의 '삶과 신神의 결합'은 신앙의 모델이라 생각한다.

1) 힌두교와 신

인더스 문명! 그리고 아리아인들의 정신문화, 이것이 인도의 정신문화의 근원을 이룬다. 인더스 문명은 기원전 2천 년 전 파키스탄 남부 인도의 라자스탄 강가에서 일어났다.

인더스 문명은 메소포타미아 문명과도 다소 관계가 깊으며 도시방위・산업시설과 항만・도로의 정비, 신전神殿과 사원寺院을 조성했고 토기・소상塑像・조각 등이 이루어졌다.

그런데 이 땅에 기원전 1천5백 년경 고카서스 지방과 지중해 동안 지방에서 아리아민족이 침입하여 인더스 문명을 유린, 인더스강 유역에 정주한 선주민족을 노예화하고 동화・흡수했다. 이들은 기원전 천 년경 갠

지스 유역에 도달하여 왕국을 몇 개씩 조성한 항쟁상을 서사시에 담았다.

아리아인들은 본시 고대 그리스계 문화를 가졌었다. 다신교多神敎를 통해서 자연 속에서 신神들과 함께 생활을 했다. 따라서 인더스 고대문화는 아리아인들에 의해 새로운 바라문 신의 문화를 낳았으며, 힌두교가 되었고 이 속에서 불교·자이나교 등 종교가 파생되기도 했다.

아리아인들은 침투적이고 진취적 본성에 의해 토착민을 완전히 정복하는 데 성공했다.

'아리아'란 '고귀한 것', '신성한 것'의 뜻이다. 그들은 자신들을 그렇게 불렀다. 그들은 키가 크고 흰 살결에 오똑코를 자랑하며 가무잡잡한 인도 토착민을 열등시하게 되었다. 그래서 엄한 계급제도를 확립했던 것이다.

'바라문'이란 바로 아리아들이 그들의 조상의 혼령이나 신을 제사지내는 사제司祭계급의 이름이다. 그런데 이들 바라문들은 주로 자신들 부족·씨족만을 다스리는 것이 아니라 인도토착민을 하나로 묶어 바라문 신분계급제도를 만들었다. 그 신분계급제도를 '카스트'라 한다.

카스트 계급은 네 단계가 있다. 제일 높은 계급은 신神과 가까이 하고 제사지내는 '사제 바라문' 계급이고, 그 다음에 '크샤트리아' 계급으로 왕이나 무사계급이며, 셋째 계급이 '바이샤'로 평민·상인 계급이고 마지막 '수드라' 계급은 가장 낮은 하층의 노예·예속천민 계급이다. 토착인도인들은 대개 '수드라'에 속한다.

이 카스트제도는 대대로 상속되며 이세상에서는 숙명적이어서 다른 계급으로 바꿀 수가 없다. 심지어 같은 계급끼리가 아니면 결혼도 못하고 인간관계의 자유로운 접촉도 어렵다. 같이 앉아 식사도 못한다. 밥을 먹는 방법도 다르기 때문이다.

이 네 계급 중 바라문 계급은 가장 높은 권위가 있다. 신을 상대하는 사제계급인만큼 각 지방의 왕보다도 신분이 높다. 그들은 신神 행세를 했다. 그런데 이 계급은 주로 정복자 아리아인들이 차지했다.

키가 크고 흰 살결의 바라문 계급은 마치 신의 뜻인 듯이 말이 끄는 전차를 휘몰아치면서 토착인 바이샤·수드라 천민들을 위협했고 반항하면 무자비하게 신의 이름으로 처형했다.

바라문의 성전 『리그베다』에는 신의 찬가와 주가呪歌·서사시 등이 있는데 신들의 천지창조신화·전승과 싸움의 승리, 그리고 농경·결혼·장송 등에 대한 노래가 실려 있고 새벽의 신, 미의 여신 등이 보내는 노래도 있으며 성자聖者들의 영혼탐구 등 노래들이 담겨 있다.

바라문 계급은 카스트의 '제일계급' 이름이다. 신을 상대하는 우월한 계급은 우주와 신을 생각하며 그들의 뜻을 받드는 '생각이 깊은 성자聖者'로 자처하는 데 이르렀고 '바르나' 곧 사색적思索的이란 말을 그들의 대명사로 쓰기도 했다.

인도사람은 기후와 풍토와 환경상의 명상·사색을 많이 한다. 특히 성자들은 명상을 많이 하는데 이들은 바라문 계급 사제들이 많고 '카스트 바루나' 곧 '생각이 깊은 성자계급'으로 부르고 또 스스로 자처했다. 요가도 성행했다.

바라문은 마음과 행실의 맑음, 의지의 순백純白과 정행淨行·정지淨志·범지梵志·청정淸淨 등을 존중한다. 이러한 영혼의 정결, 심신의 고결 등을 존중하는 사상은 사실 아리아인이 침입하기 전 인더스 문명 때부터 인도 상류층의 삶의 관점이나 체질·우주관이기도 했다. 바라문들은 바로 이 점을 그들 상류층, 신과 교섭을 행하는 사제계급들의 관점화·선범화를 한 것이다.

　이러한 정신문화는 인도라고 하는 지리적·자연적 환경의 영향도 크다. 인도인들은 우주의 달마, 우주의 신과 영적(靈的)인 만남을 존중한다. 인도의 성자들은 우주와 함께 산다. 이세상에 있는 것(有), 없는 것(無), 차있는 것(滿), 빈 것(空)이 무엇인가를 깊이 생각한다.

　인도인들은 우주 대자연 현상에는 어떤 초인적·절대적인 지배력이 있는 것으로 생각, 그것을 인격적 주체(主體)로 구체화하여 표현하기를 좋아한다. 그래서 바라문교를 다신교라고 한다.

　하늘의 신, 태양의 신, 새벽의 신, 신령의 신, 폭풍의 신, 무신과 문신, 질서의 신, 우레의 신, 공간의 신, 무한신, 나아가서 창조의 신, 파괴의 신, 달(月)의 신, 바람(風)의 신, 그리고 불(火)의 신, 주(酒)신, 언어의 신, 남신이나 여신 등 이렇게 인도의 하늘과 땅에는 신(神)이 많이 있다.

　인도의 성자들은 경건한 마음으로 이들 추상적 관념을 신격화하여 생활 속에서 대한다. 바라문의 사제들은 바로 이러한 다신(多神)들을 섬기고 받들며 제를 지내고 그들의 언어를 대신한다.

　바라문교의 성전은 기원전 500년경 바라문교로서의 체제를 갖추어 『리그베다』·『사마베다』·『야주로베다』·『아다루바베다』 등이 만들어졌다.

　『베다』는 모두 바라문교 성전이다. 이 내용들은 「본집(本集)(상히타)」·「제의서(祭儀書)(부라마나:梵書)」·「삼림서(森林書)(아라니야가)」·「오의서(奧義書)(우파니샤드)」 등으로 되었는데 「본집」은 신의 찬가(讚歌)·주문구(呪文句)요, 「제의서」는 제사의 형식운영 설명서이고 「삼림서」는 비설(秘說)이며 「우파니샤드」는 신비사상의 철학이 담겨 있다. 이들 바라문교의 성전들은 13세기 힌두교가 인도의 국교화(國敎化)가 되면서 그대로 전승 신봉되어 내려왔다.

인도의 다신들은 항상 고정된 것은 아니다. 신도 이세상엔 몇 억이 된다고 믿고 있으며 그 신들은 여러 모습으로 변하기도 한다. 바라문 계급들은 인도 고래의 이러한 신관·우주관·인생관을 생활의 체계 속에 제도화하여 이세상 인생의 과정을 네 단계로 나누어 지내도록 생활관습화했다.

제1단계는 '학생기'로 이 단계에서는 어리니까 공부를 하고 제2단계는 '가주기家住期'로 젊은 시기는 결혼을 하고 가정을 거느리며, 제3단계는 '임주기林住期'로 장년이 되면 집을 나와 숲속이나 조용한 곳에서 명상·수양에 들어간다. 제4단계는 '유행기遊行期'로서 이때는 완전히 가정과 사회를 벗어나 신을 두드리고 성자를 만나며 성지를 순례하면서 일생을 마친다.

이러한 생활 속에서 인도인들은 임주기·유행기에 수행修行인생을 보내는 방편으로 요가瑜伽수행·고행苦行수행을 하는데 이런 명상수행의 방법이 학문화하여 학파가 생기기도 했다. 수행시에는 금계禁戒를 지키고 집지執持를 하고 정려精慮를 하며 감관感官을 제어하고 호흡을 억제하는 등 요가·선禪의 수도생활을 한다.

인도인들은 고래부터 이세상 우주만물, 특히 인간은 영혼이 불멸하며 '카르마' 즉 업業에 따라 영혼이 윤회전생을 한다고 믿는다. 사람은 이세상에서의 선업·악업에 따라 천계天界·인계人界·아수라계阿修羅界·축생계畜生界·아귀계餓鬼界·지옥계地獄界 등 6도六道에 전생되며 이세상에서 수행을 쌓고 자비를 베풀어서 우주의 달마 그 법의 빛과 나 즉 개아個我의 영혼이 하나로 결합·합일되어야만 이 전생윤회에서 해탈된다고 믿는다. 인도에서 발생한 모든 종교는 이 사상이 바탕에 근원적 뿌리를 이루고 있다.

해탈 즉 모크샤는 불교에서는 니르바나 즉 열반涅槃으로도 본다. 다른 종교의 천당·천국·무(無憂)의 정토淨土에 해당된다. 특히 바라문교에서는 신분계급의 '수드라'(천민·노예계급)로 태어난 것은 전생의 죄 때문이기에 이세상에 그런 낮은 계급으로 태어났다고 해석하고 이세상에서의 선업을 쌓고 수행을 쌓아야만 다음 세상에서 크샤트리아(왕이나 무장계급) 즉 바라문신의 계급에 태어날 수도 있다고 가르친다.

또한 이세상에서 선업을 쌓고 수행을 쌓는 것은 인도경전「우파니샤드」에 있듯이 나의 영혼을 닦아 우주 즉 브라만의 달마와 나의 영혼 '아트만'이 결합하는 것, 그 경지를 해탈로 보는 것이다.

불교에서는 '보살수행', '바라밀수행', 자이나교에서는 '고행수도'의 업을 쌓는 것을 해탈·열반의 길로 생각한다. 기원전 1500년경 태어난 바라문교는 7~8세기부터 '힌두교'로 불렀고 13세기에는 인도국교로 되었다.

힌두교에는 시바신·비슈누신을 신 중의 최고신으로 받든다. 고대에는 '인드라'신과 새벽의 신 '우샤스', 태양의 신 '수리야', 불의 신 '마그나' 등이 권위를 가졌으나 신이 인간생활에 밀착하면서 달라졌다.

비슈누신은 우주·태양의 빛과 같은 지혜로움을 갖고 자애慈愛로서 천계·지계·공계의 3계를 다스리며, 인도토착민(피부색이 약간 청홍색 원주민)을 보호하며 시바신은 우주의 창조·유지·파괴를 담당하고 생식과 풍성한 수확을 보장한다.

또한 수행자들을 보호한다. 이밖에도 폭풍의 신 '루드라', 성신誠信의 신 '크리슈나', 신비의 신 '라크슈미', 범천梵天의 신 브라만, 아수라 선악신 등이 인도민중의 삶과 가깝다.

힌두교에서는 붓다는 비슈누의 화신化神이라 하며 열 가지 변신變身 중 번째 변신이라 하기도 한다. 그러나 불교에서는 힌두교의 '인드라'는 붓다의 설교를 돕고 수행을 도운 신으로 여긴다.

힌두교의 신들은 우주와 함께하며 만물 속에 함께하고 '천 개의 머리', '천 개의 눈', '천 개의 손과 발'을 가진 원인原人이 과거와 현재・미래를 낳고 대지를 낳았으며 만물을 낳아 그 속에 생과 사를 함께한다.

이러한 우주의 신화는 뒷날 불교의 천수千手관음보살 등을 낳기도 한다. 그리고 불교의 사천왕四天王인 지국천持國天・증장천增長天・광목천廣目天・다문천多聞天[毘沙門天] 등은 힌두교의 신이기도 하다. 염마천閻魔天도 힌두교의 신이다.

특히 힌두교와 불교가 습합하면서 라마교가 태어났는데 라마교[티베트불교]의 변재천弁財天・길상천吉祥天・마리지천摩利支天・환희천歡喜天・자재천自財天・귀자모신鬼子母神 등은 힌두교의 신들이다.

또한 라마교의 부동명왕不動明王・금강야차명왕金剛夜叉明王・군다리명왕軍茶利明王・애염명왕愛染明王・강삼세명왕降三世明王・공작명왕孔雀明王・오추사마명왕烏樞沙摩明王・대원수명왕大元帥明王 등은 보살이나 여래 등과 함께 불교에서는 깨달음의 신통력을 가진 신으로 섬긴다. 이들은 모두 인도힌두의 신들이기도 하다.

2) 신의 찬가와 경전

힌두교의 주된 경전 『리그베다』에는 '천지창조의 노래'를 비롯해서

'여러 신들과 마성魔性에 바친 노래'들이 많으며 다음과 같은 주제들이 서사시가 있다.

「농경의 노래」·「결혼의 노래」·「장송의 노래」, 또한 「왕의 즉위」·「전승기원의 노래」·「바라문이 행하는 제사의 노래」·「싸움의 노래」·「병에 대한 저주의 노래」·「남편의 정부에 싸워 이긴 노래」·「주부가 주도권을 잡은 노래」·「아기를 회임하는 노래」·「도망친 소를 반환 받는 노래」 등도 있다.

다음에 『리그베다』에 있는 우샤스 여신에 대한 찬가 1절을 들어본다.

아, 우샤스여!
당신은 아름다운 새벽의 빛을 가진 신.
젊은 여성이 휘황한 의상을 하고
빨간 말이 끄는 차에 타고 홀연히 나타났는가?
어둠을 내쫓고
생동하는 생명을 눈뜨게 하기 위해 나타났는가?
우리는 당신을 찬양하며
함께 노래를 불러 당신께 바친다.

우샤스여!
금빛의 광채를 반짝이며 어서 내림하소서.
하늘의 딸이여!
많은 행복을 우리들에게 주시고
오늘 제사 때 우리에게 빛을 주시어
우리들 일체의 생명체는 숨을 쉬게 되고

맥박이 뛰게 되었네.
아름다운 여신이시여!
당신이 하늘의 내를 가르고 내림하실 때
당신은 높은 차에 타시고 힘차게 내달려 오셨네.
빛나는 우샤스 여인이시여!
당신은 우람한 차를 타고 내달려 오셔서
우리들을 부르고 쓰다듬어 주시고 신의 말씀을 들려주셨네.

빛나는 우샤스 여인이시여!
당신은 구름을 헤치고 어둠을 가르고
우리들에 다가와서 우리들에게 따뜻한 은총을 주셨네.
아. 당신은 은총이 맑은 우주의 여신
당신께 우리들은 환호의 감사를 드리니,
부디 우리의 정을 받아주소서.
사랑의 신 우샤스여!

또한 『리그베다』에 가장 많이 나오는 서사시는 무용의 신 인드라에 상징되어 있는 아리아의 전사들에게 바치는 노래들이다. 아리아인의 전사를 이상화·신격화한 것이 무용의 신 인드라이다.

인드라의 무기는 '우뢰'이다. 이 점은 그리스신화에 나타나는 제우스신화와 같다. 두 마리 말이 끄는 전차를 타고 공중을 난다. 그 공중에서 적을 만나면 우레(雷)를 던져 아리아 전사들의 적을 괴멸시키고 떨게 만든다. 인드라는 뒷날 불교에서도 받아들여 불법수호의 신 제석천帝釋天이 된다.

아리아인들이 인도평원에 침입했을 때 그 앞에 나타난 흑색저비黑色低

鼻의 선주민[인도원주민]은 '다자'라 불러 악마와 동일시했다. 아리아인은 경쾌한 이륜전차를 타고 사방에 활을 당겨 다자들을 정복하고 원주민을 압도해 갔다.

저항하는 자는 살해하고 항복하는 자는 노예로 만들었다. 다자의 슬픈 운명은 인도원주민의 슬픈 운명이다. 이들 아리아의 전사들은 한결같이 바라문 계급이 되어 신들을 제사지내며 그 계급의 이름 바라문이 그대로 힌두교의 사제가 되었다.

힌두교의 주신主神은 '시바'와 '비슈누'이다. 그리고 우주의 창조를 주재하는 브라만이 있다. 시바는 파괴의 신이며 비슈누는 유지의 신이다.

인도인들의 우주관은 영원한 창조와 변화·재생에 있다. 인간은 그 우주 속에서 신들과 함께 운명을 같이한다. 윤회사상도 전생사상도 모두 이 속에서 낳았다. 업業사상, 연기緣起사상도 이 속에서 나왔다.

오늘날 인도 힌두교는 이들 우주의 신들을 신앙하는 종교이다. 그 사이에서 바라문 사제가 역할을 하여 신앙의 다리인 신과 신도를 묶는다. 인도의 신들은 창조도 하고 유지도 하고 파괴도 하고 위로도 한다. 변신을 자유자재로 하는 것이 힌두의 신이다.

시바신은 『리그베다』 찬가에 보면 '루드라'라는 이름으로 등장한다. 루드라는 인도의 계절풍 몬순의 강력한 파괴력과 그 파괴를 수습하는 의료의 혜택을 동시에 갖는다. 루드라는 폭풍의 신 '마루트'를 거느리고 있다.

오, 마루트신들의 아버지여! 어느 사이 당신은 이 땅에 나타나 우리들이 우러러보는 태양을 손으로 가려놓았는가? 마루트신이여! 우리들이 탄 말에게 관용을 베풀어 주소서. 루드라여! 우리들은 당신에게 바라노니 자손들을 많이 낳게 하시고 그들이 살아가는 데 필요한 영약을 주소서. 루드라여! 우리들에게 백세의 연령을 살게 하소서.

마루트신들이 타는 암소의 신은 뛰어난 힘과 활력을 갖고 있어 세상에 부딪친 우리들을 즐겁게 위로도 하시고 고열 속에 허덕이는 우리를 나무그늘에 들게 하시듯 루드라의 호의를 우리들에게 주시옵소서.

루드라여! 우리들이 바라는 상쾌한 손, 부드러운 손, 그 치료와 위로의 은총을 주소서. 당신은 지금에 어디에 계시온지요.

루드라여! 신들이 내리시는 재앙을 떨쳐나가는 손길은 당신이 보내신 암소, 그 암소를 통해 우리에게 너그러운 용서를 보여주시고 우리들에게 위로의 손길을 내려주소서.

루드라는 '운다', '울부짖는다'의 뜻을 가진 말로 바람이 사납게 불며 비를 뿌리는 계절풍 몬순을 신격화하여 부른 소망의 노래이다. 인도인들은 혹서 뒤에 비를 빌며 작물을 키운다. 이때에도 시바신은 등장한다.

3월경부터 더워지고 4월에서 6월까지는 건조하다. 비는 오지 않고 더위는 45도 이상 오른다. 사람도 식물도 이때는 모두 늘어져 숲속에서 지내야 한다.

6월경에는 계절풍 몬순이 찾아와 다시 갈라진 땅이 여물고 시든 식물이 생기를 되찾는다. 『리그베다』에 나오는 서사시 신에게 바치는 노래는 모두 이 상황을 파괴의 신, 창조·유지의 신으로 묘사했다.

몬순 때 때로는 홍수가 일어난다. 이 홍수는 신의 손길이며 이를 수습하는 것도 신이다. 시바신은 카이라스산(須彌山)에 앉아 악마들을 발밑에 누르고 한쪽 몸으로는 환희의 노래를 부른다. 춤추고 노래하는 신을 신앙하는 것이 힌두교이다.

시바신은 고행苦行하는 자를 수호하는 신이기도 하다. 수행자·수도자·구법자와 명상의 요가자들에게 손길을 내민다.

시바신은 애희 프리티비를 사랑한다. 그러나 그는 가끔 시바를 괴롭힌다. 시바신의 뒤에서 고행하는 시바의 눈을 가린다. 별안간 우주는 광명을 잃고 만물은 어둠 속에 빠져들어 절망에 빠졌을 때, 시바신의 이마가 갈라지고 제3의 눈이 나타나 혁혁한 광명을 되찾아 만물은 소생한다.

인도민족은 시바신의 남근男根을 섬기고 시바신의 애희와의 환락을 신앙으로 받아들인다.

인도의 사원에는 팽창한 남근과 여음女陰의 조각이 많다. 남근을 '링가'라 하고 여음을 '요나'라 한다. 인도민족은 남자와 여자의 환희도 신앙 속에 받아들인다.

힌두교의 성전 『리드베다』에는 힌두교의 또 하나의 주신 비슈누를 찬양한 노래가 많다. 비슈누는 세 발짝으로 지地·공空·천天 3계를 밟고 넘는다. 이것은 태양의 빛이 천지를 끝까지 빛으로 비추는 것을 신격화했으며 천·공·지는 비슈누신과 그밖에 신들의 거소로 묘사된다.

우리들은 다시
당신에게 찬양의 글을 올리며
비슈누신의 놀라운 위업을 찬양합니다.
당신은 지계地界의 영역을 재시고
공중을 다스리며
최고의 천계를 주재하시니

세 발짝으로 활보하면서
만물을 낳고 가꾸고 어루만져 줍니다.

바라건대 우리들이 사는 당신의 영토에
기쁨과 희망을 가지고 도취할 수 있도록 도와주시고
신의 영역에서 즐겁게 살 수 있도록 보우해 주소서.
비슈누신의 최고의 하늘〔最高天〕에는
늘 꿀이 나오는 샘이 있다고 듣고 있사옵니다.

비슈누신은 풍요를 보장하는 많은 뱀의 머리를 거느리고 등장하면서 인도의 계절풍 속에서의 인도민중의 삶 속에 함께 산다. 그는 연꽃·칼날·곤봉을 몸에 지니고 있으며 손이 몇 개로 변하고 서사시 속에서 우주창조의 신 브라만을 낳고 이끈다.

비슈누신은 고대 페르시아신화에 나오는 아수라阿修羅 즉 최고의 신으로 변신하여 싸움을 승리로 이끌며 지·공·천 3계三界를 항시 마魔의 신이 범접 못하도록 수호한다. 힌두교에서는 석가모니 붓다도 비슈누신이 변신한 것으로 말하고 있다.

2. 라마교, 우주의 법신法神

옴! 옴마니 벳메홈!
'옴'은 하늘과 우주
'벳메홈'은 '그 우주의 법'과 '나'를 하나로 결합해 달라는 호소이다.

티베트 불교의 나라
라마의 땅. 라마신의 나라. '라마'란 스승이란 뜻이다.
티베트는 밀교密敎의 나라이다. 밀교는 대승불교의 범주에 든다.

히말라야를 넘어온 인도 힌투의 신들은
이곳 티베트 고유종교인 뽕교의 신들과 악수를 하고
습합이 이루어진 가운데 티베트 특유의 불교인 밀교를 낳았다.

티베트의 하늘.
티베트의 성도省都 라사拉薩에는
백설관음이 옷자락을 펼치고 있으며 하늘과 땅이 닿은
백설의 고개에 라마사원들이
티베트의 역사와 티베트 사람들의 영혼을 지키고 있다.

> '라사'란 티베트어로 극락極樂이란 뜻이다.
>
> 티베트에서는 우주의 시간이 멈춰 있다.
> 티베트의 땅은 이승도 저승도 아닌 이승저승 '하나의 승' 땅이다.
> 이승과 저승이 함께 있으며
> 티베트의 하늘 즉 우주는 오직 지地·공空·천天으로 연결되어 있다.
>
> 사람은 이승에서 저승으로 간다.
> 그러나 티베트 라마신도들은 이승에 온 것도 저승에 가는 것도 아니다.
> 오직 라마의 하늘에는 윤회輪廻 즉 삼사라가 있을 뿐이다.
> 죽는 것은 낳는 것이요, 낳는 것은 죽는 것이다.

1) 티베트의 라마교

라마교[密敎]는 티베트의 불교적 신神의 종교이다. 밀교는 대승불교 사상과 힌두사상이 습합되어 이룩한 특유의 불교라 말할 수 있다. 밀교密敎에 대칭되는 말은 현교顯敎이다. 밀교는 사상적 근거를, 즉신성불卽身成佛에 두며 현세이익을 추구하는 독특한 의례의 종교이다.

밀교는 흔히 총합성總合性·우주성宇宙性·예술성藝術性·체험성體驗性 등의 공통적 항목을 들기도 한다. 밀교는 종교 이전의 세계, 윤리성·구체성 등 일반종교의 사상을 추구하며 소승불교의 성문聲聞의 가르침, 연각緣

覺의 가르침을 받아들이면서도 법상法相·삼론三論·천태天台·화엄華嚴의 대승불교사상을 추구하고 밀교특유의 장엄성을 존중하는 진언종眞言宗의 주심住心을 추구한다.

밀교의 신앙 속에는 저양심羝羊心·지제심持齊心·무외심無畏心·무아심無我心·인종심因種心·대승심大乘心·불생심不生心·무위심無爲心·자성심自性心·장엄심莊嚴心 등 10주심十住心 등이 바탕이 된다.

밀교는 대우주와 인간의 소우주를 요가瑜伽에 의해서 합치시키며 수행자는 수행을 통해 입아아입入我我入·즉신성불卽身成佛을 궁극적으로 추구하는 밀교적 신앙종교이다.

기원 3·4세기경 인도의 불교는 인도고유의 바라문교 후신인 힌두교와 습합이 되면서 힌두교의 비슈누·시바 등 신과 길상천吉祥天·변재천弁才天 등 신들이 대승불교에 습합되어 약사藥師여래·십일면十一面관음·천수千手관음 등이 등장했고 인간의 소망, 병의 치유, 장수, 죽음 후의 청정의 하늘 숭상 등을 다루는 불교가 되었다. 이것이 밀교의 출현이다.

특히 7세기 불교가 밀교화된 것은 기원 3~4세기로 인도가 힌두교를 국교화함으로써 불교가 퇴색되면서 힌두교와 습합되면서 북방 네팔·티베트·중국·한국 등 북방·동방에 번진 것이다.

밀교는 『대일경大日經』·『금강정경金剛頂經』을 바탕으로 진언종眞言宗·천태종天台宗 등이 중추를 이루었고 석가여래·십일면관음·천수관음 외에 비로자나여래[大日如來]가 등장한다. 또한 다라니陀羅尼와 진언眞言·구밀口密·인상印相이 중시되고 마음을 집중하는 삼마지三摩地가 가미되어 삼밀三密이라는 '밀密'자가 등장된다.

밀密은 종래의 병이나 재해구제·현세이익만이 아니라 중생도 성불하여 불아일체佛我一體가 된다는 뜻이 담겨 있다. 티베트에서는 이때 『탄트라』 경전이 나왔다.

티베트에서는 『탄트라』 밀교경전이 크게 영향을 주었으나 중국·한국 등에는 방편方便탄트라 즉 우주존재를 나타내는 법신불法身佛이 인간의 신체 속에 하나가 되는 탄트라와 반야般若탄트라 즉 인간의 신체적 성性의 작동을 추구하는 탄트라 등이 보급되었다.

한국에 이러한 대승불교 밀교가 전도된 것은 신라의 혜초慧超 등이 구법수도에 나선 8~10세기경이다.

밀교경전에서는 행의行義[다도라]·수행修行을 중시하며 요가瑜伽[탄트라]를 통한 성불·불아일체를 중시한다. 밀교密敎의 교리는 "어떻게 하면 현상세계에 몸을 둔 나 자신이 성스러운 붓다의 경지를 결합하느냐?"를 목표로 삼는다. 즉 '즉신성불卽身成佛'사상이다.

비로자나불[대일여래]의 가르침에 따르면 "이세상에 있으면서 관정灌頂의 '불'을 만나 순시瞬時에 붓다의 서원이나 여러 보지력保持力[다라니]를 얻는 것"이라 했다. 이때 관정의 '불佛'이 곧 만다라曼荼羅아자리이다.

대승불교에서는 깨달음을 얻기 위해 수행하는 보살수행을 강조한다. 본시 인도의 석존釋尊은 전생에서 보살수행을 3겁三劫 동안 했기에 이세상에서 대각大覺의 붓다가 된 것이다.

밀교에서는 이 수행사상을 존중한다. 더욱더 밀교에서는 금강계 4불을 둘러싼 4보살, 즉 16대 보살의 덕성을 나 자신의 몸에 합치시키는 것을 목적으로 한다.

또한 밀교는 여래의 법法을 수행을 통해 이루어졌을 때 '즉식성불卽身成佛'의 때를 이상으로 삼아 특히 신업身業·구업口業·의업意業의 수행을 중시한다. 이를 '3밀三密'이라 하며 '3밀가지三密加持'라 하기도 한다.

신밀은 10개 손가락 짜는 것, 구밀은 진언眞言다라니를 외우는 것, 의밀은 심밀心密이라고도 하는데 '입아아입관入我我入觀'을 말한다.

티베트에 있어서 수행을 통해 성불이 되는 즉신성불卽身成佛신앙은 한편 성불을 내세來世, 또는 극락정토에 있어서의 성불신앙과 견해차를 낳기도 한다. 방위는 중앙에는 비로자나불(大日如來), 동쪽에는 아민, 남쪽에는 보생寶生, 서쪽에는 아미타, 북쪽에는 불공성취불이 안치된다.

만다라에 표시(등장)되는 신불들은 불佛·여래如來·보살菩薩·명왕明王·천부天部(神) 등이며 이를 주존主尊과 권속존·배우존·공양존·호법존 등으로 분류할 수도 있다.

중존中尊에는 태장대일여래(권속존에는 태장사불)·금강계대일여래(금강계사불)·석가여래(십대제자)·약사여래(12신장)·아미타여래(이십오 보살)·천수관음(이십팔부중)·지장보살(십왕)·보현보살(십나찰야)·부동명왕(이대·팔대 동자)·변재천(십오·십육 동자) 등이 안치된다.

공양존에는 의복·음식물·침구·약품 등 생활품이며 호법존에는 동방 지국천持國天·남방 증장천增長天·서방 광목천廣目天·북방 다문천多聞天 등이 안치된다.

호법천의 신들은 불법을 지키고 수행자의 깨달음을 수호하는 신들로 4천왕四天王·4대명왕四大明王·8대명왕·4보살·8방천八方天·10천·12천·10분노천十忿怒天 등 여러 불신들이 있다.

그리스도교 등 일신교一神敎에서는 이들 많은 소망을 담고 제도의 초능력을 가진 힘을 하나의 신에게 바란다. 그러나 밀교에서는 이들 여러 기능을 고유하게 지닌 신불이 등장되는 것이다.

밀교에는 밀교특유의 미술・색채・회화를 통해 신불을 표현한다. 또한 조각과 법구도 마련한다. 밀교회화에는 조사도祖師圖・분노존도忿怒尊圖・십이천국十二天圖, 그리고 명왕도明王圖・관음상觀音像이 있고 법구法具가 있다.

밀교에서는 수법修法과 호마護摩를 엄중히 한다. 승려는 여러 법구와 공양물을 쌓은 단상에서 본존을 향하여 전신기도를 행하며 또한 수법을 읽는다. 이는 고대 인도에서의 제석천帝釋天이나 화천火天 등 신에 대한 공양법이며 밀교 독자적 명상법이기도 한다.

부동명왕不動明王에 대해서는 별존법別尊法이 행해지며 이때 사용되는 것이 만다라이다.

호마는 수행자가 표현하는 인상印相, 언어표현의 진언眞言, 정신적 표현의 만다라[本尊圖] 등의 공양의례와 함께 기원의 성취를 비는 호마의 행법이 행해진다. 이때 호마목護摩木에는 무병식재無病息災・상매번성商賣繁盛・양연성취良緣成就 등 기원을 담은 글을 써서 이를 불에 태운다.

이런 수법은 신비한 가호력加護力과 행자의 공덕력功德力 등 영력이 작용하여 법계력法界力을 낳게 한다고 믿는다. 이를 3력三力이라 한다. 또한 수법이나 행법에는 몇 가지 단계가 있어서 가행加行과 관정灌頂 등 18단계 기초수법과 물을 머리에 붓는 관정 등을 거쳐 라마승의 자격을 얻는다. 관정은 그리스도교의 세례洗禮, 고대인도 국왕등극식에 사방의 해수를 머리에 붓는 즉위식 형식과 같다.

이밖에 아자관阿字觀・명상법도 행한다. 둥근 바퀴[輪] 속 모든 문자의 최초문자인 아(a)자를 명상을 통해 자기 마음과의 동일을 감득하는 수법이다. 또한 편로遍路라 하여 이 수법은 산림수행・해변순행・변두리 수행

등 대자연과 일체가 되기 위한 전국 순례수행을 한다. 수행순례는 88개소 내지 108개소 이상 해야 한다. '번뇌'를 벗어나기 위해서라는 말을 한다.

밀교에서는 발심發心·수행修行·보리菩提·열반涅槃을 네 가르침을 중시한다.

이러한 밀교의 총체적인 불의 세계, 수행의 세계, 밀교의 우주를 나타낸 것이 만다라이다. 만다라曼茶羅(曼陀羅)는 산스크리트어 '중심中心'·'심수心髓'의 뜻이다. 만다라란 '심수를 원만하게 표현한 것'이며 공간·영역·장場 등을 통해서 불교의 우주를 나타낸 것이다. 만다라는 순수관념의 추상세계이자 교체성·전체성을 갖는다.

또한 만다라는 밀교가 추구하는 우주관이자, 신상의 위치, 수행구도를 종합적으로 나타낸 것이다. 만다라는 법이요, 질서·섭리요, 자비이며 길이다. 만다라는 신의 언어요, 붓다의 세계, 깨달음의 세계이다.

만다라에는 관상觀像·형상形像·자성自性 등 만다라가 있다.

또한 밀교의 경전인 『대일경大日經』·『금강정경金剛頂經』에 따라 제불·제보살·제천신·명왕·나한 등의 배치도이기도 하다. 그리고 만다라에는 존상尊像만다라·상징만다라·문자만다라·입체만다라 등 외적인 것이 있고 정신만다라·신체만다라 등 내적인 만다라가 있다.

만다라는 정방형·반원형·삼각형 등 구도가 있고 색色의 형이상학에 의해 정결한 백색, 정애의 적색, 조복調伏의 청색·흑색 등이 사용된다.

만다라의 구조에 있어 태장胎藏계 만다라는 좌우[남북] 3중, 상하[동서] 4중, 합계 12원十二院 부분으로 구성되고 여기에 409존尊이 표시되며 동방[上]은 발심發心, 남방은 수행修行, 서방은 보리菩提, 북방은 열반涅槃으로 되었고 중앙은 방편구족方便具足으로 되었다.

2) 라마교의 삶의 빛

라마교〔密敎〕가 가르치고 있는 진리는 무엇인가?
라마교는 불교이다. 다만 불교의 대승불교사상이 티베트 고유의 뽕교〔민속종교〕와 습합되어 티베트 특유의 예불·의례 형식을 갖고 있는 점에 특색이 있다. 티베트의 '라마'라는 말은 스승이란 뜻으로 활불活佛이라 존대받는다. 이들 존대받는 달라이라마의 '달라이'는 '바다와 같은 넓은 뜻'이다.

대승불교 밀교사상은 일찍이 신라의 구법수도자 혜초慧超가 경전을 구했고 이를 중국에 보급, 우리나라 불교에도 큰 영향을 주었다. 따라서 우리나라 여러 교파나 종파의 불교도 대체로 대승大乘사상이 주류를 이루고 있으며 특히 티베트의 밀교와도 밀접한 관계를 갖고 있다.

티베트에는 수행을 쌓은 고승들이 많다. '라마의 나라'라는 말은 그래서 하는 말이다. 티베트는 이승과 저승이 함께하며 우주와 나의 영혼이 함께 존재하는 이세상도 이승에 잠시 사는 것은 저승〔영원한 시간 속〕에 가는 길목에 불과하고 저승에 가는 준비〔영원한 영생을 얻는〕기간에 불과하다.

티베트인들은 멀고 아득한 고산준령을 오체투지五體投地 예배를 하면서 라사의 뽀고다사원이나 수미산須彌山이라 일컫는 카일라스봉을 삶을 걸고 예배·순례한다.

티베트의 살아 있는 붓다 달라이라마의 설교 일부를 인용한다.

(1) 달라이라마의 설교에서

◎ 내가 말하고자 하는 것은 돈이나 이름이 아니라 금생今生[이승의 삶]을 위한 것이다.

◎ 먼저 좋은 동기를 가져야 한다. 붓다는 '의지의 행위[意業]', '말·언어의 행위[口業]', '신체의 행위[身業]'의 동기를 중시했다.

◎ 마음을 열기 위해서는 명상瞑想의 실천을 해야 한다. 붓다는 명상의 실천방법을 철학적 견해[見]와 수행실천[修] 등 둘로 나누어 말했다. 철학적 견해는 연기緣起에 직결되고 실천수행의 과제는 자비慈悲에 직결된다.

◎ 수행의 주안점은 마음의 연속체[心相續]을 이루어 비폭력을 실천하는 것이며 이에는 대승大乘과 소승小乘의 수행형태가 있다. 붓다는 항시 '달마[法]의 근본'에는 '자비慈悲'가 있다고 했다. 자비심은 자리自利에 있지 않고 이타利他에 있다.

◎ 연기緣起는 불교학설의 근본이 된다. 산스크리트어의 연기의 뜻은 '도달하는 것', '의뢰하는 것', '의지하는 것' 등의 뜻이 있다. '연기'는 모든 사물이 실체성實體性이 없는 공空을 논증하기 위한 주요한 근거[논증인]이 된다.

◎ 일체의 사물[諸法]은 연기되어 있기에 실재實在로서는 존재하지 않는다. 공空을 이해하기 위해서는 그 주제가 되어 있는 즐거움·괴로움·이해 등에서 생기는 사물의 실재를 파악하는 것이 중요하다.

◎ 즉 원인[因]과 결과[果]를 바르게 파악해야만 모든 사물은 실재로서 존재하지 않는다는 것을 인식하게 된다. 붓다는 '연기'를 말할 때 윤회 속에서의 원인과 결과의 과정을 말했다.

◎ 일체의 사물은 원인과 결과의 '인과관계' 속에 있다. 원인없이 결과가 없고, 결과는 원인의 연기 속에 낳는다. 붓다는 12연기설十二緣起說을 말했다. 12지十二支는 무지無知[無明]・행위行爲[行]・의식意識[識]・명칭과 색채[名色]・육처六處・접촉[觸]・감수작용[受]・욕구[愛]・집착[取]・생존[有]・탄생[生]・노와 사[老死] 등이다.

◎ 붓다는 12연기에 대해서 "이것이 있기에 저것이 있고 이것이 생겼기에 저것이 생겼다"고 말하고, 무지에 의해 행위가 생기고 행위가 의식을 낳으며 의식이 명칭과 색형을 낳고 명칭과 색형에 의해 감각영역[六處]가 생긴다 했다. 그것은 접촉・감수작용・욕구・집착・생존과 업業의 유有, 생존에 의한 탄생, 탄생에 의한 노사老死 등이 생긴다고 말했다.

◎ 고苦가 생기는 과정과 멸하는 과정은 순관順觀과 역관逆觀이 있다. 하나는 '청정한 사물[無漏法]'의 관점이고 또 하나는 '부정한 사물[有漏法]'의 관점이다.

◎ 붓다의 근본교리 4체四諦[四道理・四聖諦]의 경우도 두 종류의 인과계열이 있다. 하나는 '부정한 사물'의 계열이고 또 하나는 '청정한 사물'의 계열이다. 4성체四聖諦 중 최초의 진리 "인생은 모두 고苦이다"의 진리인 고체苦諦는 부정한 사물에 있어서의 '결과'로서의 고苦를 나타낸다. 그러나 고苦의 근거는 욕망[渴愛]이라는 두번째 진리인 집체集諦는 부정한 사물에 있어서의 '원인原因'을 나타낸다. 셋째번의 진리는 욕망을 멸하는 것으로 고가 멸하는 진리인 멸체滅諦는 적정한 사물에 있어서 '결과結果'를 나타내며, 네번째 진리인 "고의 멸에 이르기 위한 8정도八正道의 수행진리"인 도체道諦는 그 원인을 나타내고 있다.

◎ 원인과 조건에 따라 생긴 사물을 진실로 존재하는 것이라고 집착하는 의식은 이를 무지無知라 한다. 이 '무지'에서 연기緣起의 12지十二支가

생한다.
⊙ 욕계欲界・색계色界・무색계無色界는 명상에 의해서 획득된 의식의 제 단계를 상징적으로 나타낸 말이다. '욕계'란 우리들의 일상적 의식의 대상이 되는 세계, '색계'는 명상 속의 욕망이 없어져 대상의 모습만이 나타나는 세계, '무색계'는 대상의 모습도 없어져 추상적 개념만 남는 세계를 뜻한다.
⊙ 대승불교 밀교가 목적하는 바는 수행을 통한 깨달음만도 아닌, 윤회에서의 해탈만도 아닌, '붓다의 경지' 즉 '붓다가 되는 것' 자체이다. 이를 위하여 보살도菩薩道의 수행이 필요한 것이다.
⊙ 수행에는 계율을 지켜야 한다. 살생・거짓・사음・험구・교언을 억제해야 한다. '노여움'을 가지면 발산할수록 노여움이 더한다. 재산이라는 것은 죽음에 무슨 보탬이 되는가? 지옥・축생・아귀 등 '3악취三惡趣'에 떨어지지 않도록 해야 한다.
⊙ 가장 큰 적은 자기 자신의 번뇌이다. 참다운 '공성空性'을 깨닫는 지혜가 번뇌를 멸한다. 공空을 깨닫기 위해서 명상삼매에 도달해야 한다. '삼매'란 마음의 '적멸寂滅상태'와 특별한 '통찰洞察'상태이다. '행위와 번뇌가 멸한 상태'가 '공空'이다. 계율戒律・명상瞑想・지혜智慧 즉 계戒・정定・혜慧를 3학三學이라 하여 이를 세 가지 수양으로 일컫는다. 이 수양을 쌓아야 번뇌가 멸한다.
⊙ 이타利他의 마음수행이 보리심菩提心이다. 붓다의 수도에는 육바라밀六波羅密 수행이 필요하다. 깨달음의 의식을 체험하기 위해서는 무상요가無上瑜伽의 실천이 긴요하다.
⊙ 이세상의 과정은 윤회의 바퀴에 의해서 구분된다. 낮은 단계에서 말하면 지옥地獄・아귀餓鬼・축생畜生・아수라阿修羅・사람[人]・하늘[天]인데

앞의 3업三業은 3악취三惡趣, 뒤의 3업은 3선취三善趣라 한다. 이 가운데 '하늘'과 '아수라'는 사람의 생을 가한 것으로 선취善趣라 하고 하반부는 악취惡趣라 한다.

◎ 모든 고苦는 행위 즉 '업業'에 따라 일어나며 착한 행위인 선업을 쌓느냐, 악한 행위인 악업을 쌓느냐에 따라 그 결과의 연기를 받게 된다.
※ 이러한 고苦의 바탕이 되는 것은 어리석음[癡]·노여움[瞋]·욕망[貪] 등 3대 번뇌 즉 3독三毒에서 발생한다. 3대번뇌와 업業은 윤회의 기본이 되는 요소이다. 이 윤회의 수레바퀴에서 해방되는 것이 붓다의 근본목표이다. 이를 버리고 저것을 버린 뒤 붓다의 빛 속에 들으라. 풀집을 부수고 코끼리가 튀어나오듯 사신死神의 군을 무찌르라. 주도한 결심으로 계율을 지키고 고苦를 멸하기 위한 수행으로 정진하면 그 윤회의 겁겁, 돌고 도는 수레바퀴를 벗어나 해탈할지니…

◎ 경전에는 19종류의 무지無知에 대해서 말했다. '무지'는 버려야 할 번뇌 중 가장 근본이 되는 요소이다. 무지에는 '생래生來의 무지'와 '학문에 의한 무지'가 있다. 무지는 명命의 파멸을 초래하는 독이 되기도 한다.

3) 티베트의 문제

티베트는 본시 세계사에 있어 중앙아시아의 한 유목민족이었다. 티베트가 역사무대에 등장한 것은 2세기경이며 7~8세기에는 실크로드의 요충지로 활기를 띠었고 한때 중국 당나라 '안사安史의 난' 때는 티베트[그때는 吐著이라 했음]의 군마들이 장안長安까지 쳐들어가 한때 점령했을 정도로 강용했다.

그러나 티베트는 점차 쇠퇴의 길을 걸었고 일시 영국의 침입도 겪었다. 이를 물리치기 위하여 청나라가 개입하자 스스로 내분을 겪으면서 광활한 청해성青海省・곤륜崑崙・타림분지・타클라마칸까지 중국영토에 들어갔다.

20세기에 들어서자 중국의 세력이 급격히 팽창, 1951년에는 중국과 합병형태로 되었다. 마침내 중국군이 티베트를 점령하자 달라이라마는 1959년 망명하여 인도국경 다람살라 네팔접경에 피신 망명정부를 세웠다. 그러나 네팔이 중국의 압력을 받게 되자 이곳은 다시 동요가 일고 있다.

그 동안 티베트민족은 밀교신도가 중심이 되어 무력에 항거했으며 통계에 따르면 10여 년간 약 120만 명이 처형당했고 티베트의 라마에 있는 사원 6천여 개소가 불타고 괴멸된 것으로 전한다. 그러나 중국의 점점 단속을 더해져 현재 중국의 한 자치성自治省으로 종속되어 있다.

티베트 독립을 위해 헌신하는 달라이라마는 노벨평화상을 받은 평화의 성자로서 세계인의 존경을 사고 있다. 그러나 그의 티베트 독립의 호소는 점차 힘이 빠지기 시작하고 있으며 2005년 현재 그는 도리어 티베트 국민들의 궁핍, 인간대우를 받으며 살게 하기 위해서는 중국으로부터의 독립투쟁을 포기하고 그 대신 중국의 산업증대, 경제력의 혜택이라도 받게 하는 대신 티베트 고유문화・정신문화만이라도 보존케 해야겠다는 생각을 피력하고 있는 듯싶다.

이것은 비통한 역사의 현실이라 아니할 수 없다.

오늘날 티베트는 인도에서 개창된 불교를 밀교密敎화하여 종교와 정치를 하나로 유지하려는 신앙의 정토이다. 그럼에도 우주의 신인 법과 인간이 하나 되게 결합을 지향하는 그 나라가 국가로서의 지위가 흔들리고 있는 것은 매우 안타까운 일이다.

　중국은 티베트자치구를 장악하기 위하여 막대한 경비를 들여 청해성 꺼얼무에서 티베트 라사까지 설산산맥을 관통하는 고공열차궤도를 깔고 현재 운영상태에 들어갔다.

　티베트의 운명은 어떻게 될 것인가? 신강성 위구르자치구과 마찬가지인 그 운명, 이곳 청장靑藏고원의 광활한 영토, 그리고 그 속의 민중들의 운명이 어떻게 될 것인가? 이것은 21세기의 새로운 과제이다.

3. 자이나교, 신의 빛

나는 자이나교에 큰 매력을 느낀다.

내가 숭배하는 마하트마 간디는 자이나교도였고 자이나교의 신의 지침에 따라 인도민중을 이끌어나가 영국의 식민통치하에서 인도를 독립의 길로 이끌었다.

자이나교는 기원전 5세기경 중인도에서 불교와 함께 개창되었다.

자이나교에서는 우주는 다섯 개의 기본적 실재체實在體에 의해 구성되었으며 그것은 동動의 원리, 정靜의 원리, 공간의 원리, 물질의 원리, 그리고 영혼의 원리로 되어 있다. 또한 영혼에는 지地・수水・화火・풍風・동물・식물 6종이 증감없이 윤회전생輪廻轉生하며 영혼에 부착한 물질에서 해탈해야만 윤회의 굴레에서 벗어나 이상세계에 안주할 수 있다고 주창한다. 자이나교는 나형파裸形派인 '디감바라'와 백의파白衣派인 '슈베담바라' 두 파로 나눈다. 나형파는 공의파空衣派라고도 한다.

특히 자이나교에서는 대소 금계禁戒와 서계誓戒가 있어 신도는 이를 출가수행을 통해 지켜야 하는데, 그 중 불살생不殺生의 계를 엄히 지킨다.

> 벌레 등 일체 생명체를 죽이는 것을 금기로 삼고 이를 지키기 위해 맨발·마스크 등을 하여 평생수행을 쌓는다. 심지어 자이나교 신자 중에는 농업을 하면 많은 땅 속 벌레(생명을 가진 벌레)를 죽이기 때문에 이를 피하고 상업을 업으로 하는 신도도 있다.
>
> 자이나교의 우주관·신앙관의 철학사상은 힌두교·불교 등과 상통하는 고대 아리아민족의 우주의 달마수행사상에 바탕을 두고 있다. 자이나교는 인도민중의 삶의 영혼정화에 많이 기여하고 있는 종교이다.

인도를 신의 나라, 영혼의 나라, 종교의 나라라 하거니와 현재 힌두교를 비롯한 이슬람교·그리스도교·불교 등 많은 종교가 함께한다. 그런 속에 인도의 아리아 인더스 문명의 우주관 정신세계 속에서 불교와 함께 같은 시기 태어난 자이나교이다. 기원전 5세기 인도 마가다국에서 명상 고행苦行을 쌓아나간 마하비라에 의하여 개창開創된 자이나교는 불교가 개창된 같은 시기, 같은 장소에서이다.

자이나·지나란 산스크리트어 '승리자'·'승리'를 뜻한다.

또한 힌두교와 이슬람교를 융합한 시크교도 있다. 시크교는 14세기 개조되었으며 그 개창자는 '나나그'이다. 나나그는 30세 때 목욕 중에 큰 영감靈感을 얻어 포교를 시작했다.

시크교는 다른 종교에서처럼 신의 영원성을 전신전령으로 신복·묵념·명상을 통해 신앙하되 우상을 배격, 자기 직업을 통해 적선을 최대한 해나가야 한다고 강조했다.

자이나교의 개조開祖 마하비라의 본명은 바르다마나이다. 그는 붓다와 같은 시대 바이살리에서 태어났고 당시 마가다국 삼림지대에서 많은 철학자·사상가들이 운집하여 나름으로 바라문교의 이념을 비판했었는데 이 백가쟁명百家爭鳴의 명사·철인 속에 붓다도 있었고 마하비라도 있었다.

마하비라는 석존釋尊과 함께 붓다〔깨달은 자〕라는 호칭을 받기도 했다. 인도의 철학자·사상가들은 고대 아리아인 바라문들의 정신문화를 계승, 어려서는 배우고 커서는 가정을 돌보며 30세가 넘으면 출가하여 삼림 등지를 찾아 유행遊行·수행修行을 쌓으며 만년기를 보낸다.

마하비라 또한 31세 이후 고행에 들어가 일체의 옷을 몸에 걸치지 않고 명상·수도에 몰입하여 엄격한 통제의 요가·고행·수련을 하다가 12년의 수도 끝에 마침내 깨달음을 얻은 것이다.

흔히 자이나교 신도들을 '나체裸體수도의 종교'라고도 말하며, '특수 신체가학苛虐·정신집중 고행의 종교'라고도 말한다.

인도를 여행하다보면 여기저기에서 나체나 반나체〔흰옷을 걸침〕의 자이나 수도자들을 만난다. 교외 숲속에서는 자이나교도들이 특수요가·고행수도를 하는 모습도 본다.

자이나교의 특성은 명상·고행수도를 통해서 신神을 만나고 두드리는 일로서 엄한 계율이 또한 특색이다. 자이나교도는 출가수행을 원칙으로 삼고 특히 불살생계不殺生戒의 대금계大禁戒를 엄수해야 한다.

길을 걸을 때나, 앉을 때, 어느 때에도 벌레·곤충·생물을 죽여서는 안된다. 심지어 음식을 먹을 때, 걸을 때, 발밑에서, 또는 숨을 쉴 때에도 마찬가지로 눈에 안 보이는 작은 벌레조차 죽여서는 안된다. 따라서 발은 맨발로 다니는 것을 원칙으로 하고 있고 작은 벌레가 입 속으로 빨려들어가지 않도록 마스크를 한다.

자이나교는 출가주의出家主義를 강조하며 고행수도를 통해 번뇌를 단절하여 해탈을 달성하는 것을 최고의 경지로 삼는다. 자이나교의 성전聖典에 대해서는 현재도 있다 없다 두 갈래의 견해가 있다. 현재 자이나교 신도는 3백만 정도밖에 안되지만 신도수에 비해 자이나교의 권위나 세력은 막강하다. 자이나교 신도 중 가장 영향력을 가졌던 성자는 19세기 마하트마 간디(1869~1948)이다.

'마하'는 '위대한 영혼'의 산스크리트어이다. 마하비라·마하트마 간디·마하바라밀다 등 '위대한'의 관용어이다.

마하트마 간디는 '아힘사' 즉 불살생不殺生을 실천했고 사티아그라하 즉 비폭력·무저항주의·국산품장려운동을 펴 영국의 침략하에 있는 인도를 맨몸·맨발로 대항했고 바라문교의 카스트 최하층 천민[불가촉천민]의 해방에 앞장서서 인도독립을 성취해냈다.

마하 즉 '위대한'은 한역으로는 '대웅大雄'이라 번역한다. 불교에서 석존 붓다를 모신 중심이 되는 불전을 대웅전大雄殿이라 지칭하는 것도 이 때문이다.

마하비라는 결혼을 하여 딸을 얻은 뒤 양친이 죽자 형의 동의를 얻어 재산을 처분하고 출가수행에 나섰다. 그는 먼저 잔피야가마 마을 근교에서 수행에 나가 일체지一切智의 깨달음을 얻고 마가다국 수도 라자그리하〔王舍城〕를 중심으로 교리를 넓히는 한편 더욱 깊은 수도에 들어갔다.

마하비라의 가르침에 따르면 "깨달음은 지혜요, 오성悟性이기도 한데, 이는 자기의 번뇌와 싸워 이겨야 하며, 고苦에서 '모크샤' 즉 해탈解脫해야만 얻을 수 있다"고 말했다. '자이나'·'승리자' 이름은 여기에서 나왔다. 고행수도에서 이겨야 한다. 이겨야 승리자이며 깨달음을 얻을 수 있다.

이 가르침의 핵심은 불교의 붓다와 다르지 않다. 다만 불교의 붓다는 반드시 고행苦行을 거쳐야 한다고 말하지는 않는 점이 다르다. 살생은 불교에서도 금한다. 그러나 자이나교만큼 철저하지는 않다.

불교나 자이나교의 탄생개창은 기원전 5세기 마가다국에서 이루어졌다. 상업·수공업도시인 이곳에는 지원정사祇園精舍가 있어 많은 싯다르타 즉 장자들이 머물렀고 수행자·성자·철학자들이 모여들었던 곳이다.

이 지역에는 특히 육사외도六師外道라 불리는 바라문교 반대사상가들이 머물렀는데, 토호·상인들이 그들에게 물질공양을 폈다. 석존도 그렇지만 마하비라도 이곳에 머물면서 마가다국왕 빔비사라와 그 아들들의 도움을 받았다. 현재 영취산 일대 암석 등에는 불교의 유지도 많지만 자이나교 사원도 있다.

◎ 자이나교도들은 불살생不殺生을 위하여 맨발에, 입에는 마스크를 할 뿐더러 빗자루나 먼지떨이를 가지고 다닌다. 모두 벌레를 죽이지 않기 위해 필요한 도구이다. 땅 위의 일체 벌레를 죽여서는 안된다.
◎ 자이나교도는 단식斷食을 수시로 하고 때없이 절식節食을 한다. 숲이나 길목에서 명상을 하기도 하고 가혹한 고행苦行도 한다.
◎ 불 속에 몸을 태우거나 한 쪽 발을 들고 다니기, 연못 뛰어넘기, 한 손 매달리기, 햇빛 쳐다보기, 그밖에 뜨거운 숯불 밟기, 물구나무서기 등 시련의 고행을 한다.
◎ 모두 번뇌와 싸워 이기고 마음의 청정, 신의 세계를 맞이하기 위해서이다. 고행은 참을 두드리는 싸움이다. 엄격한 금욕생활을 통해서 진리를 파지하고 우주의 뜻, 하늘의 도道를 얻기 위해서 행하는 것이다.

인도사람들은 대체로 이러한 수행자들을 마음으로 존경하고 자기의 신앙을 초월해서 공양한다. 이것은 인도인들의 생활관이요 가치관이기도 하다.

자이나 사원에는 본존상이 붓다상과 비슷한 마하비라의 상이 조소되어 있다. 인도 엘로라궁에는 불교·힌두교·자이나교 석굴이 함께 있다.

한편 자이나교에서도 괴력난신怪力亂神은 부정하기 때문에 사원에는 마하비라상만이 있는 곳이 많다.

◎ 모든 인도의 종교가 우주창조 법의 발상지를 수미산須彌山으로 삼는데 마하비라도 수미산을 신의 근거지로 삼는 점에서 이들과 같다.
◎ 자이나교의 계율은 대금계大禁戒·소금계 등이 있다. 대금계는 출가자가 준수해야 할 계戒요, 소금계는 재속신자가 가져야 할 계이다.
◎ 계 속에는 불교에서 강조하는 불살생·불망어不忘語·부도不盜·무소유無所有 등 불교의 5계에 속하는 것도 있다.

우주관, 무소유의 인생관·철학관 등이 있고 이는 인도 고래·고유의 우주의 달마사상 철학과 밀접한 관계가 있다. 또한 바라문사상에 의한 수행관·명상·요가·선禪사상과도 자이나교에 연관되어 있다.

다섯째생각

하늘에 이르는 길

1. 삶, 그 중도의 하늘

별을 헨다

나는
작은 모래알

그날 나는
먼 우주를 돌아
행성, 지구의 그늘 속에
숨을 죽이고 있다.

나는
밤마다 행성 속에 파묻히고
나 속에 파묻힌다.

나는
나 속에서 별을 헨다.

나는
태양을 돌 때마다

나를 깨우며
나 속에
지구를 재운다.

나는
작은 모래알

나는 나 속에서
밤마다 별을 세며
새벽마다
나 속에 잠든 나를 깨운다.

중도中道!
사람이 살아가는 데 있어서
가장 바른 길, 가장 넓은 길, 가장 큰 길
그리고 가장 밝은 길은 무엇인가?
삶의 가장 탄탄하고 영원한 진리의 길은 무엇인가?
성자들은 그 길을
중中의 도道 곧 '중도中道'라 했다.
중中의 길은 정正의 길이요, 항상의 길이다.
일정한 길이요, 편벽되지 않는 길이다.
유교에서는 사람의 도道의 길을 '중용中庸의 길'이라 했고
불교에서는 깨달음에 이르는 길을 중도中道라 했다.
중도는 갓길이 아니다.

> 중도는 사람의 길 중 가장 중심이 되는 길이다.
> 중도는 사랑과 자비, 지혜의 길
> 하늘의 길, 우주의 길, 신의 길이다.
> 중도는 화합和合의 길이요, 평화의 길이다.
> 중도의 중中은 '한가운데'를 뜻하고 '첫째'를 뜻한다.
> 또한 넓음을 뜻한다.
> 중도는 큰 광도光道이며 진리의 길이다.

1) 중도, 그 큰 길

중도中道!
한 가운데 길, 사람의 길 중 가장 큰 길이 무엇인가?
그 길을 '중도'라 한다.
사람의 길 중 가장 넓은 길이 무엇인가?
그 길을 '중도'라 한다.
사람의 길 중 가장 영원한 길이 무엇인가?
그 길을 '중도'라 한다.
'중中'은 '정正'이란 뜻을 가진 글자이다.
'중도'란 도道 중에 가장 중심이 되고 가장 근본이 되며 가장 본질이 되는 길이라 말한다. '중심中心'이란 변두리가 아니라 가장 한복판을 말한다. 중심이 되는 길은 으뜸이 되는 길이요, 첫째가는 길이며 틀림없는 길을 말한다.

'중도中道'는 거짓이 아닌 진실의 도道이며 사람이면 마땅히 밟아야 할 바른 길이요, 밝은 길이다. 그래서 예부터 사람의 도, 사람의 사람다운 길을 찾아나선 성자들·선지자들·철인들·구도자들은 한결같이 중도中道·중용中庸의 도, 중中의 사상, 중中의 철학을 말했다.

중도에 대해서는 유교에도 『중용中庸』이란 경전이 있고 불교에도 「중론中論」은 대승불교사상의 근본을 이룬다.

아리스토텔레스나 소크라테스·칸트의 책을 읽어보아도 그들의 주장을 유추해 보면 신神의 길, 빛의 길, 진리의 길, 이성의 길로서 타당성이 있는 넓고 밝은 길, 큰 길이다.

종교에서는 빛을 두드리고 진리를 찾는 수행의 길은 '중中'과 '정正'의 길이다. 수행은 중정中正을 닦는 것이다. 공자의 '인덕仁德'의 길은 서로 갈라서는 것이 아니라 화합和合의 '중中과 정正의 길'이며 붓다의 '자비의 길'은 제세濟世·평화·공존의 '중도中道의 대도大道'이며 그리스도의 '사랑'은 '관용寬容'과 포용, '대동화합 평화'의 중도 즉 '광도光道'이다.

중中의 길은 연민의 길이요, 구제의 길, 자비의 길, 은혜의 길, 나아가서 신의 길, 하늘의 길이다.

불교의 『법구경法句經』 속에서도 "일체의 깨달음을 얻은 자는 크고 바른 마음 한가운데 있다"고 했다. 그 '한가운데 길'이 '중中과 정正의 도道'이다. 그리스도의 큰 사랑은 크고 넓은 '정正의 도道'이다.

유교의 『주역周易』에서는 천지의 대덕大德, '중中'과 '화和'라 했으며 하늘과 땅의 마음은 중中의 화육化育을 통해 이룬다 했다. 또 중용의 길은 천성天性의 도道라 했다.

불교에서는 중中의 길을 깨달음에 이르는 수행의 길이라 했다. 『아함경阿含經』은 붓다의 기본철학 초전법륜初轉法輪의 기본을 가르치고 있는 경전인데 이 속에서 붓다는 '양극화를 택하지 않는 것이 중도'라 했다. 붓다가 6년의 수도 끝에 깨달은 보리수하의 삼사묵도三思默禱 속에 떠오른 것은 '수행방법'도 그렇지만 "삶이란 극단을 피해서 중도를 실천하는 것이 빛을 두드리는 길"임을 말했다.

"중도中道는 도道 중 가장 큰 길이다. 중도를 떠나서는 안된다. 중도는 타협이 아니다."

"너무 비천한 욕락欲樂 속에 빠져서는 안된다. 너무 지나친 성행聖行이어서도 안된다. 두 극변極邊을 떠나 넓은 길, 중심이 되는 길에 서는 것이 밝은 빛길, 중도中道의 큰 길을 따르는 길이다."

공자는 『서경書經』에서 "9족九族을 화목하게 하고 밝게 닦는 준덕俊德은 '중中에 서는 길'이며 백성을 평장平章·소명昭明케 하여 만방을 협화케 하는 것은 '중中의 큰 길'이라" 했다.

또 『대학大學』 경서에서도 명덕明德을 천하에 밝게 하려면 먼저 그 나라를 바르게 이끌고 나라를 잘 다스리려 하는 자는 먼저 가정을 잘 제가齊家해야 하며 또한 제가를 잘하려면 먼저 자기 자신을 닦아야 하나 자기 자신을 닦는 것은 무엇보다도 자기 마음을 바로 하는 것 즉 '정正'에 서는 데 있다 하였다.

'정正'이란 '중中'이며 자기 자신이 중심에 서야 하고 바로 서야 하며 똑바로 서는 것이 큰 길 중中과 정正의 길임을 말했다.

"'중도中道'는 중심이 되고 탄탄하며 넓은 길을 말한다. 마치 '중도'는 나라의 군주가 덕으로 나라를 다스리는 것과 같아서 북극성이 일정한 장소에 있어도 뭇별이 그를 중심으로〔구심점으로〕 회전하는 것과 같다."

이것이 유교경전의 해석이다.

유교에서는 '중中의 길'을 '덕德의 길'에 비유한 곳이 많다. "덕으로 이끌고 덕으로 예禮를 다스리면 천하에 이루지 못하는 것이 없다"고 했다. 덕이 서는 곳이 중中이요 정正이다. 덕치주의德治主義는 유교의 근본정신이다. 노자의 도교에서도 이를 강조했다.

중中과 정正의 길은 예禮의 길, 선善의 길이며 사람이 사람으로서 완성하는 학學의 길, 가르치는 교敎의 길, 도를 구하는 수행의 길이라 했다.

공자는 "학불염 교불권〔學不厭 敎不捲〕"을 주창했다. '불염하는 길', '불권'하는 길은 으뜸의 길이요, 중中의 넓은 길이며 첫째가는 길이라 한 것이다. "사람은 안에서 효孝하고 밖에 나가 제悌하며 근이신謹而信하고 범애중이친인汎愛衆而親人하면서 나머지 힘이 있으면 학문을 하라"고 했다. 이 모두가 사람의 행실중심이 되는 길이다.

"너무 배불리 먹지 마라. 너무 편안을 구하지 마라. 일을 민첩하게 하고 언행을 삼가라. 도에 나아가며 학을 열심히 하라."

"어진 사람을 섬기라. 부모와 임금을 섬겨라. 벗을 덕德과 신信·예禮)로 사귀어라. 인仁을 닦아라. 지知를 닦고 믿음〔信〕을 심어라. 성性을 도道로 이끄는 것이 교육이다."

"배우고 깊이 생각지 않으면 안된다. 사려思慮란 배움에서 이룩된다."

이 모든 길은 사람이 반드시 중심삼아 익히고 실천해 나가야 할 길임을 성자들은 강조했다.

인간은 욕망을 벗어날 수 없다. 남녀간의 욕망, 세상의 영화부귀에 대한 욕망, 권세를 누리고 싶은 욕망, 영원히 살고 싶은 욕망 등이 그것이다. 그러나 또한 반대로 세상을 허무로 내다보고 자포자기하는 가운데 될 때로 되라고, 너무 삶을 스스로 허물어 버리는 경우도 있다.

이것들은 모두 중中에서 벗어난 갓길이다. 인간은 적당한 범위 내에서 욕심이나 의욕도 가져야 하고 또한 분수나 명命을 내다보고 조절해 나가야 한다.

바른 바램이나 희망은 사람이 발전하는 데 필요한 선善이다. 사람은 의욕을 가져야 한다. 그러나 그 의욕은 바르고 탄탄하고 중심이 서는 길이어야 한다. 너무 자포자기하는 것은 중심에서 벗어난다.

중도中道를 걷는다는 것은 세상을 적당히 타협하거나 두루뭉실 적당히 얼버무리는 것과는 정반대의 길이다. 양극단을 피한다는 뜻은 중中의 뜻에 가깝기는 하나, 참다운 중도는 바른 일, 옳은 일, 진리의 길을 적극 실천하는 길이다.

중심의 길, 바로 걷는 길, 그 길이 중정中正의 길이다. 중정의 길은 사람의 도道, 하늘의 도, 신의 진리의 길을 실천하는 길이요, 바른 지혜의 길, 깨달음의 길, 신에 귀의하는 길이다.

중도中道·중정中正의 사상은 깨달음·깨침이며 불교의 근본사상이기도 하다. 성자들은 그렇게 말한다. 대승大乘·소승小乘이라는 상념의 극단으로 치닫는 것도 문제라 본다.

중도란 생멸무상生滅無常을 떠난 만유萬有의 실상實相을 깨닫는 길이며 불교의 실천윤리의 기본으로 4체四諦 8정도八正道 철학도 이에 바탕을 둔다.

붓다는 '중도'에 대해서 이렇게 말했다.

"유有와 무無를 고집하지 않는 것도 중도이다."

또한 공空만을 『심경心經』 속에서 너무 역설하는 것도 중도를 벗어난 것이다. 불법은 유·무의 편벽에 사로잡혀서도 안된다. 만일 사람이 바른 지혜를 가지고 세계 속의 일체를 여실히 살피면 무無도 아니고 유有도 아님을 안다. '있다(有)' '없다(無)'의 극단을 벗어나야 한다.

중도中道는 정도正道이다. '중中' 글자 속에는 정正의 뜻이 들어 있다. 하늘과 땅의 한가운데 서는 것이 '중中'의 글자이다.

붓다의 기본교리 속 '8정도八正道' 속에는 이 원리가 들어 있다.

- 바로 보라.(正見)
- 바로 생각하라.(正思)
- 바로 말하라.(正語)
- 바로 행하라.(正業)
- 바로 생활을 하라.(正命)
- 바로 노력하라.(正精進)
- 바른 목표를 세워라.(正念)
- 마음을 바르게 안정하고 평안케 하라.(正定)

이것이 바로 중도中道의 큰 길이다. '정正'은 본시 크고 넓고 반듯한 뜻이 있다.

유교의 철학은 중용中庸의 도道라 말한다. 공자의 철학은 중도사상이라 말한다. 중中은 '바른 것', 용庸은 '항상의 뜻'이다. 항상 일정하여 기울거나 한쪽에 편벽되어서는 안된다는 뜻이다.

공자의 어록인 『논어論語』를 읽으면 중용의 철학이 도처에 나온다.

◎ 극단을 피하라! 중용이란 단순한 타협이거나 적당히 얼버무리는 중간의 태도가 아니다.
◎ 사람의 수행修行에 있어도 실상實相의 존재가 있고 그 결과 극단을 피하는 것이며 극단을 피하여 바른 길을 찾는 것이다.
◎ 중용의 길은 넓은 길이며 탄탄한 길, 바른 길, 영원한 길이다. 중용의 길은 진리의 길이며 그 길이 바로 하늘의 도道에 합치된다.

공자는 용모·태도에까지도 중용의 길을 말했다. 공자는 '중中'의 사상은 요堯와 순舜도 이를 존중했고 역대 성인들이 모두 '중'을 강조했다고 말했다.

주공周公도 이를 유훈遺訓에 담았다.

요임금은 순임금에게 양위할 때 '윤궐집중允厥執中'을 말했다. 순임금도 우禹에게 양위할 때 '유정유일惟精惟一'을 말하면서 윤궐재중을 말했다. 중국의 중화中華사상을 말한 사마천司馬遷도 중국의 이념은 중中이라 했다.

『서경』에서는 9덕九德을 말했다. 관대寬大한 것, 직直하며 온溫한 것, 직정직直正直·온화溫和는 중용의 덕목이라 했다.

『논어』 속에 위威하고도 맹猛하지 않는 것[威而不猛]이나 관이율寬而栗 즉 화和하고 부동不同한 것[和而不流]. 이 말은 한자 '이而'자를 넣어 두 덕德의 조화를 강조한 것이다.

『중용』의 요점은 "때에 적중하고 때에 알맞게 하는 것"을 또한 말한다. 이것이 '시중時中'이다. 이 말은 갑과 을을 2분해서 그 반분을 취하라는 뜻이 아니다. 서양의 철학에도 강강剛强과 유약柔弱의 중간을 말했고 절충주의·타협주의를 말했다.

"군자는 때에 중中을 택한다. 소인은 여기에 반한다."

공자가 한 말이다. '시중時中'은 중용철학의 핵심이다.

중도中道란 사물의 중심을 깊이 생각하는 것이며 택하는 방법, 사용하는 방법, 맛보는 방법, 쓰는 방법 등을 때에 맞게 하는 것이다.

"군자는 중용을 행한다. 소인은 중용에 반한다. 지자知者·우자愚者도 중용의 실행이 중요하다. 지자는 과過하고 우자는 불급不及한다. 도를 밝혀 닦는 일도 어렵다. 현자賢者는 지나치고 불초자不肖者는 못 미친다."

중용은 사람의 가르침이 아니라, 대자연의 교훈이기도 하다. 하늘의 뜻은 늘 탄탄한 중中의 한가운데를 가는 바른 길이다.

"희로애락의 미발未發, 이를 중中이라 한다. 화和와 절節을 지키는 것이 중용이다. '천명지위성天命之謂性 솔성지위도率性之謂道'의 해석을 성자는 '천명天命은 정正'이며, '성誠'·'선善'이라 확신한다. 미발未發의 중中은 사람의 '성誠'이며 '천天의 명命'이다. 이는 '정正이며 성誠'인 것이다."

동양사람들, 특히 중국사람들은 중용의 철학을 깊이 신봉한다. 중화사상은 중국인들의 총체적 자존심이다. 중국中國의 국호에는 '중中'자를 썼다. 장개석將介石 총통의 이름은 중정中正이며 손문孫文의 호도 중산中山이다.

불교의 법상종法相宗을 비롯해서 대승불교의 대부분은 중도中道가 불교의 핵심이라 말했다. 중中은 가장 넓은 길이요, 조화의 길, 큰 길이요, 영원한 길이다. 중의 길은 절충이나 타협의 길이 아니라 바른 길[正道] 자체이다.

공자는 정치政治는 '정正'이라 했다. '바른 길', '큰 길'을 이끌어가는 것, '바름'을 다스리는 것이 정치라는 것이며 그 길이 정도正道라 했다.

『중용中庸』에서는 수도지위교修道之謂敎를 강조했다. 도道는 배우는 것, 가르치는 것을 통해서 닦는다는 뜻이다.

◎ '바름'이란 '정正' 곧 탄탄하고 넓고 바른 길이며 중도中道를 뜻한다. 중도란 삶의 큰 길이다. 학學과 교敎는 바름의 삶의 길, 곧 중도를 가르치고 익히는 것이다.

◎ '바름' 곧 중의 도를 실천하는 길이 어버이를 받드는 것, 나라에 이바지하는 것, 성실하고 바르게 사는 것, 인류를 위하는 큰 길이다. 나를 닦는 길이다.

◎ 정正과 중中은 화和에 통하고 '화'는 덕德에 통한다. 맹자는 천시天時나 지리地利보다 인화人和를 내세웠다. '인화', 사람의 삶의 평화 즉 화목은 가장 중요한 사람 삶의 실천의 덕목인데 바로 그 인화는 화和와 덕德, 중도中道이며 중용中庸의 길이다.

노자는 "학學을 끊[絶]으면 근심[憂]이 없고 불언不言의 가르침[敎], 무위無爲의 익益에 미치는 일이 드물다"라고 했다. 얼핏 생각하면 "배움과 가르침은 무익하다" 한 것 같아도 무위無爲를 가르쳐야 한다는 역설이 들어 있다. 노자는 무위의 대도大道를 중中과 정正으로 본 것이다.

노자는 "제도를 엄히 하고 문화를 강조하는 것은 어리석은 일이다. 정政에 민민憫憫하면 그 백성은 순순淳淳하며, 정政에 찰찰察察하면 그 백성은 결결缺缺한다" 했다. "성지聖智를 버리면 민리民利는 백배하고 인의仁義를 끊으면 그 백성은 효자孝慈에 돌아온다. 교리巧利를 버리면 도적이 있지 않다"는 말을 했다.

노자는 "인간의 일체 우환흉복憂患凶福이나 국가사회의 혼란분요昏亂紛擾는 지智를 익히는 데서 일어난다"고 하면서 "지智를 익히는 학學을 폐절하고 학지學智의 성聖을 배격해야 한다. 인의仁義·효자孝慈, 작위作爲된 예의도 부정한다"고 했다.

이 경지는 중국역사에 나오는 요순시대 '무위이치無爲而治'·'순복자연純樸自然'·'안평태세安平泰世'와 통하는 말이다. 노자는 평화·청정의 세상을 적극 동경하고 있다. 무학無學·무교無敎·무치無治를 주장하고 무위자연을 강조했을 뿐이지, 노자 자신은 이상적인 사회, 이상적인 세상, 나아가서 바람직한 인간상이나 인간육성의 필요성을 송두리째 부정한 것은 아니라고 보고 싶다.

노자의 자가당착自家撞著 속에는 구세救世의 비원悲願이 깊이 깔려 있다고 볼 수 있다. 노자는 "자연으로 돌아가라", "인간의 일체 수위修爲를 말아라", "지智를 연마硏磨하고 예禮를 꾸밀 필요는 없다"고 했다.

그러나 노자는 인간의 학문수양을 통해 상호간의 대응, 인간사회의 질서와 조화, 대자연의 조화를 강조했다. 학學을 허식虛飾으로 생각하고 지식·사려를 분식粉飾으로 되는 점…, 이것은 도道(自然之道)에 역행된다는 것이다. 참다운 도道는 그런 것이 아니라는 뜻을 강조했을 뿐이다.

노자는 지나치게 연마된 지식, 지나치게 강조하는 인의예지의 분화粉華를 절기絶棄하고 오직 자연의 대로로 나가야 함을 강조했을 뿐 이상사회의 모델이 없는 것은 아니다.

노자는 무위자연의 도道를 가장 강력하게 제창한 도학자道學者이다. 그의 도는 철학이요 사상이다. 철학이나 사상은 그 자체가 학學이요 교敎이며 치治에 통하는 말이다.

중화中和·화육化育이 음과 양의 상생相生의 큰 길이요, 인류영생의 넓은 길이라 했다. 중국역사가 자랑하는 요·순의 정치는 노자의 무위의 정正(政治)이요, 천인화합의 중도中道·중화中和·중정中正의 정치라 할 수 있다.

이 속에는 노자의 무無를 우주의 근원으로 삼고, 붓다의 공空을 우주의 법으로 삼는 큰 가르침이 담겨 있다.

"지나치게 자기 위주로 삶을 살지 말라. 덕德이 필요하다. 인仁이 필요하고 사랑이 필요하다. 지나치게 욕심내고 물질을 차지하지 말라."

이것은 공자 그리고 그리스도가 한 말이다.

"검儉이 필요하다. 절節이 필요하고 소素가 필요하다. 지나치게 앞서가고 덤비지 말라. 지나치게 내세우지 말라. 선불위先不爲하라. 지나친 작위作爲를 억제하라."

이것은 노자를 비롯해서 많은 도학자들이 한결같이 내세운 말이다.

"내세우기 전에 '나'를 찾아라. '나'를 찾는 것이 견성見性이다. '나'는 우주의 큰 법 즉 중도와 합치되어야 한다. '나'의 깨침, '나'의 깨달음보다 더 크고 넓은 길은 없다."

이것은 붓다의 큰 가르침이다.

중中의 길[道]은 인애仁愛와 덕德의 길, 자慈의 길, 화和의 길, 제齊의 길, 사랑과 용서의 길, 포용의 길, 평화와 자유의 길이다. 중도는 인류의 삶의 길, 참의 길, 바름의 길이다.

2) 중도, 닦음의 길

다음에 중中과 정正의 도道, 가장 넓은 길, 중심이 되는 삶의 길, 꼭 마음속에 담아나가야 할 탄탄하고 영원한 길이라 말한 여러 경전이나 석학·철인·현자들이 말한 삶의 격언들을 일부분 살펴본다.

- 너무 지나친 것은 미치지 못함과 같다. 사람은 물러설 때를 알아야 한다. 그것이 자기를 아는 것이다.
- 진실로 아는 사람은 말을 아낀다. 사람은 모르는 것이 많기 때문이다. 모든 것을 아는 사람은 말이 없다. 말은 사람의 그릇이다.
- 큰 사람은 모나지 않는다. 그릇이 작은 사람은 말이 많다. 교묘한 말, 만드는 얼굴에는 진실이 없다. 순수보다 강한 본질은 없다.
- 하늘의 때를 알아야 한다. 세상의 모든 일에는 때가 있다. 때는 삶의 바른 길 속에 열린다. 자기 욕심을 내세우는 삶 속에는 하늘의 때는 없다.
- 하늘에 부끄럼이 없어야 한다. 하늘을 두려워하는 사람은 사람에게도 부끄럼이 없다. 부끄럼은 자기를 속이는 것이다.
- 사람은 염치를 알아야 한다. 사람이 짐승보다 다른 점은 수치를 알고 염치를 아는 점이다.
- 부드러움은 강강함을 제어한다. 악함은 강함을 제어한다. 물은 가장 부드러우나 가장 강하다. 유약함은 비굴과 다르다.
- 최상의 싸움은 적과 더불어 싸우지 않는 것이다. 화합은 가장 강한 전략이다. 물러섬은 반드시 힘이 약해서가 아니다. 물러섬은 강한 사람이 취하는 행동이다.
- 화합은 위대한 덕이다. 덕은 포용에 있고 겸허 속에 있으며 겸손 속에 있다. 대를 도모함에는 먼저 화합이 전제되어야 한다.
- 위태로울 때 편안함을 생각하고 편안할 때에 위태로움을 생각해야 한다. 하늘의 기회는 사람의 판단 속에 스며든다. 잘 다스려지는 세상

에서는 모나고 난세에 처해서는 둥글게 살아야 한다.
- 높이 나르려는 새는 반드시 오랫동안 엎드린다. 큰 뜻을 품은 사람은 사전에 남모르는 수련을 쌓는다. 위대한 힘은 갑자기 솟아나는 것이 아니다. 큰일을 하려는 사람은 먼저 갈고닦는 단련을 해야 한다.
- 남은 시기하거나 모함해서는 안된다. 남보다 약한 사람이 시기를 한다. 남을 모함하는 사람은 반드시 다른 사람의 모함 속에 자기가 빠져든다.
- 예禮는 처신의 빛이다. 지위가 낮은 사람을 대할 때도 예로 다하고 지위가 높은 사람을 대할 때도 예로 대해야 한다. 예는 임금이 백성을 대하는 태도, 백성이 임금이나 하늘을 대할 때도 예를 중심으로 섬겨야 한다. 예는 중의 큰 길이다.
- 사람이 너무 맑으면 사람이 따르지 않는다. 물이 너무 맑으면 고기가 없다. 재능은 늘 숨겨 감추고 언행은 모나게 해서는 안된다.
- 자기 자신을 규제하는 데는 엄격해야 하고 남을 규제할 때는 관용으로 해야 한다. 대중은 덕의 품속에 모여들고 승복한다.
- 자기 분수를 잘 지켜야 천하 일이 계도에 오른다. 지혜가 있는 사람은 자기 자신을 먼저 살핀다. 자기가 서고 있는 자리, 자기가 택해야 할 길과 위치를 잘 살피고 파악해야 남을 감복시킬 수 있다.
- 큰 사람은 모나지 않는다. 정성을 앞세운다. 작은 사람은 말이 많다. 말보다는 늘 행동이 앞서야 한다. 지성은 하늘의 도이다. 지성이면 감천이다. 정성 앞에 이루지 못하는 일이 없다.
- 하늘을 두드리는 길은 자기 자신을 닦는 일이다. 하늘은 자기 마음속에 있다. 자기를 갈고 닦아야 그 마음이 겉으로 드러나 하늘이 돕게 된다. 넓은 길을 택해야 된다. 진실을 지켜야 한다.

◎ 순수는 가장 약해 보여도 가장 강하다. 사람의 도는 사람의 인정 속에서 나온다. 사람의 길은 사람의 바로 가까이에 있다. 그러나 그 길이 곧 하늘의 길에 연결된다. 사람은 순수와 진실, 덕과 관용으로 세상살이를 해야 한다.

◎ 덕은 사람의 길 중 가장 큰 길이요, 중심이 되는 길이다. 덕은 법보다 더 강하다. 대덕은 없음과 같고 바다와 같다. 잔재주는 가장 덕이 미워하는 그릇이다.

◎ 사치해서는 안된다. 표정을 만들어서는 안된다. 분수 속에는 검약이 있고 질박함이 있다. 내세움보다는 겸허가 인격의 밑거름이 된다. 얕은 행동·손짓·몸짓보다 신중하고 침착한 침묵이 강한 그릇이다.

◎ 성性은 하늘이 준 것이다. 그러나 성을 선善으로 길들이고 닦아야 본원의 성을 견지할 수 있다. 성은 어렸을 때부터 본바탕을 확립해야 한다. 성은 교육을 통해서 제자리를 확보한다.

◎ 큰 일은 모두 작은 일에서 싹이 튼다. 하찮은 일이라 방치하면 돌이킬 수 없는 일이 되어 되돌아본다. 덕은 허전한 것이 아니라 탄탄하다. 시是는 곧 남에게 돌아가고 비非는 곧 자기에게 돌아온다. 작은 일에 너무 집착하면 큰 일을 그르치지만, 매사에 신중하고 치밀하면 작은 일, 큰 일을 모두 성사시킨다.

◎ 사람은 '삶' 속에서 생각하고 '죽음' 속에서 생각해야 한다. 삶은 죽음 속에 있으며 죽음은 삶 속에 있다. 사람이 죽으면 흙에 돌아간다. 사람은 예부터 죽지 않는 사람은 없다. 그러나 그 사람이 남긴 명성, 사람이 쌓아놓은 업적은 영원히 없어지지 않는다. 사람은 우주 속에서 산다. 우주 속에는 없어지는 것은 없다. 사람은 우주 속에서 죽는다. 우주 속에는 완전히 없어지는 것은 없다. 사람은 백 년을 사나 죽음은

천 년을 간다. 사람은 삶과 죽음을 늘 함께 보고, 함께 생각하고 함께 삶을 살아가야 한다. 사람의 참길, 그 중의 길은 그 속에서 나온다.

◎ 중中의 큰 길에는 들어가는 문이 따로 없다. 그러나 그 큰 길은 하늘의 도를 진심으로 두드리는 사람의 가슴속에 더 뚜렷이 열린다. 하늘의 뜻, 하늘의 길은 이를 두드리는 사람의 영혼 속에 열린다. 영혼은 하늘이 주고 하늘이 함께 하는 그릇이다. 하늘의 뜻, 하늘의 길은 항상 자기의 영혼 속에서 찾아야 한다. 자기 영혼에게는 거짓말을 못한다. 양심은 영혼의 싹이요 잎이다. 그 싹, 그 잎은 영혼의 뿌리에서 솟아난다. 영혼은 닦아야 하고 갈아야 한다. 그래야만 그 줄기 속에서 실한 열매, 영롱한 씨앗이 생긴다. 중의 길은 갓길이 아니라 영혼의 뿌리인 근원의 길이다.

◎ 사람이면 다 사람은 아니다. 사람은 사람이어야 사람이다. 사람은 생각하는 머리가 있고, 사람의 길을 찾는 마음이 있다. 사람은 사람의 길, 그 밝고 바른 길을 늘 찾는다. 지성·겸손·겸허는 수행자의 '마음의 바탕'이며 탁마·정진·선정禪定은 수행자의 '행의 바탕'이다.

◎ 성誠은 진리를 두드리는 믿음의 원천이요, 성찰·참회·반성은 하늘을 찾는 믿음의 근원이다. 자기 자신을 아는 것이 하늘을 알고 신神을 아는 것이다. 어진 사람의 하늘의 때를 알고 덕이 있는 사람은 신의 뜻을 안다.

◎ 신을 믿고 하늘을 믿는 것이 자기의 존재를 믿는 것이다. 하늘은 멀고 높은 곳에만 있지 않다. 나의 마음속, 나의 영혼 속에도 있고 나의 심장 속, 나의 숨 속에도 있다.

◎ 나를 닦는 것, 나를 가는 것이 하늘을 두드리는 길이요, 하늘과 신을 나의 마음속에 포개고 결합시키는 일이다. 하늘은 길이요 뜻이다. 하

늘은 참이요 선善이며 영원이다. 하늘의 진리에는 사람의 상하귀천이 없다.

◎ 사람은 쉬지 않고 낮은 곳으로 향하여 흐르는 물을 배워야 한다. 겸허·겸손은 강자가 갖는 마음쓰임이다. 화禍나 복福은 문이 따로 없다. 오직 사람이 불러들인다. 도道는 작고 고정된 그릇(器)이 아니다. 사람 입은 작으나 그 입이 미치는 하늘은 끝이 없다. 남의 단점을 말하지 말고 자기의 장점을 말하지 말라.

◎ 늘 자기를 반성하고 되돌아보아야 한다. 성찰은 뒷일을 푸는 것만이 아니라 앞일을 잘 풀어나가는 중심의 길이다. 성찰은 발전의 초석이요 다짐이다. 성찰보다 강한 자기 채찍은 없다.

◎ 하늘의 도는 중용의 도이다. 중용의 도는 가장 넓은 길이요, 중심이 되고, 바른 길이다. 가장 탄탄한 길이요, 가장 귀하고 영원한 길이다. 중용의 길은 뒤처지는 듯하면서도 앞서가는 길이요, 못하는 것 같아도 가장 잘하는 길이다. 중용의 길은 수양을 통해 닦아진 길이요, 경륜을 통해서 얻어진 최상의 길이다. 중용보다 상위의 길은 없다. 중용의 길은 학덕의 길이요, 인격의 결정에서 우러나는 길이다.

◎ 천지자연의 섭리는 무궁하고 영원하며 일사불란하다. 하늘과 땅의 섭리는 가장 바르고 떳떳하고 밝은 길이기 때문이다. 그것이 중中의 길이다. 중의 길은 근본이 되고 바탕이 되는 길이며 가장 밝은 길이다. 모든 생명, 모든 동식물은 그 씨알 속에, 심장 속에, 뿌리의 핵 속에, 우주의 법칙, 하늘의 뜻이 깃들어 있다. 그 하늘의 뜻은 밝음이요 바름, 빛의 길이다. 그 길이 영원한 한복판 한가운데 길이다. 사람들은 이 길을 하늘의 도道라 하고 우주의 법이라 한다. 신神의 길은 불편부당하다. 그 길이 중의 길이다.

◎ 남에게 이기려고 생각하면 먼저 자신의 욕심부터 이기지 않으면 안 된다. 남을 이기는 힘은 자기 자신을 이기는 힘이다. 자기 자신의 피나는 노력, 역경을 극복하는 신념과 의지가 남을 이기는 것이다. 자기 자신의 모자람을 모르는 사람은 남의 지적 깊이를 모른다.

◎ 가장 삶의 넓은 길은 자기 자신을 닦는 일이다. 그것이 중심에 서는 삶의 길이다. 자기를 알아야 한다. 세상을 보는 눈을 바로 가져야 한다. 물의 깊이는 바늘로 잴 수가 없고 하늘의 높이는 날개로 잴 수가 없다.

◎ 원형이정元亨利貞의 '원元'자는 크다는 뜻이다. 동시에 태초의 시작이라는 뜻이며, 한편 중中이라는 중심의 뜻도 된다. 우주는 창조주이며 만물이 자라며 성정한다. '형'은 무궁무진한 발전을 뜻한다. 발전은 곧 아름다움이다. '이'는 사리에 순조로움을 뜻하고 '정'은 곧은 뜻, 굳게 다져서 동요하지 않음을 말한다. 이것은 시공을 넘어서 지켜야 할 '중의'도 만물의 도리이다.

◎ 백성들이 각자가 타고난 천성의 명덕, 중의 도를 지키고 밝혀나간다면 천하의 나라들이 모두가 사이좋고 화목하게 살아갈 수가 있다. '협화만방' 이 말은 고대 정치를 하늘의 뜻에 따라 이상적으로 하려는 어진 임금의 중도의 길이었다.

◎ 중도는 관용의 길이요, 조절의 길, 타협의 길이요, 타개의 길이다. 중도는 넓은 길이요, 탄탄한 길이다. 큰 인물이나 뜻이 선 사람은 소인의 잘못을 일일이 책망하지 않는다. 책망을 하기 전에 먼저 그 환경과 사유를 살펴본다. 용서란 힘든 일이요, 장자가 아니면 쉽게 할 수가 없다. 장자의 길이 중의 도이다. 관용도 지나치면 안된다. 소인은 용서가 소극적이나 대인은 적극적인 용서인 것이다. 관용은 중도를 택해야

한다.

※ 정명正名이 또한 중도이다. 세상에는 정명이 아닌 것이 많다. 이름과 내용이 다른 것이다. 산은 산이요, 내는 내이다. 나무나 풀이 없는 산은 산이 아니라 흙덩어리요, 물이 없는 내는 내가 아니라 모래흙이다. 정명사상은 사회정의를 말한다. 사회기강의 문란은 바로 정명이 이루어지지 않고 있기 때문이다. 정명사상은 중도의 사상이다.

※ 천지자연의 섭리는 너무 크고 넓기 때문에 여기에 뜻을 두면 가슴이 트이고 마음이 밝아져 삶을 기쁘게 살 수가 있다. 그러나 너무 욕망에 사로잡히면 자칫 기구한 운명에 빠진다. 인간은 사사로운 욕심을 갖지 말고 공명정대하게 하늘을 우러러 땅을 굽어 부끄럼이 없도록 이치에 맞고 도리에 맞게 살아야 한다. 그 이치나 도리는 언제나 중도사상에 바탕을 두어야 한다.

2. 삶, 그 수행의 하늘

풍선

구만 리라 했던가?
하늘의 길을
나는 나의 삶의 무늬를 수놓아
풍선을 띄운다.

풍선마다에
예쁜 동그라미를 그리고
둥근 태양이 떠오르는
은하궤도에 풍선을 띄운다.

해처럼 고운 이름을 쓰고
달처럼 맑은 얼굴을 그려
구만 리 하늘길에
삶의 꽃수레 풍선을 띄운다.
나는 나의 먼 하늘에
나를 찾는 풍선을 띄운다.

삶이 무엇인가?

삶은 신앙이다.

삶이 무엇인가?

삶은 수행修行이다. 신앙은 수행이다.

또 나는 이렇게 생각한다. 삶은 신앙이요 수행이다. 신앙은 예禮요, 수행은 예를 닦는 일이다.

나는 이러한 선지자들의 가르침을 진심으로 존중한다.

수행이란 사람을 닦는 일이다. 수행이란 사람의 마음, 사람의 몸을 닦는 일이다. 수행이란 사람의 영혼을 닦는 일이다.

사람은 사람의 길을 닦고 사람의 뜻을 닦아야 사람이 된다. 사람은 사람이면 다 사람은 아니다. 사람은 사람이어야 한다.

닦는다는 것이 무엇인가?

자기 자신을 간다는 것이 무엇인가?

이것을 『시경詩經』에서는 절차탁마切磋琢磨라 했다. 돌은 갈고 닦아야 구슬이 된다. 사람은 갈고 닦아야 사람다운 사람이 된다.

수행을 쌓는다는 것은 꼭 어떠한 종교적인 신앙을 통해야만 하는 것은 아니다. 종교의 참뜻은 사람이 참답게 살아가기 위해서 신神이나 하늘·우주를 두드리는 것이다. 하늘의 뜻, 신神의 길, 우주의 섭리, 법法을 신앙하고 그 빛 속에서 결합하는 삶을 살아가자는 것, 그것이 종교이다.

종교는 신앙이다. 진실한 삶, 진실한 생명의 길, 참되고 영원한 아름다운 사람의 길을 믿고 섬기는 것, 이것이 종교요 신앙이다.

신앙은 신神의 진리 속에 '나'를 결합하고 우주와 하늘의 섭리 속에 그 도道와 법法 속에 나의 삶을 포개자는 서원이요 바램이다.

진리와의 결합, 빛과의 결합은 신앙을 통해 두드리고 그 신앙은 나의 수행을 통해서 달성된다. 나의 어둠을 버려야 한다. 나의 허욕을 허물어야 한다. 나의 어림, 나의 어리석음을 때리고 채찍질해야 한다. 나의 허물, 거짓의 허물, 요행의 허물, 무능의 허물, 나의 때, 미망迷妄의 때, 욕심의 때, 이것들을 허물어 버리고 부수어버려야 한다. 이것이 수행이다.

  수행에는 무엇보다 '마음의 통일', '영혼의 집중'이 중요하다. 모든 허물·욕심·죄악은 마음을 잃은 데서 나타난다. '나'를 찾아야 한다. 신神과 '나'는 결합해야 한다.

  나는 이러한 정신집중 수행의 방법을 인도 힌두교의 경전에서 많이 찾아본다.

1) 인도민족의 수행문화

  인도민족의 '수행修行의 정신문화'는 아득한 역사에 거슬러 올라간다.

  기원전 2500년 전 아리아민족은 인더스문명을 정복하여 두 정신문화 속에서 정신수행 문화가 싹이 트고 체계화되었으며 삶 속에 정착되었다. 이 정신문화 속에서 힌두교[바라문교]·불교·자이나교 등 종교가 개창 전도되어 왔다.

  이들 인도의 종교는 한결같이 우주의 달마, 우주의 질서, 법法·도道를 주재하는 신과 인간의 영혼과의 결합·합일合一을 추구한다.

고대 그리스민족의 일부가 아리아민족이란 설도 있다. 아리아민족은 본시 그리스계 민족으로 다신교多神敎적이어서 우주와 별·하늘·해·바람·공중·대지·자연 등의 신을 믿으며 우주의 일체현상이나 생명체는 다시 태어남과 없어짐이 없이 유有와 무無, 증增과 감減이 없는 가운데 영혼이 '삼사라' 즉 윤회輪廻되고 전생轉生된다고 믿는다. 이것이 우주의 달마 즉 법질서이다.

그리고 그 윤회전생은 이세상의 '카르마' 즉 업業의 기연起緣에 따라 전생되는데, 사람도 이세상의 업 즉 죄의 유무와 정도에 따라 다음 세상에서 유도有道·하늘·사람·아수라·축생·아귀·지옥 등에 전생된다고 신앙한다. 따라서 이러한 영원한 윤회의 '마니꼴' 곧 법륜法輪에서 벗어나려면 수행을 쌓아야 함을 강조한다.

인도의 요가수행은 지금부터 4천5백 년 전에 거슬러 올라가며 요가에 관한 철학서도 기원전 천 년 전 고대에 나왔고 '스토라'·'만다라'·'하다'·'랴야'·'라자' 등 갈래와 '라자 왕도요가', '생리적 하다요가', '철학적 지나나요가', '윤리적 카르마 요가', '종교적 바크티요가', '만도라 즉 주법呪法요가' 등의 파도 생겼다.

요가의 본뜻은 '맺는다[結合]'에 있다. '사람과 신이 맺는다', '사람과 우주가 맺는다'… 등 뜻을 가지고 있다. 동양종교에서는 '입신入神'·'입도入道'라는 말로 표현하기도 한다. '신인神人합일' '우주와 나의 결합'의 경지이다.

인도사람들은 대체로 신도들은 물론 일반민중도 어렸을 때는 학생기, 커서는 가정기를 보내면 장년 이후 임서기林棲期·유행기遊行期를 보낸다. 이때는 집을 떠나 숲이나 동굴 등을 찾아 정신집중 수련을 쌓는다. 그 수련방법 속에는 고행苦行 수행방법도 있다.

2. 삶, 그 수행의 하늘

인도민족은 신神과 함께 산다. 우주·하늘·해·달·공중·땅·바람·새벽·우레의 신… 등 이세상 우주의 일체자연·일체생명체 속에는 영혼이 있으며 사람 또한 그 영혼들 속에서 결합을 이루면서 살아가는 것을 신의 뜻으로 생각한다. 따라서 인도종교에서는 불살생·부도不盜·불음不淫, 특히 이세상에서의 '무소유無所有' 등 금계를 중시한다.

인도민중은 신앙과 삶이 밀접한 관계에 있다. 우주만물 속에는 신神 또는 영靈이 존재한다고 믿는 것은 그만큼 사람이 오만하지 않고 대자연 속에서 경건하게 살아간다는 것을 의미한다.

우주를 신으로 보고 나의 영혼과의 결합을 추구하는 신앙생활 속에서는 항상 자기 자신의 삶을 성찰하게 되고 가다듬어 나가게 된다. 특히 '나'를 돌보고 '나 자신의 참모습'을 항상 염두에 두고 수행을 쌓게 된다.

우주의 달마, 신神과 나의 영혼의 결합의 경지, '범아일여梵我一如'·'법아일치法我一致'·'도성일여道性一如'의 경지는 수도의 경지, 구법求法의 경지, 바로 이것이 수행을 통해서 추구하는 진리파지眞理把持의 경지이다.

오늘날 전세계 [특히 동양]에서 행해지고 있는 정신집중의 요가나 참선, 선禪과 정定의 수련이나 깨달음, 지혜를 두드리는 바라밀波羅密의 수행은 그 종주국이 바로 인도이다.

오늘날 이런 심신心身통일·정신집중의 수련은 날로 복잡다단한 문제 속에 시달리는 현대인에 있어서 웰빙문화로서도 큰 호응을 얻고 있다.

"삶은 경건해야 한다."

"삶은 예禮와 함께해야 한다."

"삶의 참다운 길은 수행 속에 있다."

"삶은 신神과 함께해야 한다."

"삶의 진·선·미·성은 수행 속에 있다."

나는 이 말들을 강조하고 싶다. 그런 뜻에서 나는 '진실된 우주의 빛'인 '나'를 찾기 위해서 인도 신앙인들의 선禪·요가瑜伽·바라밀波羅密 수행의 이론을 학습해 본다.

2) 선禪의 수행

수행이란 심신心身 특히 정신을 집중하여 대우주의 법칙 속에 '나' 영혼의 결합·합일을 촉진하여 해탈에 이르는 길이다. 해탈은 삼매三昧와 밀접한 관계가 있다. 삼매는 산스크리트어 사마디에서 왔으며 이를 한자로는 '삼마지三摩地' 또는 '삼마제三摩堤'라 쓴다.

삼매는 마음을 한곳에 모아 집중하는 경지를 말한다. 이 경지에 이르는 것을 '선禪'·'정定'·'정려靜慮', 또는 '등지等持'로 의역하기도 하고 '심일경성心一境性'으로 말하기도 한다. 사마디에는 일체의 자아, 일체의 사물이란 공空임을 말한다. 공삼매空三昧라 하는 것은 그 때문이다. 무상삼매無相三昧·무원삼매無願三昧라 하기도 한다.

『반야경』에 보면 삼매를 108삼매로 나누었다.

사마디는 선禪과 밀접한 관계가 있다. '선'은 산스크리트어로 다야나이다. 다야나는 선禪·정定·정려靜慮·사유수思惟修 등으로 의역한다. 요가 사상도 같다.

'사마디'사상・'다야나'사상은 인도 고대 아리아인 인더스문명 속에서 수행・수도, 신과 영靈과의 결합을 위한 수행・수도사상으로 계승되어 왔으며 인도의 힌두교나 불교・자이나교 등 종교에서도 이를 존중하고 일반인에게도 일종의 정신수양・정신수행 방법으로 적극 존중되어 왔다.

사마디・다야나・요가・선정禪定의 수행은 깨달음의 지혜를 두드리는 수행의 첩경이며 『반야경』이나 『아함경』 등에 보면 반야般若, 공空의 경지, 해탈・청정의 경지에 이르는 수행도정・수행목표라 했다.

수행은 정신통일이다. 불교에서는 정신통일, 마음을 집중하는 지止, 마음을 통해 관찰하는 관觀, 곧 지관止觀에 이름을 선정으로 본다.

이러한 선禪・선정禪定에 의한 무아정적無我靜寂 곧 반야사상은 불교에서도 존중된다. 석존은 몸소 출가하여 6년 고행의 가혹한 선정을 거쳤고 다시 1년의 명상수행을 하여 마침내 대각大覺을 얻었다. 그 대각은 해탈의 경지이기도 하다.

해탈에 이르려면 심신일여心身一如・법아일여法我一如가 되어야 한다. 이것이 바로 인도 고대철학 『우파니샤드』의 지론이며 경전 『리그베다』의 지침이다. 인도 철학사상의 핵심은 여기에 있다.

불교에서는 계戒・정定・혜慧를 3학三學이라 했고 자慈・비悲・희喜・사捨를 4무량심四無量心, 고苦・집集・멸滅・도道를 4성체四聖諦, 깨달음의 수행 정도인 8정도八正道를 선의 기본수행으로 보았다. 8정도는 '정正'자로 표시되는 견見・사思・어語・업業・명命・정진精進・염念・정定 등이다.

선은 붓다 성도成道당시는 초선初禪・제2선・제3선・제4선으로 나누었고 4선과 4무색정四無色定을 '8등지八等至'로 보았다.

'4무색정'은 석존이 수행에 들어가기 전 마가다국 숲에서 스승으로부터 전수받은 공무변처空無邊處 · 식무변처識無邊處 · 무소유처無所有處 · 비상비비상처非想非非想處를 말한다. 그리고 4선四禪과 4무색정四無色定 · 멸진정滅盡定을 합해서 '9차제정九次第定'이라 한다. 이들은 모두 선禪의 갈래이며 수행코스이다.

선을 등지等持로도 말한다. 등지에는 공등지空等持 · 무상등지無相等持 · 무원등지無願等持가 있다. 또 한 선을 '본다', '찾는다'의 관觀으로도 분류한다. 관에는 식염관食厭觀 · 계차별관界差別觀이 있고, 부정관不淨觀 · 자비관慈悲觀 · 인연관因緣觀 · 계분별관界分別觀 · 수식관數息觀 등이 있다. 뒤의 것을 5정심관五停心觀이라 하기도 한다.

「대승기신론大乘起信論」에는 수행에 있어서 지止와 관觀에 대하여 말하고 있다. 지와 관은 불교에서는 지혜의 세계, 반야의 세계로 본다.

'지'는 성문聲聞들이 말하는 자리自利를 뜻하기도 하나 '관'은 어디까지나 이타利他에 역점을 두고 말한다. 그러나 지와 관은 어디까지나 상호보조의 관계에 있으며 계戒와 정定 · 혜慧 등 3학三學이 동시에 수행을 통해 체현되어야 함을 강조한다. 『대지도론大智度論』이나 『능가경楞伽經』에는 선의 공空사상 곧 반야에 대해서 말했다.

외도선外道禪 · 성문선聲聞禪 · 보살선菩薩禪과 외도 · 성문 · 연각 등의 우부소행선愚夫所行禪 · 법무아法無我의 객체는 모두 실체가 없다는 의미를 관찰하는 선인 관찰의선觀察義禪, 모든 분별을 떠난다는 반연여선攀緣如禪, 일체 중생의 구제에 전념하는 선정인 여래선如來禪 · 외도선 · 범부선 · 소승선 · 대승선 · 최상승선 등은 모두 대승의 반야사상과 밀접한 수행선들이다.

선의 수행사상이 동방에 전도된 것은 북위北魏시대 보리달마菩提達磨에 의해서이다. 『능가경』에서 강조하는 이타적 · 능동적 선은 달마에 의해 벽관壁觀으로 되었고 벽관은 외부로부터의 번뇌와 작위적인 망념忘念이 침입하지 않는 벽관에 의해 선을 달성한다.

달마는 붓다의 제자 마하가섭으로 전수되어 온 선을 계승한 것이라 전한다. 달마 이후 동방의 선은 현실중심주의 위에 지와 관의 선인 여래선如來禪이 전개되어 행行·주住·좌坐·와臥의 생활선으로 전개되었으며 불립문자不立文字·교외별전敎外別傳·직지인심直指人心·견성성불見性成佛의 선으로 발전했다.

특히 선의 체험은 설명하기가 어려워 개별성을 중시하게 되었고 스승과 제자(師弟)관계 사이에서 전개되기도 했다. 이것이 조사祖師전승의 제도이다. 조사의 권위는 여래 이상으로 중시되어 조사선祖師禪으로까지 발전했다. 조사의 언어나 행동은 매우 중요시된다. 따라서 좌선의 목적은 조사로부터 받고 이어온 전통을 살리는 데 있기도 했다. 이러한 조사의 선은 많은 공안公案 또는 화두話頭·법어法語를 낳기도 했다. 이것을 간화선看話禪이라고 한다.

간화선의 원류는 물론 인도에 있다. 그러나 각 지역 교파에 따라 그 특이성이나 역점사항이 발견된다. 우리나라에도 고려시대 9산선문九山禪門이 있었으며 지눌知訥과 같은 고승·선승을 낳기도 했다. 중국은 가섭迦葉의 28조가 달마達磨이며 그 뒤 소림사少林寺의 선승 혜가慧可·승찬僧瓚·도신道信·홍인弘忍·혜능慧能… 등으로 조사선이 이어졌다.

다음에 선정禪定의 '단계'를 들어본다.

선정은 단계에 따라 색계色界의 17천(국)에 다다를 수가 있다. 초선初禪·제2선·제3선·제4선으로 나눈다. 초선에는 범중천梵衆天·범보천梵輔天·대범천大梵天의 3천天이 있다. 제2선에는 소광천小光天·무량광천無量光天·

극광천極光天의 3천이 있다 제3선에는 소정천少淨天·무량정천無量淨天·편정천遍淨天의 3천이 있다. 제4선에는 무운천無雲天·복생천福生天·광과천廣果天·무번천無煩天·무열천無熱天·선현천善現天·선견천善見天·색구경천色究竟天 등 8천이 있다.

또한 무색계無色界에는 물질을 떠난 완전한 자유계인 공무변처천空無邊處天, 마음 자체만이 존재하는 식무변처천識無邊處天, 사고 그 자체도 떨어버린 무소유처천無所有處天, 이런 생각마저도 떨쳐버린 비상비비상처천非想非非想處天 등이 있다. 여기서 말하는 선은 정토의 절대경지를 추구하며 천天은 도피안到彼岸의 저승 곧 청정정토淸淨淨土를 의미한다. 일반 범인민중에게는 사후의 이상향에 해당된다.

선의 수행에는 몇 가지 절차가 또한 있다. 수행자는 먼저 계戒에 의해 심신의 집중·정정整正을 기해야 한다. 그 다음에는 '정定' 즉 명상실천에 들어가게 된다. '정'이란 깊은 명상을 통해 심신의 집중·통일을 기하는 것이며, '사마디[三摩地]' 곧 삼매에 들어가는 것이다. 산스크리트어 사마디는 등지等持·심일경성心一境性 곧 선정禪定을 뜻한다.

정定의 명상에는 사마디라는 말을 많이 쓴다. 경전에는 사마디 외에 삼마사다三摩四多·삼마발저三摩鉢底·선사禪邪·질다의가아갈라다質多瞖迦阿羯羅多·사마지奢摩地·현법낙주現法樂住 등의 다른 이름이 있고 요가 등 이름도 있다.

선과 요가는 밀접한 관계에 있다. 요가는 바라문교 시대부터 명상을 뜻하는 말로 써왔다. 일반적으로 정定을 '삼매' 즉 '사마디'라 많이 쓴다.

'정定의 수행'은 '선정禪定의 수행'이며 선정의 목적은 지혜를 얻기 위해 한다. 지혜란 번뇌를 끊고 남아 있는 무표업無表業을 멸하며 고苦를 완전히 소멸시켜 두번 다시 되살아나지 않게 하여 마침내 해탈에 이르는 것이다.

다음에 경전에 보이는 정定의 비유를 들어본다.

열반의 깨달음은 지혜에서 생기며, 깨달음의 지혜는 선정에서 생긴다. 예를 들면 등에 불을 켜면 모든 것은 밝게 된다. 그러나 큰 바람 속에서는 등불은 위태롭다. 그러나 등불을 바람이 못 들어오는 방 속에 두면 못 끈다. 깨달음의 지혜도 만일 선정이란 방이 없으면 지혜가 있어도 그 힘[빛]을 발휘할 수가 없다.

따라서 지혜의 등불을 보전하려면 그것을 지켜주는 방[定]이 필요하다. 정定이란 지혜를 얻고, 지키고 깨달음을 회복하기 위한 필수수행인 것이다. 이러한 '정'사상은 인도 고대 아리아인의 인더스문명 때부터 바라문 사제들에 의해 전승·계도되어 왔다. 즉 정定사상은 본시 불교 이전에 있었던 셈이다.

인도의 성자들은 선정禪定수양을 필수로 한다. '선정'이야말로 윤회와 업業·해탈의 필수 도정사상이다. 붓다의 가르침에서 '깨달음'은 궁극적으로 해탈이며 열반인 것이다. 이는 선정 즉 정定을 통해서 달성되는 것이다. 정의 실천은 '지止의 정定'과 '관觀의 정定' 양 방면을 함께 다루어 '지관止觀'이라 한다.

'지止'란 사마디… 즉 마음을 침정沈靜·정지靜止하는 명상을 말한다. 선정이라 할 수도 있다. '관觀'의 '정定'은 비발사나毘鉢舍那라는 지혜를 통해서 대상을 관찰하는 것을 말한다. 마치 지止의 정定에 의하여 청정한 마음의 수면을 본다[觀]는 뜻이다. '마음속을 지혜의 힘으로 보는 것', 즉 '관찰·명상하는 것'이다.

'지'는 번뇌를 차단하고 '관'은 번뇌를 소멸한다. 따라서 붓다의 하늘에서는 '지의 성'과 '관의 정' 양방을 써서 이를 지관쌍운止觀雙運이라 한다. 또 '지'와 '관'은 균형을 유지하는 상태 즉 지관균등止觀均等·지관균행止觀均行을 이상적인 정定으로 본다.

명상수행 중 '관'의 명상이 지나치면 마음이 부동산란하며 '지'의 명상이 지나치면 마음이 정지·소멸하여 기절상태가 된다. '지관균등' 명상은 색계色界명상의 경지이며 색계의 명상에는 초선初禪에서 최고 제4선까지 네 단계는 이미 기술한 바 있다. 이를 4선 또는 4정려四靜慮라 한다.

본시 붓다는 선禪을 말하지 않았고 신을 두드리는 신비체험이나 초능력을 인정하지 않았다. 그러나 제4선정의 경지에 들면 어느 정도의 초능력이 발동되며 선정에 숙달한 불佛이나 보살·수행자는 초능력의 힘이나 신통력을 갖게 됨을 인정한다.

초능력인 신통력에는 '6신통'이 있는데, 붓다의 수행에서도 중요한 신통력은 '누진통漏盡通'이었다. '번뇌를 끊어버리는 힘', '깨달음의 지혜의 힘'이 들어 있다.

'지止'와 '정定'은 3계三界로 말하면 무색계無色界에 속하며 관觀의 정定은 색계色界에 속하며 지止의 정定이 깊다. 따라서 수행은 당연히 얕은 곳에서 깊은 곳에 나아가 '관의 정'에서 '지의 정'에 나아간다. 3계로 말하면 욕계欲界를 보는 마음상태에서 욕망을 배제하고 그대로 인식하는 색계라는 세계 속의 정에 들어가는 것이다.

색계의 정·명상은 사단계로 나누어 얕은 곳에서 깊은 곳으로 초선·제2선·제3선·제4선이 된다. 그런데 4선 즉 4정려靜慮가 지관균등의 정이다. 제4선 명상에서는 명상을 방해하는 여덟 가지 마음의 움직임〔八炎患〕에서 벗어날 수가 있다.

제4선에서 더욱 깊어지면 다음은 무색계無色界의 정에 들어간다. 무색계의 정도 4단계로 나누어 이를 총칭하여 4무색정四無色定이라 한다. 4무색정의 더욱 깊은 정의 비상비비상처非想非非想處의 경지는 거의 무념무상에 가깝다.

무색계에서 더욱 나아가면 멸진정滅盡定의 정에 들어간다. 이는 선정禪定 중에 가장 깊은 명상으로 멸진滅盡의 뜻대로 마음이 완전히 정지하여 소멸된 상태의 정定으로 참의 무념무상의 경지라 할 수 있다.

이렇게 4단계 선禪과 4무색정四無色定 4단계, 그리고 멸진정 1단계를 합한 9단계의 정을 9차제정九次第定이라 한다.

수행자들은 정定의 수행이 꼭 층층으로 9단계 정상에 가야만 되는 것은 아니나, 지관균등止觀均等인 색계의 4선정에 이르면 그것으로 [무색계의 마음이 정지하고 멸진정의 마음이 소멸되는 경지보다] 족한 것이다.

선정禪定의 수행방법에는 여러 가지가 있다. 그 중 일반적 방법엔 5정심관五停心觀이란 명상방법이 있다.

- 첫째는 부정관不淨觀이다. 인간의 육체는 오욕의 것으로 보고 식욕의 번뇌를 버린다.
- 둘째는 자비관慈悲觀이다. 생명을 가진 존재에서 고뇌를 벗어나게 하고 신에瞋恚의 번뇌를 멸한다.
- 셋째는 연기관緣起觀[因緣觀]이다. 12연기를 차례차례 보아 우치의 번뇌를 멸한다. 이상의 세 명상은 탐신치貪瞋痴의 3독三毒의 번뇌를 멸하는 것이다.

◎ 넷째는 계분별관界分別觀이다. 세계의 모든 것은 실체가 있는 것 아닌 구성요소로 되었기에 나의 견해(我見)를 세우는 것이다. 나란 「우파니샤드」에서 지적한 영원분멸의 절대적인 주체이다.

◎ 다섯째는 수식관數息觀이다. 이것은 자기에 출입하는 호흡 즉 숨을 보는 것이다. 이것은 산란한 마음을 그치게 하는 것으로 심정화心靜化에 기여한다.

이 가운데 부정관과 수식관은 초심자의 입문선이라고도 하고 네번째 계분별관을 염불관念佛觀으로 바꾸어 5문선五門禪이라 하기도 한다. 특히 남방불교에서는 명상의 대상(業處)을 40종으로 나누어 선정하는 응용업처, 비구들이 공통으로 선정하는 일체업처一切業處 등도 있다.

자慈의 명상에서는 수행자가 최초에 자비를 베풀어 일정범위를 정해 그 범위 내에서 명상에 들어가고, 점차 넓혀 나가기도 한다. 명상은 공덕이 있다고 한다. 죽음의 집착을 끊는 명상도 있고 부정不淨에 끌리지 않는 명상도 있다.

반주삼매般舟三昧라 해서 제불현전삼매·불립삼매 등 제불의 모습을 명상하는 다종다양의 선·삼매·관이 있다. 그러나 이러한 선정禪定을 통해 궁극적으로 바라는 것은 정신의 집중, 마음의 통일에 있으며 지혜를 획득하는 데 있다. 따라서 선정은 수행 중의 수행이다.

선정의 수행은 궁극적으로 깨달음의 빛을 두드리는 데 있다. 깨달음이란 지혜이다. 지혜는 진리이며 수행을 통해 두드린다. 따라서 해탈과 열반은 수행의 도달가치이며 목표이다.

혜慧는 반야 또는 반야의 지혜이다. 지혜에는 유루有漏의 지혜와 무루無漏의 지혜가 있다. 또한 지혜에는 유분별지有分別智와 무분별지로 나눈다. 유분별지는 지혜가 지금 무엇을 포착하는가를 아는 지혜이고 무분별지는 진리와 지혜가 일체화한 지혜로서 반야바라밀인 최고의 지혜이다.

　분별이 있는 지혜와 분별이 없는 지혜, 분별이 있으면 나와 내가 인식하는 남을 인식하게 되어 정·부·호악의 판단 즉 집착執着이 생기며 결국 고뇌가 생긴다. 그러나 분별없는 지혜는 나와 남을 하나로 보아 분별을 끊고 집착을 끊으며 번뇌를 끊게 된다. 따라서 무분별지야말로 번뇌를 끊는 깨달음의 지혜라 본다.

　무분별이란 남을 구별있게 볼 줄 모르는 것이 아니라, 나를 통해 남을 보는 지혜이다. 따라서 이를 붓다나 보살의 지혜라고 생각한다. 지혜는 먼저 집착에서 벗어나야 한다. 선입견·차별·호악好惡·손득損得·정사正邪에 구애됨이 없는 진리·선·정의·신앙·종교 등 귀한 대상 속에 몰입해야 한다.

　언어는 집착이기도 하다. 그 언어에서 자유로워져야 한다. 부자유 속에서 벗어나 자유로워져야 한다.

　수행이란 집착에서 벗어나는 것이다. 집착에서 벗어나는 것, 편협에서 넓어지는 것, 그것이 중도中道이다. 무분별지야말로 연기·공空을 체득한 진리, 최고의 지혜이다.

　인간에게는 태어나면서부터 갖고 있는 지혜가 있다. 그러나 이 선천적 생득혜生得慧는 유루有漏미약하여 번뇌를 끊을 수가 없다. 따라서 이는 계정혜戒定慧의 수행을 통해서만이 더욱 갈고 닦으며 단단한 깨달음의 지혜에 오를 수 있다.

　깨달음의 지혜는 문혜聞慧·사혜思慧·수혜修慧로 나누며 이를 3혜三慧라 하고 생득혜까지 합하여 4혜四慧라 한다.

- 첫째로 문혜는 문소성聞所成의 지혜, 즉 붓다의 가르침, 경전의 학습을 통해 얻어진 지혜를 말한다. 이것은 붓다의 법을 제외한 것을 터득하는 것은 제외한다.
- 둘째로 사혜는 사소성思所成의 지혜 즉 문혜에 의해 얻은 가르침 내용을 '사색하여 얻는 지혜'를 말한다. 주체적으로 철학적으로 사색을 깊이한 지혜이다.
- 셋째로 수혜는 수소성修所成의 지혜 즉 실천에 의하여 연마하고 체득한 지혜, 이것이 깨달음의 지혜이다.

선정에 있어 지혜의 수행은 깨달음에 이르는 가장 중요한 실천행이다. 깨달음이란 깨달음의 지혜의 획득, 획득한 깨달음의 지혜에 의하여 완전히 번뇌를 멸하고 열반에 이르는 것, 그리해서 안락·평안에 이르는 것을 말한다.

깨달음의 수행이란 일체의 집착에서 벗어나 그냥 무無로 돌아가는 것이 아니라 분별을 하고 분별을 통해 하나에 이르러 그 진리로서 업業에서 벗어나고 고뇌에서 벗어나는 경지이다. 이것이 참다운 지혜의 수행이다.

3) 요가의 수행

요가는 선정禪定〔디야나〕과 함께 고대 인도철학의 중요한 일부를 차지하고 있다. 특히 요가는 우주와의 조화를 강조하는 수행이다.

요가는 삼매[사마디]나 명상과 함께 우주의 질서인 신의 섭리, 법法[달마]가 영혼을 결합시키며 억눌림의 심신을 연마하여 무아無我·해탈解脫·청정淸淨에 이르는 수행방법으로 오랜 전통을 유지해 왔다.

요가는 '결합한다'는 의미의 산스크리트어 '유즈'에서 시작되었다. 요가는 자세와 호흡, 심신을 가다듬어 정신을 집중·통일하고 순화하고 나아가 초자연력을 확보하며 궁극적으로는 마음을 긴장시켜 대우주의 법·생명·질서와의 조화, 진리에의 합일을 궁극의 목표로 삼는다.

요가는 다야나·사마디처럼 인도 고대 아리아민족, 그리고 인더스문명 때부터 수행방법으로 적용 계승되어 왔다. 따라서 그 역사는 6~7천 년 전에 소급하며 5천 년 전 것으로 추정되는 시바신상神像에서 요가의 기본자세인 결가부좌結伽趺座상을 볼 수 있다. 또한 기원전 천 년 전후에 이미 요가의 경전이 나왔을 정도이다.

인도의 시인 타골은 '한국은 동방의 불을 밝히는 나라'라 했지만 사실은 인도야말로 세계 정신문화의 고장이라 할 만하다. 요가문화야말로 정신수련·정신수양의 근간이라 할 수 있다.

요가의 수행, 선정禪定·삼매三昧·바라밀다의 수행은 고도의 결심, 꾸준한 정진으로 참과 빛을 두드리고 찾으며 자기의 몸과 마음을 닦아나가는 것으로 이는 수행없이는 이룰 수가 없다. 따라서 이런 수행을 달성한 성자들도 한결같이 그 득도의 경지나 수준은 같지 않으며 자연히 수행방법 등에도 행법이나 철학에 차이가 생겨 여러 계파가 생기게 된 것이다.

인도에서 역사적으로 오랫동안 성행되어 온 요가의 주요유파는 『베다』경전을 중심으로 하는 미맘사파[聲論派라고도 함]·베단타파[吠檀多派]와 논리적 특징을 중시하는 니아야파[正理論派]·바이세시카파[勝論派] 그리고 우파니샤드파 등이 있다. 이 중에서도 니아야파는 요가의 논리를 중시하고 베단타파는 논리보다는 행위를 중시한다.

그 행위나 기능면에서 요가의 파는 다음과 같이 분류하기도 한다.

- 감정순화에 의한 헌신의 요가〔바크티요가파〕
- 이성개발에 의한 지식의 요가〔주나나요가파〕
- 심리적 통제에 의한 심신과학의 요가〔라자요가파〕
- 사회활동에 대한 행동규제의 요가〔카르마요가파〕
- 육체의 통제에 의한 육신해방의 요가〔탄트라요가파〕
- 음양조화에 의한 심신조화의 요가〔하타요가파〕
- 신경력을 개발하는 요가〔쿤달리니요가파〕
- 발성통제를 통한 요가〔만트라요가파〕

이밖에도 학설이나 행법에 따라 많은 요가의 파가 있고, 종교에 따라 다르기도 하다.

오늘날 세계에 존재하는 종교 중에는 절대자와 신도 사이에 계시나 계약관계로 이루어져 신앙자와 절대적 존재(神)와는 '절대적 거리', 서로 '신과 사람은 하나가 될 수 없는 위치'에 있는 종교가 많다.

사람은 신이 될 수 없다. 그리스도교나 이슬람교는 신앙자는 신이 될 수는 없다. 독실한 수행을 통해서 두드려도 신은 은총으로 그 품에 귀의하고 안길 뿐이지 신 자체가 될 수는 없고 '결합'이라는 말은 않는다. 그러나 인도의 종교는 수행을 쌓아 미동을 헤치고 법신(法身)이 되어 절대적 존재와 합일할 수 있다.

불교에서도 붓다를 섬기고 받들어 '바다미다'나 '다야나'·'사마디'·'유즈' 등의 수행을 통해서 붓다 자신이 될 수 있으며, 바라문교의 수행자들은 이들의 수련을 쌓아 달마의 법체 곧 신神이 될 수 있다. 수도자는 법신法身이 될 수 있다.

우주를 자기 자신에게 결합하여 소우주를 자기 속에 이룰 수가 있고 하늘을 섬기고 받드는 수행을 통해 자기 자신의 마음과 몸속에 하늘을 결합·합일시킬 수가 있다. 신과 한몸이 되는 것이다.

요가의 수행은 궁극적으로 심신을 집중·통일시켜 마침내는 무아無我의 경지에 도달하며 그 무아의 경지는 순화醇化된 경지, 청정한 하늘, 해탈의 우주가 된다. 그 맑은 경지, 그 밝은 경지는 곧 수행자가 추구하는 신의 경지이며 진리의 경지, 깨달음 즉 보리의 경지이다. 그러나 그 절대무아의 경지는 냉혹한 구도求道의 수행修行을 거치지 않고는 도달할 수 없다.

한편 요가는 후세에 내려오면서 감성의 순화, 이성개발 지식의 요가, 심리적 통제의 심신과학 요가, 사회활동에 대한 행동규제 요가, 욕정억제 요가, 음양조화에 의한 심신조화·발성통제의 요가 등까지 발달되었다.

요가는 궁극적으로 대우주의 변화와 조화·안정의 법칙에 따라 움직임, 소우주의 심신변화, 자연의 흐름에 따라 대우주와의 조화, 그리고 생명현상의 수련과정과 정신력 개발, 육체의 강화를 추구한다.

요가는 금계禁戒·권계勸戒·좌법坐法·조식調息·정화淨化·제감制感의 기능과 의념凝念·집지執持·정신집중·정신통일·무심·명상의 기능이 있고, 그리고 정견正見·정사正思·정행正行·정각正覺의 목적을 추구한다.

요가의 기본정신은 "모든 대상에서 벗어나 [집착에서 벗어나] 무조건적 무대립無對立이 되는 경지, 완전자유의 경지의 추구와 대우주의 본성, 깨달음, 나의 찾음, 견성見性에 있으며, 소우주의 진아眞我가 대자연[大宇宙]

와 하나로 통일하는 '신아일지경神我一至境'에 이르는 것"에 있다.

요가는 한결같이 대우주의 변화와 조화, 그리고 안정의 법칙에 따라 움직이고 있으며 소우주인 인간의 심신의 변화도 이러한 대자연의 흐름에 따르고 그 대자연과 자아自我 즉 '나'의 소우주와의 일치·조화를 목표로 한다.

인간의 생명현상을 심신 공히 대우주 속에 일환으로 조화·통일하여 정신력을 개발·집중하고 아울러 정신과 육체를 조화 속에서 강화하는 것을 추구하고 있다.

'평형'과 '조화', '통일'과 '집중'은 요가의 목표이다. 특히 요가는 육체보다는 정신의 정화·집중·청정을 우선시하여 그것을 육체 속에서 실현하고자 함으로 윤리적이고 도덕적이며 우주와 신의 빛을 하나로 하는 데 초점이 있다.

요가는 수행·수련과정에서 체위體位를 존중한다. 요가 중 가장 대표적인 체위는 '결가부좌結跏趺坐'이다. 결가부좌는 호흡과 체위법, 명상수행의 가장 기본자세이며 부동체·부동심이 되기 위한 조신調身행법이다.

다음이 '코브라 자세'이다. 배를 마루에 대고 양손을 어깨 밑에 고정하고 두 다리를 모은 다음 숨을 들이쉬면서 상체를 일으킨다. 이 자세는 등과 배·척추를 유연케 하며 폐와 심장이 강화되고 소화와 배설기능이 촉진된다.

다음에는 '쟁기자세'이다. 등을 대고 누워 쟁기모양을 갖는데 척추가 유연해지고 복부가 수축되며 울혈이 제거된다.

다음에는 '물구나무서기 자세'이다. 물구나무서기는 요가의 왕격이라고도 한다. 물구나무서기는 심신의 종합목적을 달성한다.

그밖에도 '활[弓]자세'·'전부全部자세'·'후굴後屈자세' 등이 있다.

요가수행은 일반적으로 몇 단계 과정을 거쳐 실시한다. 다음에 그 수행과정을 단계로 나누어 살펴본다.

◎ 요가의 제1단계는 '야마' 즉 금계禁戒를 우선시한다. 불살생不殺生·부도不盜·정결·성실·불탐욕不貪欲… 이것이 요가의 5계五戒이다.

◎ 요가의 제2단계는 '니야마' 즉 권계勸戒이다. 개인적으로 청정해야 하고 만족해야 하며 학습해야 하고 고행을 하며 헌신해야 한다. 이것을 요가의 5훈五訓이라 한다. 이상의 수행덕목은 모두 윤리적이고 도덕적이며 정신과 심신수련에 관계가 있다.

◎ 요가의 제3단계는 '아사나' 즉 좌법坐法과 요가체조이다. 좌법 즉 아사나는 동작을 통해서 호흡을 일치시키는 수련이다. 정신집중을 중시하여 호흡·동작 3자를 통일·집중시킨다. 이를 삼위일체 심신통제라 한다.

인체의 기둥이 되는 척추 전체를 자극해서 신경의 통제를 받는 각 기관의 활동을 임의로 조절한다. 긴장과 이완弛緩의 리듬을 원리로 수의근隨意筋을 활용시키며 내장기관과 같은 불수의근에까지 영향을 미치게 한다. 모든 체위를 야생동물과 같이 본떠서 대자연 속에 귀일시킨다.

요가체조의 종류는 그 목적에 따라 강화·균형·정미整美·조화·자연·음성·수정·교정체조·태양·예배체조 등이 존중된다. 실시요령은 준비·본本·정리운동·휴식의 순서로 한다.

◎ 요가의 제4단계는 '프라나야마' 즉 조식調息으로서 생리작용의 통제, 정식正食·호흡법 등을 수련하는 과정이다. 숨을 들이쉬면서[吸息], 우주의 정기精氣를 섭취하고 숨을 참고 있는 지식止息 동안에 그것을 자기

화하는 특수한 호흡법으로서 정기 즉 우주의 기氣에너지를 축적해 두었다가 신경활동의 영양소로서 공급한다. 정기精氣는 행위감정 등의 활동에 의해서 소모되는 것으로서 끊임없이 보급되고 대량 비축해 두어야 한다.

인간은 생명활동에 필요한 이 힘을 우주에 충만해 있는 정기 즉 천기天氣 다시 말해서 태양의 힘, 지기地氣 즉 물과 흙의 힘, 그리고 천지간의 빈 공간을 가득히 채우고 있는 기운 즉 공기空氣나 눈에 보이지 않는 힘 등에서 기체·액체·고체 상태로 흡수하여 원동력으로 쓰고 있기 때문에 호흡과 섭생攝生에 따라서 생명현상이 좌우되고 있는 것이다.

호흡요령은 우선 호흡을 흡식吸息한 다음에 오랫동안 능력에 맞게 지식止息하고 있다가 길게 내쉬고, 다음 호흡의 주기週期가 시작되기 전에 휴식을 하여 호흡의 흐름을 차단했다가 다시 흡식한다.

호흡할 때의 시간 배정은 흡식 1, 지식 4, 토식 2의 비율로 하고 다음 호흡의 주기가 시작되기 직전에 5초 이상을 휴식하면서 복부를 강하게 수축시켜 횡격막橫隔膜을 위로 밀어올려 내장체조內臟體操를 일으키고 복부의 압력을 높여 신진대사를 촉진한다.

요가호흡을 구성하고 있는 요소는 흡식吸息과 토식吐息, 그리고 지식止息·휴식休息 이외에도 좌우측 코(鼻孔)를 바꾸면서 교호交互하는 방법이 있다. 그리고 기관수축·복부수축·항문수축 등의 방법으로 구성되어 있으며 조용히 앉아서 호흡을 하거나 여러 가지 형태로 자세를 바꾸면서 하기도 한다.

요가호흡법은 모든 수련과정의 핵核을 이룬다. 그 중에서도 지식止息법이 중심과제로서 지식하는 시간을 수련과정과 능력에 따라서 순차적으로 연장해 가야 한다.

초보과정에서는 조용히 눈을 감고 호흡을 하지만 상급과정으로 가면서 눈을 반쯤 뜨고 특정대상물〔예를 들면 어떤 靜点·촛불·코끝〔鼻尖〕·양미간〕 또는 인체 내의 내분비선이 위치하고 있는 부위를 응시 또는 응념凝念하면서 호흡을 한다.

특히 제4단계에서는 신체를 정화하기 위해서 위장·구강口腔·비강鼻腔·내부근內部筋·안구眼球·뇌를 청정하는 여러 가지 행법行法과 감식減食 및 단식斷食 등을 수행한다.

◎ 요가의 제5단계에서는 '프라티아하라' 즉 제감법制感法이다. 이 과정은 인간의 감각기능 중에서 선천적 중추인 간뇌間腦와 후천적 중추인 대뇌를 개발하는 것이 목표이며 소위 육감·본능을 지배하고 있는 간뇌의 개발에 중점적인 수행을 한다.

인간은 감각기관〔五官〕의 속박에서 진아眞我와 우주의 본체를 정관正觀하지 못하고 있기 때문에 감각기관에 대한 자극을 차단하고 그 실상을 바로 보기 위해서 심신의 휴식을 얻는 것이다.

조용한 곳에서 호흡법을 실천하거나 심산유곡에 들어가서 수도修道생활을 하는 등 인공다면人工多眠과 같은 소극적인 방법과 언제 어디서나 적응력을 높여 심신의 평정을 구하는 적극적인 방법이다.

이상과 같이 제1·2단계에서는 도덕적 통제수행이고 제3·4단계에서는 육체적 통제수행이며 제6·7·8단계에서는 '다라나' 즉 종제終制에 들어가기 위해서 준비로서 제감법을 실천하고, 요가수련의 최상급과정인 종제에 임하는 것이다.

◎ 요가의 제6·7·8단계인 종제는 어떤 소리나 물체, 또는 신체의 특정 부위 등을 대상으로 하며 마음을 결부시키는 단계이다. 제6단계는 '다라나' 즉 의념凝念 또는 집지執持로서 정신집중 또는 정신통일 하는 단계

이며, 제7단계는 대상을 초월하여 무념無念·무상無想·무심無心이 되어 정려靜慮상태가 되는 명상('디아나')단계이다.

제6단계를 대상들에 정신을 통일하여 긴장을 극대화시키는 양행법(十行法)이라고 한다면, 제7단계는 명상은 대상을 초월해서 심신을 이완시키는 음행법(一行法)이며 요가수행자가 정견正見·정사正思·정행正行하여 정각正覺의 경지에 도달하는 단계이다. 이 단계에서는 다른 많은 수행법을 실천하게 되며 심신의 평형으로 모든 대상을 초탈하여 무조건無條件·무대립無對立이 되어 완전자유, 대우주의 본성本性을 깨닫게 되는 견성見性에 도달한다.

제8단계 최후의 목표는 삼매 즉 '사마디'에 도달하며 이 경지는 소우주인 진아眞我(自我)가 대자연 우주와 하나로 통일되는 신아일치경神我一致境에 이른다. 이 경지는 해탈의 경지라 할 수 있다.

이러한 요가수행의 행법과 이론은 많은 학자·성자·신학자들에 의하여 체계화되고 정리되어 기원 3~4세기에는 『요가 수트라학』이 편찬되고 그 학설은 '삼키아학파'에 바탕을 두고 자이나교와 특히 불교에 많은 영향을 주었다.

요가는 마음을 제어하고 긴장·집중 또는 통일화하는 수행법이다. 여러 가지 행법으로 '마음의 작용하여 지멸止滅의 수련'이라 정의하기도 한다.

요가수련자는 윤리적·도덕적 관념에 입각하여 정신을 집중시켜 진리를 찾고 신의 빛을 두드리는 수행자이다.

요가수행의 특성은 좌법坐法·조식調息·제감制感 등 행법을 통해 마음을 한군데에 모아 대상과 '나'를 하나로 하며 명상삼매를 통해 대우주와 진아眞我(나)를 합일하는 것이다. 그래서 마침내 인간의 본성을 찾고, '법과 질서', '신과 하늘', '진리의 깨달음'에 도달하여 미망의 속박에서 벗어나 진정한 해탈의 경지에 이르는 것이다.

해탈이란 벗어남이요, 무아의 경지이다. 그러나 디야나 즉 선정禪定, 사마디 즉 삼매三昧, 유즈 즉 요가의 수행, 그리고 불교의 바라밀波羅密 등의 수행없이 해탈의 경지에 도달할 수는 없다.

해탈이란 벗어남이지만 역설적으로는 집중·통일의 경지이다. 우주의 달마[法]에 합일하고 신의 진리에 결합하며 '나' 속에 소우주와 하늘을 결합하는 경지, 그 세계가 무아無我요 해탈의 경지이며 「우파니샤드」의 신과의 조화·통일의 경지이다.

4) 바라밀의 수행

수행修行이란 '완성'을 향하여 정진하는 노력이다. 종교적으로는 완성의 뜻은 진리에 도달하는 것, 신神의 품에 안기는 것을 뜻한다. 유교에서는 '완성'이라면 인격의 완성, 사람다운 사람의 완성, 참다운 사람, 사람의 도리를 알고 실천하는 도덕의 선비를 뜻한다.

신의 품이란 저승, 빛이 있는 하늘, 청정무구의 세계, 근심·걱정·번뇌·미혹이 없는 연꽃 같은 극락세계를 뜻한다. 유교식으로 표현하면 도道의 하늘, 명命의 참세계, 진리의 세계이다.

바라밀이란 산스크리트어로 '바라밀다'에서 온 말이다. 바라밀다의 원뜻은 '도度의 세계', '도피안到彼岸·도무극度無極의 세계'를 뜻한다.

바라문이나 불교에서는 피안彼岸이란 차안此岸(이세상)의 대치되는 저세상 즉 깨달음의 세상, 지혜의 땅, 미혹이 없는 맑은 청정의 땅이다. 그 피안에 도달하기 위해서 수행을 쌓으며 그 수행의 궁극적 목적은 깨달음의 저세상, 그 법이 있고 진리가 있는 땅에 도달하기 위해서 바라밀다의 수행을 쌓는다.

불교에서는 바라밀의 수행을 쌓는 수행자를 보살菩薩이라 한다. '보살'이란 산스크리트어 '보디사트바' 즉 '깨달음의 지혜를 바라는 자'에서 왔다. '보디'란 깨달음 곧 지혜반야를 뜻하고 '사트바'란 '생명이 있는 자'를 뜻한다.

바라밀의 수행은 6개 항목으로 나누어 실시한다. 6바라밀에는 보시布施·지계持戒·인욕忍辱·정진精進·선정禪定·지혜智慧(또는 般若) 바라밀 등 수행방법이 있다. 다음에 이를 간략히 살펴본다.

◎ 첫째는 보시布施바라밀의 수행이다. 보시란 남에게 베푸는 것을 뜻한다. 탐욕을 없애고 중생의 곤궁·가난을 해소하기 위해 번뇌나 탐욕을 끊는 대치對治수행을 하는 것이다. 대치는 퇴치요, 시여施與·집착의 근절 등으로 중생을 위하는 것이며, 자비를 베푸는 것이다.

보시에는 재시財施·법시法施·무애시無畏施 등이 있다. 법시는 붓다의 가르침을 베푸는 것이고 무애시는 공포와 두려움·재난·고난 등을 덜어주는 것이다. 보시에는 웃는 얼굴로 행하되 안시眼施·화안열색시和顔悅色施·언사시言辭施·신시身施·심시心施·상좌시上座施·방사시房舍施 등이 있다.

또한 무재7시無財七施라 하여 신시身施·심시心施·안시眼施·방시房

施・좌시座施・언시言施・안시顔施 등을 중시하기도 한다. 보시에는 항상 수희隨喜의 마음으로 하되, 질투나 집착으로 해서는 안된다.
◎ 둘째는 지계持戒바라밀의 수행이다. 지계란 악의 행위를 대치해서 마음의 청정을 기하는 수행이다.

또한 지계란 계율을 준수하는 것이며 선善의 습관을 기른다. 지계청정은 모든 수행인의 바탕이다.

계戒는 정해진 규범이나 규칙은 물론 대승에서는 10선계善戒를 강조, 이타利他에 바탕을 둔 섭률계・섭선법계・섭중생계 등 3취정계三聚淨戒를 중시한다. 이 지계바라밀을 시라尸羅바라밀이라고도 한다.
◎ 셋째는 인욕忍辱바라밀의 수행이다. 인욕이란 욕됨을 참아 이겨나는 것이다. 노여움(瞋恚)의 마음에 대치하여 마음을 편안히 하며 박해와 욕됨을 인내하여 가는 수행이다.

또한 다른 사람이 자기에게 호의를 베풀거나 공양・희사를 해도 거기에 지나치게 반색하거나 감정의 호의를 갖는 것을 금한다. 진리를 관찰하여 마음이 동하지 않는 것도 인욕에 포함되며 천재・지변・풍우・한서・기근・생로병사 등에 대해서도 감정의 물결을 일어서는 안된다.

번뇌를 인욕의 마음으로 없이하여 청정의 마음을 갖는 것, 이것이 인욕수행이다. 인욕수행에는 내원해인耐怨害忍・안수고인安受苦忍・체찰법인諦察法忍 등 세 인욕이 있다. 인욕과 보시수행은 진리를 두드리는 수행자의 핵심기본 실천사항이다.
◎ 넷째는 정진精進바라밀의 수행이다. 정진이란 정신을 집중하여 뚫고 나가는 것이다. 게으른 마음을 대치對治하여 선을 용감하게 여행하는 수행이다. '정진'은 붓다의 8정도八正道에도 관련이 있으며 깨달음을 향한

정진은 수행의 기본사항이다.

　불전「성유식론成唯識論」에서는 '정진'을 '선을 행하지 않는 악을 끊는 용기'라 했다. 마음을 견고히 힘쓰는 '가행加行', 자기를 비하하지 않는 '무하無下', 고난을 참고 선에 싫증 안 내는 '무퇴無退', 선을 향해 걷는 '무족無足' 등이 모두 정진의 가르침이다.

　해탈에 이르려면 자질의 둔鈍·이利를 떠나 태만해선 안된다. 정진의 원동력은 욕欲이다. '욕'은 번뇌일 수도 있기에 이를 '선법욕善法欲'화 해서 뚫고 나가야 한다. 정진이란 악을 끊는 선의 추진력·노력이며 중생을 구제해 나가는 '욕'의 실행이다. 이를 욕무감欲無減이라 하기도 한다.

◎ 다섯째는 선정禪定바라밀의 수행이다. 선정이란 마음의 어지러움·흔들림을 대치對治·안정·집중·통일하는 수행이다. 이를 '선나禪那바라밀'·'선禪바라밀'이라고도 한다. 이는 '정定'을 말한다. '정'이란 사마디〔三昧〕·등지等持이며 마음을 집중·안정에 모두는 '심일경성心一境性'의 경지를 말한다.

　선이란 요가와도 밀접하다. 깨달음은 선정의 수행에서 얻을 수 있다. 선정수행에는 '낙주정려樂住靜慮'·'인발력공덕정려引發力功德靜慮' 등이 있다. 낙주정려는 번뇌와 고를 끊는 것이고 인발공덕은 6신통六神通을 발생한다. '인발요익 유정정려引發饒益 有情靜慮'는 신통력에 의해 중생을 구제하기 위한 마음수행의 선정이다.

◎ 여섯째는 지혜智慧바라밀의 수행이다. 지혜바라밀은 반야바라밀이라고도 한다. 우치愚痴의 마음을 퇴치, 모든 존재의 참모습, 있어야 할 모습, 진리를 꿰뚫어 보는 지혜의 수행이다.

　반야바라밀은 깨달음을 얻는 최고의 지혜, 공空을 꿰뚫어 보는 지혜 즉 '무분별지無分別智'이다. 반야바라밀은 첫째에서 다섯째 바라밀을 총 자리매김하는 중요한 위치에 있으며 총론이기도 하다.

깨달음의 법의 하늘은 '일체종지一切種智'이다. 일체종지란 모든 수행이 반야바라밀의 획득을 목표로 수행을 하여 그 수행이 완성되어 붓다의 경지에 이르렀을 때를 가리킨다. 또한 모든 존재의 진리를 꿰뚫어 볼 수 있는 경지이다.

반야바라밀에는 '연세속체緣世俗諦' 즉 세속입장에서 말하는 진리를 대상으로 하는 지혜와 '연승의체緣勝義諦' 즉 세속을 초월한 참의 진리를 대상으로 하는 지혜, 그리고 '연요익유정체緣饒益有情諦 즉 중생을 대상으로 하는 지혜' 등이 있다.

이상이 깨달음의 보살수행에 기본이 되는 6바라밀 수행의 개요이다. 이 6바라밀 수행은 깨달음의 법, 수행의 3학 즉 계학戒學·정학定學·혜학慧學과도 연결되어 있고 이를 '해심밀결解深密經'이라고도 한다. 보시·지계·인욕 바라밀은 계戒에 연결되고 선정바라밀은 정定에 연결되며 지혜바라밀은 혜慧에 연결된다. 그리고 정진바라밀은 계·정·혜에 공통으로 연결된다.

바라밀 수행은 어디까지나 깨달음의 진리, 법의 빛에 다가가기 위한 수행사항이며 궁극적으로는 해탈·열반의 경지를 두드리기 위한 수행의 길이라 말할 수 있다.

3. 삶, 그 고전의 하늘

> 빛의 길!
> 삶! 삶이 무엇인가?
> 나의 삶! 나의 삶은 무엇인가?
> '삶'은 '하늘'이라 했다.
> 나의 '삶의 하늘'은 무엇인가?
>
> 삶은 신앙이라 했다.
> 삶의 신앙! 나를 찾는 길!
> 나는 나의 신앙. 나는 강의실을 그렇게 생각한다.
> 강의실은 삶을 탐구하는 도장이다.
> 고전古典! 삶의 빛!

　나는 인류석학들이 열고 깨쳐오는 '고전'을 삶의 하늘이라 생각한다. 강의실은 그 하늘을 탐구하는 도장이다. '고전'은 인류가 열어온 삶의 하늘이다. 인류의 삶의 뿌리 삶의 눈이 고전 속에 있다. 고전은 '삶의 빛의 하늘'이다.

사람이란 무엇인가?

삶이란 무엇인가?

어떻게 사는 것이 진리의 삶이요, 빛의 삶인가?

인류는 유사 이래 이런 문제를 생각해 왔다. 인류는 삶에 대하여 신앙을 가졌고 철학을 통해, 학문을 통해, 예술을 통해 그리고 문학을 통해 탐구해 왔고 추구해 왔다. 이 자산이 고전古典이다.

'고전'은 옛사람·선지자·성자·학자·석학 등 인류의 지도자들이 삶을 바라본 눈, 삶을 생각한 머리, 삶을 탐구한 가슴이 새겨져 있는 진리의 보고이자 지침의 결산이다.

'고전' 속에는 삶의 숨결이나 진실, 삶의 빛, 밝음과 바름, 삶의 참과 아름다움 등 삶에 대한 동경과 신앙이 새겨 있다. '고전'은 옛것이 아니라 오늘날의 새 지식의 바탕이요, 오늘의 우리 인류가 어떻게 살아가야 할지에 대한 새 지표, 새 뜻, 새 길을 찾는 뿌리요 바탕이요 거름이요 씨앗이다.

나는 강의실에서 고전읽기 교육을 강조하였다. 교육자가 될 사람은 고전을 반드시 읽고 인류의 보편적인 삶의 빛길, 삶에 대한 결론을 터득해야만 사람이 행해야 될 삶의 눈을 제대로 뜰 수 있다는 것이 나의 신조이다.

교육이란 삶의 길, 삶의 빛, 삶의 가치를 찾는 것이다. 인류의 석학들은 말한다.

"한 나라의 국민수준은 고전을 얼마나 읽느냐에 따라 그 정신문화의 수준으로 결정된다."

삶의 빛은 '고전' 속에 있다.

1) 철학 그리고 문학

유사 이래 인류는 삶을 어떻게 내다보고 또한 삶을 무엇이라 했는가? 사람은 신앙을 통해서 우주와 신神, 신과 자연, 자연 속에서의 생명체, 그 생명체 속에서의 사랑을 무엇이라 했는가? 이것은 철학의 문제요, 종교의 문제, 문학의 문제이다. 또한 삶의 문제이다.

기원전 7세기 소크라테스는 그리스 철학의 대상이 자연이라 했다. 그 당시는 자연을 생명이 있어 스스로 움직이는 존재로 보았다. 그러나 기원전 5세기 소크라테스 이후는 자연적 사상事象에서 인간으로 옮겨졌다. 인간을 영혼을 가지고 있고 선량한 것으로 생각하여 윤리적 문제에 관련지어 바라보았다.

이것이 플라톤이나 아리스토텔레스에 와서는 자연과 인간의 사상事象을 함께 추구했으며 이른바 헬레니즘 로마시대에 바통이 이어졌다. 이즈음에 이르러서는 인간은 어떻게 하면 자기의 안심입명安心立命을 구하고 일상적인 실천적 문제를 어떻게 바라보느냐가 문제였다.

스토아학파·에피쿠로스학파는 인간의 삶의 문제에 대해서 뚜렷한 방향을 설정했다.

중세에 와서는 철학의 대상이 인간이나 자연보다 신神이 중심이 되었다. 중세의 철학, 중세의 인간의 삶에 대한 관점은 신이었고 따라서 종교적 색채, 신에 대한 고찰이 중심을 이루었다. 문학도 이 점은 마찬가지이다.

　이것이 근대에 오면서 대상이 다시 바뀌어 신神으로부터 인간의 문제, 인간 자신의 문제에 대한 인식이 두드러졌다. 데카르트는 인식에 의해 진리파악을 주창했고 로크는 경험을 초월한 사항에 관해 인식할 수 있다고 했다. 그러나 칸트는 합리론·경험론을 종합 통일하려고 했다.

　19세기에 이르러 철학의 과제, 즉 인간의 과제는 과학의 진전과 함께 인식의 문제를 여러 갈래로 생각하게 되었다.

　헤겔·마르크스는 역사의 움직임을 중시, 인간의 문제를 역사 속에서 바라다보았고 20세기에 접어들면서 철학분야는 인생문제를 다양하고 폭넓게 추구. 심지어는 비합리적인 생生을 중시하는 데까지 이르러 니체나 베르그송·딜타이 등은 이러한 관점에서 인생을 파악했다. 또한 키에르케골·야스퍼스·하이데거·사르트르 등은 실존주의實存主義 등을 제기하여 인간을 타인과 절대로 바꿀 수 없는 실존實存으로 파악했다.

　인간은 어떻게든지 자유에 의해 살아가야 한다는 철학적 관점을 제시한 것이다.

　또한 철학과 문학은 늘 같은 문제를 추구해 왔다.

　고대 그리스의 문학은 신화가 모체가 되었다. 호메로스의 서사시 속에는 반신半神·반인간半人間의 영웅적 이야기가 중심이 된다. 인간이란 신적 존재와 신의 유사품이다. 이것은 영혼과 머리를 가진 인간을 그렇게 묘사한 것이다.

　중세의 문학은 인간의 무력함, 현세의 허무함을 부각시켰고 내세來世의 영원성을 그렸다. 12세기 「니벨룽겐의 노래」를 비롯해서 14세기 단테의 『신곡神曲』에 이르기까지 인간은 불안한 존재이며 허무한 존재로 부각시켰고 신에 의한 심판과 구제를 내세에 연결하여 그렸다.

15~16세기에 접어들며 많은 과학지식의 발달과 함께 사람의 존재, 인간의 지위는 부각되기 시작했고 인간의 행동, 인간의 성격 등을 다양한 방법으로 시의 형태, 소설의 형태, 희곡의 형태 또는 수상의 형태로 부각하기에 이르렀다.

셰익스피어는 삶과 세상의 비극적 상황을 그렸고 세르반테스는 풍자화해서 묘사했으며 몽테뉴·라블레 등은 냉철한 금욕주의적 모럴을 문학 속에 부각하여 인간의 지적 회의나 정렬 등을 자극했다. 특히 17세기 프랑스 고전주의 문학은 인간의 이성적 인간상의 부각에 힘썼고 18세기에는 이성에 대한 감성의 우위를 주장, 이른바 낭만주의 문학이 대두되었다.

괴테의 작품 등은 어디까지나 주관적인 개인의 감정이나 환상, 또는 영혼세계 추구에 힘썼고 한편 자전自傳적 문학형태 속에서 성격이나 행동의 일치를 거부했으며 다양하고 독특한 개성, 지적 교양의 발로에 힘썼다.

낭만주의 작품은 이성적 감정의 조화보다는 독특한 감성의 발로를 추구했다. 19세기 문학은 세계문학의 화창하고 현란한 인간성 추구, 인간상 묘사, 인생의 진실추구 시대이다.

발자크는 개성이나 인격을 그렸고 한편에서는 인간의 운명과 생애를 부각시켰다. 세르반테스는 근대소설의 진전을 통해 산문정신을 부각시켜 시詩보다 산문散文의 우위를 확보했고 예술지상주의에서 인간성, 인간의 내적 성격묘사에 방향을 잡았다.

도스토예프스키는 행동을 파고드는 인간심리의 극한상황을 추구했고, 20세기 현대문학은 현대인의 성격·행동·영혼의 내면성을 생생하게 묘사했다. 그리고 이 패턴은 사르트르·까뮈 등의 실존주의 문학에 이어진다.

문학은 언어로 묘사하는 인간탐구요, 철학은 논리로 추구하는 인생구명이다. 그러나 사람의 문제, 사람의 삶의 문제가 바로 이들 학문의 중심과제이다.

철학에 있어서 아리스토텔레스는 인간학의 철인이요 문학인이었다. 그는 스승 플라톤으로부터 초감각적 이데아의 세계를 존중했고 인간에 가까운 자연의 직감을 존중했으며 이를 지배하는 원인과 인식의 실재를 규명했다.

아리스토텔레스는 자연과의 교감에 있어서 변화하는 감각적 사물의 원인을 규명했고 특히 신의 존재와 형이상학적 존재의 원인, 사람과 신과의 관계를 규명했으며 윤리학 분야에 있어서 행위의 종국적 목표는 신의 자유활동을 모방하는 이성적 관조에 의하여야 함을 말했다. 그는 인간은 사회적 동물로서 공공생활을 존중했고, 삶에 있어서의 선善을 강조했으며 윤리는 정치의 일부임을 말했다.

아리스토텔레스는 문학분야 시학詩學에도 조예가 깊었고 '문학은 행위의 모방'이라는 주장을 폈다.

특히 철학분야에서 근대철학을 확립·집대성한 철인은 칸트이다. 칸트는 뉴턴의 물리학의 원리를 논리에 적용했으며 우주의 발생을 역학적으로 해명하여 천계天界의 일반자연사요, 이론을 목적론적 세계관에 귀의시켜 중세 이후의 전통적 형이상학을 새롭게 확립시켰다.

칸트는 뉴턴의 수학적 자연과학에 의한 인식구조에의 반성을 통해서 종래의 신神 중심적 개념을 인간중심적 형이상학 개념으로 바꾸었고 인간의 자율적 인간도덕을 실천의 도덕으로 승화시켜 신과 영세永世에의 인간학적 철학체계를 세웠다. 전자를 '순수이성비판'이라 하고 후자를 '실천이성비판'이라 한다. 칸트는 어디까지나 도덕형이상학, 자연과학의 형이상학, 인간학의 문제, 자연학의 문제를 조화·정립한 철학의 대가이다.

나는 철학에 연결시켜 문학사에 큰 금자탑을 이룬 작가를 든다면 프랑스 르네상스기의 대표작가 몽테뉴를 들고 싶다. 몽테뉴는 문학가이자 철학자였다. 그는 자기 방 서재 앞에 "나는 무엇을 아는가!"를 좌우명으로 내걸었다.

몽테뉴는 자성自省주의자였다. 그는 평생에 걸쳐 쓰고 또 고친 『수상록』을 남겼는데 그는 자기의 체험과 독서생활을 근거로 있는 그대로의 인간, 변천하는 대로의 인간을 솔직 순수하게 『수상록』에 담았다.

그는 자연주의자인 인간주의자였다. 그는 자연에 몸을 맡기면서도 자기 자신의 일생의 지혜를 꾸준히 추구하여 위대한 금욕적禁慾的 인생관의 대문학이자 철학을 낳았다. 그는 철저한 인간관찰자요 인간구명의 철인이요 문인이었다.

그리고 문학사에서 또 한 작가를 든다면 나는 『파우스트』를 쓴 괴테를 들고 싶다. 그는 인간의 한 생애가 전인류의 역사에 뒤지지 않는 깊이와 넓이를 가지고 『파우스트』라는 작품을 완성했다. 그 작품 속에는 인간과 신, 인간의 선과 악과의 투쟁이 그려져 있다.

『파우스트』는 인간의 탐구서이자 철학의 인간학이라 할까! 나는 괴테의 『파우스트』 속 메피스토펠레스가 늘 내 마음속에서 싸우고 있음을 느끼며 산다.

2) 고전과 삶의 빛

    삶의 탐구探究, 삶의 수행修行!
    인생이란 무엇인가?
    어떻게 사는 것이 참다운 삶이요, 보람있는 삶인가?
    삶이란 무엇인가?

    자고로 인류는 이 문제에 대하여 깊이 생각해 왔다. 인류는 신앙을 통해서 삶을 바라다보았고 '진리의 빛'을 신神에 결부하고 우주와 하늘에 결부하여 그 뜻을 탐구하고 그 뜻과 길에서 삶을 포개왔다.
    종교는 "신은 무엇인가?"만이 아니라 "삶은 무엇인가?"의 탐구요 신앙이기도 하다.
    삶이란 무엇인가?
    사람이란 무엇인가?
    이 문제는 철학의 문제요, 문학의 문제이기도 하다. 철학의 본령은 "인간이란 무엇인가?" "삶이란 무엇인가?"를 탐구하고 그 이론을 논리화하는 것이다. 문학의 본령도 바로 그 자리에 선다. 문학은 바로 '인간의 탐구'요, '인생의 탐구와 규명'을 본지로 삼는다.
    철학은 논리를 근거로 판단과 추리를 한다. 그러나 문학은 언어에 의해 독특한 장르나 형식에 따라 삶을 탐구하고 규명하며 제시하는 것이다.

철학은 사유思惟를 토대로 하고, 문학은 상상想像이나 사상·언어의 예술적 표현을 바탕으로 삼는다. 따라서 인생을 탐구하는 길은 종교를 통하고 철학과 문학을 토대로 한다.

삶이란 무엇인가?

어떻게 사는 것이 사람다운 삶인가?

삶의 빛은 무엇인가?

이러한 문제는 바로 철학과 문학, 종교와 예술의 고전古典을 읽는 데서부터 토대가 쌓여진다고 생각한다.

종교나 철학·문학사상의 '고전', 인간의 지적知的·정적情的·의지적意志的 열의熱意를 쏟아 갈고 닦은 지식의 보고寶庫, 사상의 보고, 사색의 보고, 신앙의 보고, 예술과 학문의 보고…, 바로 이 '보고'가 '고전'이다.

고전은 이세상에 나와서 삶을 살아간 많은 탐구자들·석학들이나 학문을 닦는 선현들의 주장과 지식·사상을 책 속에 담아놓은 서지書誌나 전적典籍을 말한다.

그러나 옛것이란 뜻만으로는 '고전'이 못된다. '고전'의 참뜻은 오랜 세월동안 많은 사람들이 읽고 감명을 받은 '정평定評을 거친 것'이라야 한다.

'고전古典'이란 말은 라틴어의 클래식(classic)이라는 말에서 왔다. 이 말은 본시 클라시쿠스(classicus)에서 유래되었으며 이 말뜻 속에는 '고풍古風'이라는 뜻 외에 "복잡다양하고 심오深奧한 의의를 지닌다"는 뜻이 있다.

특히 문학에서는 "예전에 제작된 모범적이면서도 영원성을 지니는 문예작품"을 뜻한다. 따라서 이 정의 속에는 "고전이란 오래 전에 창작되어 오랜 세월을 거쳐 오늘날에도 아직 높이 평가되고 있는 작품이나 저서"를 가리킨다.

'고전'이란 옛것이라도, 한때 유행 속에서 일시적으로 인기를 끈 베스트셀러와는 대립되는 개념이며 지속적으로 오랫동안 많은 사람들의 보편적 정평定評을 거친 것이라야 한다. 많은 사람들이 정평을 했다는 말은 그 내용·주장이나 밝혀진 사실이 진리로서 평가를 거쳤다는 뜻이고 보편화되었다는 뜻이다.

인간의 예지나 지식, 인간의 삶에 대한 경험, 인간의 정신문화는 그것이 특수에서 보편화를 거쳐야 인류의 정신문화·정신문명으로 정착한다.

학문이란 보편타당성을 갖춘 진리이다. 그 '보편성'이 곧 '전고典故'가 되고 보편화된 정신문화로서 자리잡는다. 사람이 공부를 하고 학문을 닦는 것은 먼저 이 보편적 진리를 두드리는 것이다. 바로 그것이 공부이다.

많은 새로운 지식, 새로운 철학이나 사상은 반드시 그보다 먼저 나온 정신문화, 즉 고전의 토대 위에 자기의 새로운 주장이나 견해·탐구결과를 첨가한 것이다. 따라서 '고전'은 동서고금의 광범위한 학문의 결산서라 말할 수도 있다.

특히 삶의 '진리'란 어느 때 갑자기 신神의 계시啓示를 받는 것과는 다르다. 지금까지의 선인들이 깨친 지식[진리]의 토대 위에 새로운 가설을 첨가하는 것이라 말할 수 있다. 따라서 공부를 하는 사람, 탐구를 하는 사람은 반드시 먼저 지금까지 선인들이 닦아놓은 보편적인 지식·정신문화를 정신의 바탕 속에 터득하는 것이 절대로 긴요하다.

인생이란 무엇인가?

사람이 산다는 것은 무엇인가?

이 문제는 먼저 지금까지의 선인들이 그에 대해 어찌 탐구하고 말했는가를 그들의 저작 속에서 살펴야 할 것이다.

사람이 책을 읽어야 하는 것, 교육을 받는 것, 대학교육을 받는 것도 이 규범에서 벗어나지 않는다. 그래서 학교교육에서는 독서讀書교육을 강조한다.

'사람의 길', '삶의 길', '진리의 길'은 책 속에 있다. 책은 꼭 철학이나 사상만을 위해서 읽는 것은 아니다.

삶은 즐거워야 하고 아름다워야 한다. 참다워야 한다. 그 모든 해답이 책 속에 있는 것이다. 책 중에서도 고전을 먼저 읽어야 한다. 고전은 시야를 세계 속으로, 인류 속으로, 역사 속으로 넓힌다.

고전의 토대없는 학문은 기초없이 지은 건물이나 마찬가지다. 이렇게도 말한다. "한나라 국민의 민도民度는 고전을 그 국민이 얼마나 읽었느냐에 달려 있다."… 이러한 선현들의 평가를 우리는 귀담아 들어야 한다.

'삶의 탐구'는 종교의 탐구, 신의 진리의 신앙도 중요하지만 고전을 읽는 데서 찾아야 한다. 수많은 고전 속에는 선지자들·탐구자들·구도자들, 그리고 삶의 경륜經綸을 쌓은 선현들의 가슴에서 우러나온 목소리들이 담겨 있다.

나는 대학강단에서 특히 문학을 다루는 교수입장에서 우리 대학생들에게 독서교육, 고전필독의 교육을 강조했다. 문학을 읽는 것이 "삶이란 무엇이며 인간이란 무엇인가?"를 탐구하는 길임을 역설했고 특히 고전을 반드시 읽어야만 '삶을 밝게 이끄는 스승이 됨'을 나의 교육대학교 학생들에게 주입시켰다.

공자는 학學을 쌓는 목적은 '사람이 되기 위한 것'이라 했다. 공부를 하는 것, 교육을 받는 것은 삶의 넓은 지식정보를 익히는 것이지만 결론적으로는 "삶을 풍요하게 하고 바른 삶을 갖기 위해서이며 사람다운 사람이 되기 위해서"이다.

　나는 그 삶의 공부로서 '고전읽기' 교육을 중점적으로 했다. 고전을 읽지 않고 '지식이나 기술'만 익히면 재주꾼·기술자는 될지 몰라도 '인격을 갖춘 사람', '삶을 진실하고 아름답게 사는 사람'이 되기는 어렵다.

　나는 고전을 읽는 것은 신앙처럼 생각해야 한다고 기회있을 때마다 강조했다. 지도자가 되고 스승이 될 사람은 반드시 성서를 읽고 경전들을 읽어야 함을 역설했고 철학을 읽고 고전문학을 읽어야 함을 말했다. 셰익스피어를 읽고 괴테를 읽고 톨스토이를 읽고 도스토예프스키, 그리고 단테·밀턴·세르반테스·몰리에르·발자크·입센·『아라비안나이트』·실러·몽테뉴·『사기史記』·『장자莊子』·『율곡전서栗谷全書』·『난중일기亂中日記』 등을 읽고 때로는 평評을 쓰도록도 했다.

　특히 내가 학년별로 '대학생 필독의서'로서 권장한 고전 속에는 문학과 철학·사학·성서·경전들이 대부분이다. 나는 시詩를 읽을 것, 신화神話를 읽을 것을 강조했다.

　다음은 내가 교육대학생들에게 필독서로 지목한 고전들이다.

　아리스토텔레스의 『시학詩學』이나 『그리스로마신화』, 다윈의 『종種의 기원』, 아인슈타인의 『상대성 원리』, 톨스토이의 『인생론』·『전쟁과 평화』·『부활』, 단테의 『신곡』, 괴테의 『파우스트』, J.S. 밀의 『자유론』, 러셀의 『종교와 과학』, 플라톤의 『국가』, 몽테뉴의 『수상론』, 파스칼의 『팡세』, 토인비의 『현대를 어떻게 살 것인가』나 『셰익스피어 전집』, 마르크스의 『자본론』, 아담스미스의 『국부론』, 칸트의 『도덕철학』, 도스토예프스키의 『죄와 벌』, 일리아드의 『호메로스』, 헤세의 『지성과 사랑』, 루크레티우스의 『우주론』, 오스틴의 『오만과 편견』, 디킨스의 『위대한 유산』, 세르반테스의 『돈키호테』, 헤겔의 『역사철학』, 홉의 『인간오성론』, 마키아벨리의 『군주론』, 파스칼의 『팡세』, 메콜리의 『역국사』, 루소의 『에밀』·『고백』, 토크빌의 『미국과 민주주의』, 제임스의 『심리학원리』, 흄의 『인간오성론』, 밀턴의 『실낙원』, 입센의 『희곡전집』, 휘트먼·예이츠·워드워즈·콜리지 등의 『시집』, 기타 오천석의 『스승』, 박종홍의 『한국사상사』나 『채근담』·『삼국사기』·『한국시조문학선』·『한국의 시』·『한국의 소설사』·『작품집』

오늘날 전세계 선진국에서는 그 나라 국민들에게 꼭 읽어야 할 '세계적 고전필독의 서'를 만들어 기회있을 때마다 독서를 권장함을 본다.
나라마다 고전필독의서 선서選書목록의 차이는 있지만 대개는 비슷하다. 그만큼 전인류에게 유사 이래 주요한 정신문화의 기초를 이룬 고전들은 비슷하기 때문이다.

① 미국민들의 필독서
다음에 나는 '미국민 필독서'로서 선정된 고전명저를 인용해 본다. 아래의 '미국민 필독서'는 미국의 석학 조지 러스킨을 비롯해서 N.R. 허친스·모티마 아들러 등 대학교수들이 '인류필독의 고전' 특히 '미국민 필독의 고전'으로서 선정한 144권의 책이다.
이 책들은 교수들이 그들의 대학에서는 물론 여러 언론보도 경로를 통해 '미국대학생 필독의 고전' '미국민 필독서', 나아가서 '인류필독서'로서 단계별로 지정 발표한 것들이다.

3. 삶, 그 고전의 하늘

■ 국민필독의 그레이트 북(Great Book)

○ 제1단계

1.『미합중국독립선언서』, 2. 플라톤의『소크라테스의 변명辯明』, 3. 소포클레스의『안티고네』, 4. 아리스토텔레스의『정치학』, 5. 플루타르크의『영웅전英雄傳』, 6.『신약』중『마태복음』, 7. 에픽테토스의『인생론』, 8. 마키아벨리의『군주론君主論』, 9. 셰익스피어의『맥베스』, 10. 밀턴의『출판의 자유』, 11. 스미스의『국부론國富論』, 12. 페더럴리스트의『미합중국헌법』, 13. 토크빌의『미국의 민주주의』발췌, 14. 마르크스·엥겔스의『공산당선언共産黨宣言』, 15. 도로우의『시민의 반항』·『월든』, 16. 톨스토이의『이반 일리치의 죽음』.

○ 제2단계

17. 에크레지아스티즈의『구약성서』의 일부, 18. 호메르스의『오디세이』, 19. 소포클레스의『오이디푸스왕』·『콜로노이의 오이디푸스』, 20. 플라톤의『메논』, 21. 아리스토텔레스의『니코마코스 윤리학』, 22. 루크레타우스의『우주론宇宙論』, 23. 아우구스티누스의『고백告白』제1~8장, 24. 셰익스피어의『햄릿』, 25. 데카르트의『방법서설方法敍說』, 26. 홉즈의『리바이어던』, 27. 파스칼의『팡세』, 28. 스위프트의『걸리버 여행기』, 29. 루소의『인간불평등기원론人間不平等起源論』, 30. 칸트의『영원한 평화를 위하여』, 31. J.S. 밀의『자유론自由論』, 32. 마크 트웨인의『허클베리 핀의 모험』.

○ 제3단계

33.『구약성서』중『욥기』, 34. 아이스킬로스의『오레스티아』3부작, 35. 투키디데스의『펠로폰네소스전쟁사』, 36. 플라톤의『향연饗宴』, 37. 아리스토텔레스의『정치학』, 38. 토마스 아퀴나스의『신학대전神學大全』중『법률론』, 39. 라블레의『가르강튀아와 팡타그뤼엘』제1권, 40. 캘빈의『그리스도교 강요綱要』, 41. 셰익스피어의『리어왕』, 42. 베이컨의『대혁신大革新』, 43. 로크의『시민정부론市民政府論』, 44. 볼테르의『캉디드』, 45. 루소의『사회계약론社會契約論』, 46. 기번의『로마제국 쇠망사衰亡史』제15~16장, 47. 도스토예프스키의『카라마조프가의 형제들』, 48. 프로이트의『정신분석의 기원과 발달』.

○ 제4단계

49. 『논어』, 50. 플라톤의 『국가』 제6~7권, 51. 아리스토파네스의 『여인의 평화』· 『구름』, 52. 아리스토텔레스의 『시학』, 53. 유클리드의 『기하학원본』, 54. 마르크스 아우렐리우스의 『자성록』, 55. 엠페이리코스의 『절대회의설』 제1권 『니벨룽겐의 노래』, 57. 토마스 아퀴나스의 『신학대전』 중 『진실과 허위에 대하여』, 58. 몽테뉴의 『수상록』, 59. 셰익스피어의 『템페스트』, 60. 로크의 『인간오성론』, 61. 밀턴의 『실락원』, 62. 흄의 『인간오성론』, 63. 니체의 『선악의 피안』, 64. 『프래그머티즘』.

○ 제5단계

65. 에우리피데스의 『메데이아』· 『히폴리토스』· 『트로이아의 여자』, 66. 플라톤의 『테아이테토스』, 67. 아리스토텔레스의 『자연학』, 68. 베르젤리우스의 『아네이스』, 69. 성 프란세스의 『조그만 꽃』, 70. 토마스 아퀴나스의 『신학대전』 중 『인간론』, 71. 단테의 『신곡신곡』 중 『지옥편』· 『연옥편』, 72. 단테의 『신곡』 중 『천국편』, 73. 미란드라의 『인간의 존엄에 대하여』, 74. 버클리의 『인지원리론』, 75. 뉴턴의 『프린키피아』· 『자연철학의 교리적 원리』, 76. 보스웰의 『존슨전』, 77. 칸트의 『프롤레고메나』, 78. 울먼의 『일기』, 79. 멜빌의 『백경』, 80. 아인슈타인의 『상대성원리』· 『특수이론 및 일반이론』.

○ 제6단계

81. 아이스퀼로스의 『사슬에 묶인 프로메테우스』, 82. 플라톤의 『파이드로스』, 83. 아리스토텔레스의 『형이상학』 제7권, 84. 롱기 노스의 『숭고성에 대하여』, 85. 아우구스티누스의 『자연과 성총聖寵에 대하여』 [『성총과 자유의지에 대하여』], 86. 토마스 아퀴나스의 『신학대전』 중 『신에 대하여』, 87. 초서의 『켄터베리 이야기』 발췌, 88. 셰익스피어의 『리처드 2세』, 89. 세르반테스의 『돈키호테』 제1부, 90. 스피노자의 『에티카』 제1부, 91. 흄의 『자연종교에 대하여』, 92. 볼테르의 『철학사전』, 93. 헤겔의 『역사철학』, 94. 다윈의 『종의 기원』, 95. 멜빌의 『빌리버드』· 『파토프만』, 96. 제임스의 『나사의 면전』.

○ 제7단계

97. 플라톤의 『고르기아스』, 98. 아리스토텔레스의 『영혼에 대하여』, 99. 마하바타타의 『바가바드기타』, 100. 보에티우스, 『철학의 위안』, 101. 마이모니데스의 『방황하는 자를 위한 지침』, 102. 단의 『시집』, 103. 몰리에르의 『타르튜프』· 『인간혐오자』, 104. 라이프니츠의 『형이상학』, 105. 칸트의 『도덕철학』, 106. 괴테의 『파우스트』, 107.

3. 삶, 그 고전의 하늘

쇼펜하우어의 『의지와 표상으로서의 세계』, 108. 키르케고르의 『철학적 단편후서』, 109. 도스토예프스키, 『죽음의 집의 기록』, 110. 콘라드의 『어둠의 속』, 111. 프로이트의 『꿈의 해석』, 112. 쇼의 『인간과 초인超人』, 113. 아리스토파네스의 『섬』·『평화』, 114. 플라톤의 『파이돈』, 115. 아리스토텔레스의 『자연학』 제2권, 116. 『신약성서』 중 『로마서』·『고린도전서』, 117. 갈레노스의 『천직天職의 기능』 1 및 3, 118. 셰익스피어의 『헨리 4세』.

○ 제8단계

119. 셰익스피어의 『헨리 4세』 2, 120. 하아비의 『혈액순환의 원리』, 121. 데카르트의 『영혼의 목마름』, 122. 밀턴의 『투우사 샘슨』, 123. 피히테의 『인간의 사명』, 124. 바이런의 『돈주앙』·『칸토스』 1-4, 125. 니이체의 『도덕의 계보』, 126. J.S. 밀 『공리론』, 127. 헨리 아담스의 『헨리 아담스의 교육』, 128. 예이츠의 『시』[14편].

○ 제9단계

129. 호메로스의 『일리아드』, 130. 헤로도토스의 『역사』 8-9, 131. 플라톤의 『소피스테스』, 132. 아리스토텔레스의 『분석론』, 133. 타키투스의 『연대기』, 134. 클로티노스의 『엔키아데스』, 135. 루터의 『가라테아 서평석』, 137. 라신의 『페드르』, 138. 비코의 『신과학』, 139. 발자크의 『고리오 영감』, 140. 마르크스의 『자본론』, 141. 입센의 『물오리』, 142. 제임스의 『심리학』 21~22장, 143. 보들레르의 『악의 꽃』, 144. 프앙카레, 『과학과 가설』.

이상 144권

② 일생의 독서계획 주요작가와 저자

또한 미국의 석학들은 미국국민이 반드시 읽어야 할 책을 쓴 저자著者로서 다음 작가·저자를 들었다.

○ 고대 : 인류에게 빛을 심은 고전저자·석학들 호메로스·헤로도토스·투키디데스·플라톤·아리스토텔레스·소포클레스·루크레티우스·베르질리우스·마르크스아우렐리우스.
○ 중세 : 아우그스티누스·단테·초서·셰익스피어·몰리에르·괴테·입센·쇼.

○소설분야 : 번연·디포우·스위프트·스턴·피일딩·오스틴·브론테·디킨즈·대커리·엘리엇·루이스캐롤·하아디·콘라드·로렌스·조이스·만·볼테르·라블레·스탕달·발자크·플로베르·프루스트·포우·호손·멜빌·마크 트웨인·제임스·세르반테스·고골리·투르게네프·도스토예프스키·톨스토이·문세트.
○철학·심리학·정치학 분야 : 홉스·로크·흄·밀·화이트헤드·J.A. 모티아·니체·마르크스-엥겔스·프로이드·마키아벨리·몽테뉴·데카르트·파스칼·토크빌·도로우·에머슨·제임스·듀이·산타야나·듀란트·콘브리치.
○시 분야 : 밀턴·단·블레이크·워즈워드·콜리치·예이츠·휘트먼·오든 피어슨·마크 반 도렌·파티만.
○역사·전기·자서전 분야 : 매콜리·루소·보스웰·아담스·네빈스·모리스·버네트.
○현대작가 분야 : 프로스트·포크너·헤밍웨이·모음·포스터·엘리엇·헉슬리·말로.

③ 세계문화의 결정적인 책과 세계 10대 소설

한편 미국의 스탠포드대학에서는 미국 대학생, 미국민이 일생에서 반드시 읽어야 할 고전 15권과 세계 10대 소설을 다음과 같이 내걸고 있다.

○인생필독의 결정적인 책 15권 : 1.『성서』, 2. 루소의『선집選集』, 3. 마르크스의『자본론』, 4. 마키아벨리의『군주론』, 5. 다윈의『종의 기원』, 6. 베이컨의『대혁신』, 7. 데카르트의『방법서설』, 8. 플라톤의『국가』, 9. 모어『유토피아』의 10. 몽테뉴의『수상록隨想錄』, 11. 로크의『인간오성론人間悟性論』, 12. 테르터의『세계사의 개념』, 13. 맬서스의『인구론』, 14. 헤겔의『논리학論理學』, 15. 니체의『선집』.
○세계 10대 소설 : 1. 필딩의『톰존스』, 2. 오스틴의『오만傲慢과 편견偏見』, 3. 스탕달의『적과 흑』, 4. 발자크의『고리오영감』, 5. 디킨즈의『데이비드 카퍼필드』, 6. 플로베르의『보바리 부인』, 7. 멜빌의『백경』, 8. 브론테의『폭풍의 언덕』, 9. 도스토예프스키의『카라마조프가의 형제들』, 10. 톨스토이의『전쟁과 평화』.

3) 중국고전의 명언에서

다음에 일본교수 모리야 히로시守屋洋 원저의 『중국고전의 인간학人間學』 중 삶의 격언이 되고 좌우명이 될 만한 명언名言들을 약간 추려 학습해 본다. '고전'은 인류의 보편적 삶의 교훈, 인생의 지침이 될 수 있다. 이 명언名言들은 일류의 삶 속에 널리 배어 있는 '가치'들이다.

- ■ 『논어論語』의 명언에서
- ◎ 교묘한 말, 만드는 얼굴에는 인仁이 멀다. 〔學而〕
- ◎ 잘못했거든 고치기를 꺼려 말라. 〔學而〕
- ◎ 아침에 도道를 들으면 저녁에 죽어도 좋다. 〔里仁〕
- ◎ 덕은 외롭지 않다. 반드시 이웃이 있다. 〔里仁〕
- ◎ 지나친 것은 미치지 못함과 같다. 〔先道〕
- ◎ 잘못하고도 고치지 않는 것, 이를 허물이라고 한다. 〔衛靈公〕

- ■ 『맹자孟子』의 명언에서
- ◎ 오십 보 백 보 〔梁惠王〕
- ◎ 천시天時는 지리地利만 못하고 지리地利는 인화人和만 못하다. 〔公孫丑〕
- ◎ 마음을 잘 쓰는 사람은 남을 다스리고 힘을 잘 쓰는 사람은 남에게 다스림을 받는다. 〔藤文公〕
- ◎ 우러러 하늘에 부끄러움이 없고 엎드려 사람에 부끄러움이 없다. 〔盡心〕

◎ 모든 책을 다 내용을 믿는다면, 책이 없는 것만 같지 못하다.〔盡心〕
◎ 군자는 종신終身의 근심은 있어도 하루아침〔一朝〕의 근심은 없다.〔離婁〕

■ 『노자老子』의 명언에서
◎ 공을 이루면 물러나는 것이 하늘의 도이다.〔9章〕
◎ 스스로 뽐내는 자는 오래 가지 못한다.〔24章〕
◎ 병기는 상서롭지 못한 것이다.〔31章〕
◎ 대기大器는 만성晩成이다.〔41章〕
◎ 족足함을 알면 욕辱을 보지 않는다.〔44章〕
◎ 웅변은 눌변訥辯과 같다.〔45章〕
◎ 원한을 덕으로 갚는다.〔63章〕
◎ 진실로 적을 이기는 자는 싸우지 않는다.〔68章〕
◎ 천망天網은 회회恢恢하여 엉성한 듯하나 놓치지 않는다.〔73章〕

■ 『장자莊子』의 명언에서
◎ 참새는 대붕의 꿈을 모른다.〔逍遙遊〕
◎ 뱁새가 깊은 숲속을 찾아가 보금자리를 친다 해도 실제로 사용하는 것은 한 개의 나뭇가지에 지나지 않는다.〔逍遙遊〕
◎ 위대한 변설은 말이 없으며 큰 어짊은 어짊이 아니다.〔齊物論〕
◎ 하늘이 정해 준 때에 안주하고 주어진 운명대로 따르고 있으면 슬픔이나 기쁨이 끼어들 틈이 없다.〔養生主〕
◎ 세상사람들은 모두 유용한 것의 용도는 알아도 무용한 것의 용도에 대하여는 알지 못한다.〔人間世〕
◎ 사람은 흐르는 물에 자기 모습을 비추어보려 하지 않고 멈추어 있는

물에 비춰본다.〔德充符〕
◎ 서로 웃는 얼굴로 대하면 마음에 거슬림이 없고 서로 친구가 된다.〔大宗師〕
◎ 오래 살면 욕辱됨이 많다.〔天地〕
◎ 곧은 나무는 먼저 잘리고 물맛 좋은 우물은 먼저 마른다.〔山木〕
◎ 궁할 때도 즐기고 통할 때도 즐긴다.〔讓王〕

■ 『한비자韓非子』의 명언에서
◎ 호랑이가 개를 굴복시킬 수 있는 까닭은 발톱에 있다.〔二柄〕
◎ 작은 이익에 눈을 돌리면 큰 이익을 해치게 된다.〔十過〕
◎ 천 길의 둑도 개미구멍으로 말미암아 무너진다.〔喩老〕
◎ 먼 곳에 있는 물은 가까운 곳의 불을 끄지 못한다.〔說林〕
◎ 거짓이 아무리 교묘하더라도 서투른 성실만 못하다.〔說林〕
◎ 싸움에서는 속임수도 꺼리지 않는다.〔雜〕

■ 『손자孫子』의 명언에서
◎ 계산이 많으면 이기고 계산이 적으면 이기지 못한다.〔始計〕
◎ 백전백승은 최선이 아니다. 싸우지 않고 상대를 굴복시키는 것이 최선이다.〔謀攻〕
◎ 상대를 알고 나를 알면 백 번 싸워도 위태롭지 않다.〔謀攻〕
◎ 잘 싸우는 자는 이기기 쉬운 자에게 이기는 것이다.〔軍形〕
◎ 우迂로써 직直을 만들고 환患으로써 이利를 만든다.〔軍爭〕
◎ 빠를 때에는 바람과 같고, 느릴 때에는 수풀〔林〕과 같고 침략할 때는 불〔火〕과 같고, 버티고 있을 때는 산山과 같다.〔軍爭〕

■ 『관자管子』의 명언에서
◎ 창고가 차야 예절을 알고 의식이 족해야 영욕榮辱을 안다.〔牧民〕
◎ 정치가 잘되는 것은 민심에 순응하기 때문이요, 정치가 잘 안되는 것은 민심에 역행하기 때문이다.〔牧民〕
◎ 꼭 된다는 일은 기대할 것이 못되며, 꼭 해주겠다는 말은 믿을 것이 못된다.〔形勢〕
◎ 애愛는 미움의 시작이요, 덕德은 원한의 근본이다.〔樞言〕
◎ 천하를 다투는 자는 반드시 먼저 사람과 다툰다.〔霸言〕

■ 『채근담菜根譚』의 명언에서
◎ 좁은 길로 갈 때는 한 걸음 양보하여 상대에게 길을 내주어라.〔前集〕
◎ 치세에는 세상에서는 모나고 난세에 처해서는 둥글어야 한다.〔前集〕
◎ 작은 이익을 탐하여 대체大體를 상하게 말라.〔後集〕
◎ 맹수를 높이기는 쉬워도 인심을 복종시키기는 어렵다.〔後集〕
◎ 오랫동안 엎드린 자는 반드시 높이 날아오른다.〔後集〕
◎ 꽃은 절반쯤 피었을 때 감상하고 술은 약간만 취할 정도로 마신다.〔後集〕
◎ 한 가지 일이 일어나면 반드시 한 가지 손해가 생긴다.〔後集〕

■ 『사기史記』의 명언에서
◎ 기회〔時〕란 얻기가 어렵고 잃기도 쉽다.〔齊太公世家〕
◎ 부잣집 자식은 거리〔市〕에서 죽지는 않는다.〔越世家〕
◎ 왕후장상王侯將相이 어찌 씨〔種子〕가 있으랴.〔陳涉世家〕
◎ 자를 것을 자르지 않으면 도리어 그 화를 입는다.〔齊悼惠王世家〕
◎ 옛날의 군자는 절교는 해도 욕설은 않는다.〔樂毅傳〕

◎ 색깔이 바래면 사랑도 시든다.〔呂不韋傳〕
◎ 결단하여 감행하면 귀신도 이를 피한다.〔李斯傳〕
◎ 패장敗將은 병兵을 말하지 말라.〔淮陰侯傳〕
◎ 윗사람이 입을 열지 않아도 아랫사람이 스스로 길을 만든다.〔李廣傳〕

■ 『좌전左傳』의 명언에서
◎ 대의를 위해서는 육친도 죽인다.〔隱公〕
◎ 남을 시기하면 반드시 원망을 많이 산다.〔僖公〕
◎ 편안함을 추구하면 이름이 더러워진다.〔僖公〕
◎ 형제끼리 집안싸움을 하더라도 밖으로부터 깔보지 말아야 한다.〔僖公〕
◎ 양보하고 낮춤은 덕의 근본이다.〔文公〕
◎ 화禍와 복福은 문이 없다. 오직 사람이 불러들이는 곳일 뿐이다.〔襄公〕
◎ 공사公事에는 공리公利가 있을 뿐 사리私利가 있을 수 없다.〔昭公〕
◎ 교만하면서 망하지 않는 자는 아직껏 존재하지 않았다.〔定公〕

■ 『십팔사략十八史略』의 명언에서
◎ 백성의 입을 막는 것은 강을 막는 것보다 어렵다.〔周〕
◎ 천자天子에게는 허언虛言이란 것이 없다.〔晋〕
◎ 집이 가난할 때는 어진 아내를 생각하고 나라가 어지러울 때는 어진 재상을 생각한다.〔魏〕
◎ 덕德을 따르는 자는 흥하고 덕을 거스르는 자는 망한다.〔西漢〕
◎ 가난할 때 사귄 친구는 잊어서는 안되고 조강지처는 버려서는 안된다.〔東漢〕
◎ 호랑이 굴에 들어가지 않으면 호랑이 새끼를 얻을 수 없다.〔東漢〕
◎ 인생은 백구白駒가 달리는 것을 문틈으로 보는 것과 같다.〔宋〕

◎ 일리利를 일으킴은 일해害를 제거함만 못하다.〔南宋〕

■ 『전국책戰國策』의 명언에서
◎ 백 리를 가는 자는 구십 리를 절반으로 여긴다.〔秦策〕
◎ 꾀 많은 토끼는 굴이 세 군데 있다.〔齊策〕
◎ 선비는 자기를 알아주는 자를 위해 죽고 여자는 자기를 좋아하는 자를 위해 몸을 가꾼다.〔趙策〕
◎ 대공大功을 이루는 자는 여러 사람과 같이 도모하지 않는다.〔趙策〕
◎ 세 사람만 모여도 말로써는 호랑이를 만들어낸다.〔魏策〕
◎ 차라리 닭의 부리가 될지언정 소의 엉덩이는 되지 말라.〔韓策〕
◎ 입술을 떼면 이가 시리다.〔韓策〕
◎ 바람은 쓸쓸히 불고 역수易水는 찬데 장사가 한번 떠나더니 돌아오지 않네.〔燕策〕

■ 『순자荀子』의 명언에서
◎ 사람의 성품은 본래 악하다. 선하다는 것은 거짓이다.〔性惡〕
◎ 푸른색 물감은 쪽〔藍〕에서 취하지만 쪽보다 더 푸르다.〔勤學〕
◎ 쑥대도 삼대밭 속에서 자라나면 부축하지 않아도 곧아진다.〔勤學〕
◎ 임금은 배이고 백성은 물이다. 물은 배를 띄우고 엎어도 버린다.〔王制〕
◎ 용병공전用兵攻戰의 도는 백성을 하나로 만드는 데 있다.〔義兵〕
◎ 승리에 급급하여 패배를 잊어서는 안된다.〔義兵〕
◎ 의심스런 마음으로 의심스런 일을 결정하면 그 결정은 결코 옳을 리가 없다.〔解蔽〕

■ 『근사록近思錄』의 명언에서
◎ 앞을 내다보고 기약하는 바를 멀리 또한 크게 하라.〔爲學〕

◎ 배우지 않으면 노쇠해진다.〔爲學〕
◎ 책은 반드시 많이 읽는다고 좋은 것은 아니다. 그 대략을 아는 것이 필요하다.〔致知〕
◎ 말을 삼감으로써 그 덕을 기르고 음식을 절제함으로써 그 몸을 기른다.〔存養〕
◎ 현자賢者는 이리에 따라서 안전하게 행한다. 지자智者는 기미를 알아서 굳게 지킨다.〔出處〕
◎ 사람이 환난에 처했을 때 할 수 있는 유일한 방법은 인모人謀를 다한 뒤 도리어 태연하게 이에 대처하는 것이다.〔出處〕

■ 『육도삼략六韜三略』의 명언에서
◎ 덕이 있는 곳에 천하도 돌아온다.〔文韜〕
◎ 병사兵事는 국가의 대사大事와 존망의 도道이다.〔龍韜〕
◎ 싸움에 능한 자는 적군의 출동을 기다리지 않으며 환난을 잘 극복하는 자는 그런 일이 생기기 전에 미리 다스리는 것이다.〔龍韜〕
◎ 최상의 전법은 적과 더불어 전투를 벌이지 않는 것이다.〔龍韜〕
◎ 유柔가 강剛을 제어하고 약弱이 능히 강强을 제어한다.〔上略〕
◎ 맛있는 미끼 밑에는 반드시 죽는 물고기가 있고 중상重賞 밑에는 반드시 용부勇夫가 있다.〔上略〕
◎ 일선一善을 없애면 곧 중선衆善이 쇠해진다. 일악一惡을 상주면 곧 중악衆惡이 성한다.〔上略〕

■ 『오자吳子』의 명언에서
◎ 반드시 먼저 지합知合을 한 다음에 대사를 도모한다.〔圖國〕
◎ 잇따른 승리로 천하를 얻는 자는 드물고 멸망하는 자는 많다.〔圖國〕

◎ 용병시에는 반드시 허실虛失을 살펴서 그 급소를 쳐라.〔料敵〕
◎ 승리하면 상을 주고 물러서면 벌을 주되 이를 엄정히 하라.〔治兵〕
◎ 사람에게는 꼭 장단점이 있고 기세氣勢에는 성쇠가 따르는 법이다.〔勵士〕

■ 『삼국지三國志』의 명언에서
◎ 치세治世의 능신能臣은 난세亂世의 간웅奸雄이다.〔魏書〕
◎ 지자智者는 화를 면하는 것을 으뜸으로 삼는다.〔蜀書〕
◎ 국궁진력鞠躬盡力하다가 죽은 뒤에야 그친다.〔蜀書〕
◎ 죽은 제갈諸葛이 산 중달仲達을 달아나게 한다.〔蜀書〕
◎ 용병의 도道는 마을을 먼저 공격하고 성城을 뒤에 공격한다.〔蜀書〕
◎ 교룡蛟龍이 구름비를 얻으면 이미 연못 속에 있지 않다.〔吳書〕
◎ 선비가 헤어져서 3일이 지나면 마땅히 괄목刮目하기를 서로 기대해야 한다.〔吳書〕
◎ 장점은 높여주고 단점은 잊어버린다.〔吳書〕

■ 『전습록傳習錄』의 명언에서
◎ 친구와 사귈 때 서로 자기를 낮추면 이익을 얻고 서로 자기를 높이면 손해를 본다.〔上卷〕
◎ 사람은 모름지기 만사에 앞서서 자기를 연마해야 한다.〔上卷〕
◎ 지知는 행行의 시초이며 행은 지의 성成이다.〔上卷〕
◎ 마음 밖에 이理가 없고 마음 밖에 일〔事〕이 없다.〔上卷〕
◎ 양지良知가 마음속에 존재함은 성우聖愚를 불문하고 천하고금이 마찬가지다.〔中卷〕
◎ 선善을 알고 악惡을 아는 것은 곧 양지良知이며 선을 행하고 악을 버리는 것은 곧 격물格物이다.〔下卷〕

◎ 인생의 큰 병은 오직 하나의 오만傲慢이라는 글자이다.〔下卷〕

■ 『정관정요貞觀政要』의 명언에서

◎ 제왕의 업은 창업과 수성守城, 어느 쪽이 어려운가?〔居道〕
◎ 편안할 때에 위태로움을 생각한다.〔居道〕
◎ 군주는 배이고 백성은 물이다.〔正體〕
◎ 큰 일은 모두 작은 일에서 일어난다.〔正體〕
◎ 나라를 다스리는 것은 나무를 심는 것과 같다.〔正體〕
◎ 숲이 깊으면 새가 깃들이고 물이 넓으면 고기가 논다.〔仁義〕
◎ 유수流水의 청탁은 그 수원水源에 달려 있다.〔誠信〕
◎ 정치의 요체는 오직 인재를 잘 얻는 데 있다.〔崇儒〕
◎ 국가의 법령은 모름지기 간약해야 한다.〔赦令〕

■ 『안씨가훈顔氏家訓』의 명언에서

◎ 형벌이 적절치 못하면 백성은 몸 둘 곳이 없다.〔治家〕
◎ 이별은 쉬워도 만나기는 어렵다.〔風操〕
◎ 세상사람들에게는 폐단이 많다. 듣기를 좋아하고 보기를 싫어하며 먼 것을 존중하고 가까운 것을 경시한다.〔慕賢〕
◎ 독서와 학문의 목적은 본시 마음을 열고 눈을 밝게 하여 행동에 도움을 주려는 데 있다.〔勉學〕
◎ 상사上士는 이름을 잊고 중사中士는 이름을 세우고, 하사下士는 이름을 훔친다.〔名實〕
◎ 사군자가 처세함에는 흔히 사물에 이익이 있음을 존중할 뿐이다.〔涉務〕
◎ 말을 많이 하지 말라. 말 많으면 실수가 많다. 많은 일에 관여하지 말라. 다사多事면 근심걱정도 없다.〔省事〕

■ 『송명신언행록宋名臣言行錄』의 명언에서
◎ 지위가 낮은 사람을 대할 때도 예禮로서 한다.〔曹彬〕
◎ 치국의 도는 관용과 용맹을 절충해 가는 데 있다.〔呂蒙正〕
◎ 물이 너무 맑으면 고기가 없고 사람이 너무 밝으면 따르는 무리가 없다.〔呂蒙正〕
◎ 재능을 숨겨 감추고 언행은 모나게 하지 말라.〔杜衍〕
◎ 선비는 천하의 근심거리가 있을 때 먼저 근심하고 천하의 즐거운 일이 있을 때는 뒤에 즐겨야 한다.〔范仲淹〕
◎ 일을 처리하는 때에는 사심이 없어야 하다. 사심은 혼란을 초래한다.〔韓琦〕
◎ 일에 임할 때는 반드시 계책이 있어야 한다.〔文彦博〕
◎ 무슨 일을 너무 깊이 생각하면 잘못되기 쉽다.〔司馬光〕

■ 『위정삼부서爲政三部書』의 명언에서
◎ 재상의 직책은 현인을 등용하는 일보다 더 중요한 것은 없다.〔廟堂〕
◎ 참된 것은 임금에게 돌아가고, 잘못된 것은 자기에게 돌아온다.〔廟堂〕
◎ 자기 자신을 규제하는 데 엄격하지 못하면 무엇으로서 대중을 복종시킬 수 있으랴.〔廟堂〕
◎ 다산多算은 소산小算보다 낫고, 소산은 무산無算보다 낫다.〔風憲〕
◎ 정치를 베푸는 그 요새는 마음을 비우는 것만한 것이 없다.〔牧民〕
◎ 맡은 일에 분수를 잘 지켜 맡아 처리하면 천하가 잘 다스려진다.〔牧民〕
◎ 시是는 곧 남에게 돌아가고, 비非는 곧 자기에게 돌아온다.〔牧民〕
◎ 능히 사람에게 겸손하는 사람은 그 뜻이 반드시 높고, 그 이르고자 하는 곳이 반드시 멀리 있다.〔牧民〕

■ 『삼십육계三十六計』의 명언에서
◎ 적을 함께 모이게 함은 적을 분산시킴만 같지 못하다.〔勝戰計〕
◎ 친구를 끌어들여 적을 죽이게 하되 자기 힘은 쓰지 않는다.〔勝戰計〕
◎ 믿음을 주어 안심시키고 비밀히 일을 도모한다.〔敵戰計〕
◎ 조금의 틈만 있으면 반드시 기회로 삼아야 한다.〔敵戰計〕
◎ 혼란에 편승하여 그 약함을 알아내어 주된 것을 얻는다.〔混戰計〕
◎ 대大가 소소를 복종시키려면 타일러서 이를 회유한다.〔幷戰計〕
◎ 달아남을 상책으로 삼는다.〔敗戰計〕

4. 삶과 죽음의 하늘

썰물과 밀물
바다는 출렁댄다.
등대가 외롭기 때문이다.
썰물 때에 실어간 추억들을 먼 뻘에 남기고
밀물 때에 다시 뱃고동처럼 포구에 실어온다.
들고 나온 물결!
떠나는 입김!
돌아오는 사연들!
바다는 설렘 속에 출렁이고
바위섬 외로운 등대는
이 밤도 흩어진 시간의 조각들을
밤바다에 뿌린다.

사람은 죽는다. 태어남 속에는 죽음이 함께 있다.
삶이란 무엇이고 죽음이란 무엇인가?
고대 그리스 철인들은 "사람은 죽기 위해서 태어난다"고 했다. 성자들도 그렇게 말했다. 하이데거는 "사람이란 처음 태어난 실존實存으로 본다. 삶의 끝인 죽음에 이른다. 죽음이란 끝이지만 시작이라" 했다.

사람이 산다는 것은 무엇이고 죽는다는 것은 무엇인가? "사람은 죽기 때문에 어떻게 살아야 하는가?"를 생각한다.

"사람은 죽기 때문에 삶을 바르게 살아야 한다."

"사람의 삶은 죽음 속에 있고 죽음은 삶 속에 있다."

이렇게 선지자들·선현들·성자들은 말한다. 사람은 사후세계를 들여다보지 못한다. 사람은 인생이란 무엇인가를 늘 생각한다. 사람은 삶을 신앙하고 죽음을 삶 속에 넣어 신앙한다.

"죽음으로 생각하는 것이 삶의 밝음을 생각하는 길이다."

"참다운 죽음은 참다운 삶이다."

나는 삶과 죽음을 말한 많은 신앙의 경전을 읽는다. 티베트 라마교의 경전 『사자死者의 서』를 학습해 보았다. 이집트 피라미드 속에서 나온 『사자의 서』도 학습해 보았다. 나는 삶의 문제, 죽음의 문제를 항상 신앙 속에서 생각한다. 특히 나는 삶과 죽음의 문제를 다룬 경전들을 통해 삶을 생각하고 죽음으로 생각해 본다.

어떤 성직자는 말했다.

"죽음은 생각할 필요가 없다. 열심히 사는 것, 그것이 전부이다."

또 어떤 성자는 말을 했다.

"죽음을 생각하는 것이 삶을 생각하는 것이다."

모두 절실한 말들이다. 이 말들은 뜻으로 보아 같은 말들이기도 하다. 성자들은 삶을 '밝음'으로 표현했고 죽음을 '어둠'으로 표현했다. 그러나 어둠이 있기에 밝고 밝음이 있기에 어둡다고 말할 수 있다. 밝음과 어둠은 공간과 시간의 표시에 불과하다. 밝고 바르게 사는 길이 생生의 길이요, 사람다운 사람의 길을 찾는 것이 참다운 밝은 길이다.

그 밝음 속에 어둠은 가린다. 어둠 속에는 영원이 없다. 영원이란 밝음 속에만 있다.

신앙은 밝음을 찾는 길이다.

"참다운 신앙 속에는 어둠이란 없다. 그것은 환생還生하는 순간이다."

이것이 '티베트 경전'에 나타난 신앙관이요 수행관이다. 이집트 피라미드 속에서 나타난 『사자의 서』 속에도 사람은 영원히 사는 영혼을 말했다.

1) 삶과 죽음의 문제

삶이란 무엇이고 죽음이란 무엇인가?

사람은 우주 속에서 하늘과 함께 살고 우주 속에서 하늘과 함께 죽는다. 우주, 그리고 하늘은 영원하다. 그런데 사람만은 이들 속에서 벗어나는 것인가?

생生이란 유有이고 사死란 무無인가?

사람의 생 백 년은 우주의 몇억 겁 시간 속에서는 찰나에 불과하다. 불빛처럼 순간이다. 그 불빛 속에 사람은 어디서 와서 어디로 가는가?

산다(生)는 것은 증增인가?

죽는다(死)는 것은 멸滅인가?

사람은 신앙 속에서 삶의 이세상과 죽음의 저세상을 믿는다.

우주 속에 일체생명은 우주개벽 속에서 함께 태어났고 우주와 함께 면면히 씨알 속에 이어져 왔으며 우주와 함께 영원히 존속한다고 믿는다.

대체한 씨알 속에 이어지는 생명이란 무엇인가?

인간은 그 씨알 속에 영혼이 이어지는가?

숨는다는 것은 산다는 것인가?

산다는 것은 죽는다는 것인가?

인류는 이 문제를 삶의 역사와 함께 추구해 왔고 탐구해 왔다. 이세상의 종교, 이세상의 철학은 바로 이 문제를 다룬다.

플라톤은 "인간의 삶의 근저에는 혼의 불멸불사가 있고 영원의 생을 가진다"라고 전통적 형이상학이론을 폈다.

이것이 이데아 철학이다.

플라톤은 "눈에 보이는 감성계의 사물은 모두 진의 존재하는 것이 아니라 이데아라는 초감성계의 존재에 지나지 않는다. 프시케(魂·命)는 죽음에 의해서는 소멸되지 않고 영원불멸이다"라고 했다. 그에 의하면 죽음이란 "혼이 육체에서 분리하는 일이며 혼은 사후도 영원불멸이다"라고 말하였다.

소크라테스와 플라톤도 "인간의 혼은 죽음을 초월하여 불멸이다"라고 했다. "사망이란 유체에서 혼이 이탈되는 것이다."

그리스도교는 신앙의 입장에서 현세의 삶에 집착하는 삶의 방식을 부정하고 신의 영원한 생명 속에서 삶을 사는 죽음, '부활'이란 사생관을 가르쳤다. 플라톤은 '죽음을 혼의 이탈'로 보는 데 대하여 그리스도교에서는 '죽음은 재생再生'으로 본다.

『요한복음서』에는 다음과 같은 구절이 있다.

나는 길이요 진리이며 명命이다. 나를 통하지 않으면 누구도 아버지(하늘) 곁에 갈 수가 없다. 그대들이 나를 아는 것은 나의 아버지를 아는 것이다. 한 알의 보리는 땅에 떨어져 죽지 않으면 한 알뿐이나 죽으면 많은 결실을 가져온다. 자기의 명(목숨)을 사랑하는 자는 그것을 잃을까, 이세상에서 자기의 목숨을 보존할까를 생각해야 한다. 나는 부활이요 명이다. 나를 믿으면 죽어도 살게 된다. 살아서 믿는 자는 결코 죽는 일은 없다.

바울도 말했다.
"이미 나는 살지 못한다. 그리스도가 나 속에 살고 있을 뿐이다."
이것은 부활의 체험을 말한 것으로 유명하다.

플라톤의 철학에서는 흔히 육체에서 해방되어 혼 자신의 순수한 자기 동일에 돌아가는 것을 말했으나 그리스도의 경우는 "혼을 포함한 인간의 자기중심적 삶을 모든 죄로서 자각하는 부정을 통해서 얻는 생의 부활"을 가르치고 있다.

죽는 인간의 근본불안을 뛰어넘는 길을 혼의 불사와 사후의 영생의 신앙에서 찾으려 하는 플라토니즘과 그리스도교는 2천 년의 유럽문명을 뿌리에서부터 지탱해 온 강력한 관념이다.

이러한 관념 즉 그리스도교가 보여준 불사와 영생사상에 근대적 이성의 입장에서 새로운 스타일을 준 철학자는 피히테·칸트·헤겔 등 관념론 철학자들이다. 피히테는 서양철학 전역사 속에서 '자기自己'라는 정체를 가장 깊이 파낸 철학자이다.

"자기란 무엇인가?"

이것이 그의 철학의 근본문제이다.

나란 무엇인가?

자기란 무엇인가?

그는 '자기'란 세계 속에 내재하는 모든 것을 스스로 대성으로서 성립하는 근본원리라 했다. '자기'란 객체를 아는 주체이며 자기 자신도 아는 존재이며 이것은 신체도 심리도 혼도 아니다. "자기는 자기 자신에 존재한다. '대자성對自性', '자기의식', '자각적인 자기'이다."

피히테는 이러한 '대자성'으로서의 자기는 영원불멸로 생각한다.

"나는 나 자신에 대해서는 결코 죽지 않는다."

이는 그의 유명한 말이다.

"자연에 있어서 모든 죽음은 곧 출생이다. 자연 속에는 사멸의 원리는 없다. 죽음이란 죽이는 것이 아니라 늙은 생生의 배후에 숨어 한층 생생한 생이 전개되는 데 불과하다. 자연을 초월한 생이 자연에 의하여 죽임을 당한다는 것은 생각할 수 없다. 사자死者는 무無에 돌아간 것이 아니라 의연히 존재한다."

이것이 피히테의 지론이다.

그러나 노바리스는 사死는 피히테가 말하는바 생生의 가상假想이 아니라 "생이 생 속에서 태어나고 그곳에 다시 돌아가는 것"이라고 말하기도 했고, "생生은 사死의 시작이며 생은 사를 위해서 있다"고도 했다.

하이데거는 『존재와 시간』에서 인간존재를 '현존성現存性', '사死에의 존재'라 정의했다. 이 개념은 "인간은 모두 언젠가는 죽는다"는 뜻이 아니라 "인간은 태어났을 때 이미 죽게 되어 있다. 사死가 언제나 생生과 함께 있는 것이 인간이다"라는 뜻이다.

하이데거는 "사람이 참으로 살기 위해서는 평생에서 그러한 사死를 먼저 취해서 사는 수밖에 없다"고 주창한다. 플라토니즘이나 그리스도교가 죽지 않으면 안되는 인생의 불안을 사후의 영생의 방향으로 타고 넘어서려는 데 대하여 하이데거의 사死의 철학은 반대로 사死의 방향에 뛰어넘으려는 것이다. 여기에는 양쪽 다 문제가 있다.

종교는 신이나 하늘의 관념, 우주의 법·질서와 하늘의 도道와 밀접하다.

슐라이엘 마하는 "종교란 우주宇宙에 대한 직관과 감성이다"라는 정의를 내리기도 했다. 여기서 말하는 '우주'란 자연과학의 대상으로서의 물질적 우주는 아니다. 정신적 세계와 역사의 세계를 말한다.

무한의 개념의 우주 속에서 자기의 위치를 알고, 우주에 의해 자기가 통하고 그 힘에 의해 자기가 자기로서 삶을 살아가는 의식…, 그것이 종교의 본질이라 했다.

그는 종교를 특히 형이상학 철학과 도덕에서는 확실히 구별했다. 칸트나 헤겔 등의 형이상학과는 다른 점이 있다. '형이상학'은 인간의 사유에 의하여 우주를 자석으로 재구성하려 하며 '도덕'은 자유의 의식에서 출발하여 우주 속에 인간의 이념을 실현시키려 한다. 이들은 유한에서 무한에 향하려 할 뿐 무한자로서의 우주는 가려버린다.

우주와 인간관계를 가장 깊이 있게 사유한 것은 「우파니샤드」이다. 「우파니샤드」에서는 우주를 브라만(梵天)으로 보고 개아個我인 '나' 또는 '혼'을 아트만(個我) 또는 혼으로 본다. 그리해서 가장 이상적 견지는 브라만 즉 우주와 아트만 즉 개아의 혼이 하나로 결합結合·합일合一하는 것을 법아일치法我一致의 경지로 본다.

아리아민족들은 우주의 법칙·질서를 달마라 했다. 달마란 우주의 도

道이며 하늘의 섭리·규범을 말한다.

　사람의 마음, 사람의 영혼 속에는 소우주가 함께한다. 우주의 달마는 사람의 심장, 사람의 숨, 사람의 영혼 속에 함께한다.

　우주의 법은 하늘·별·대자연에만 있는 것이 아니라 일체의 생명체, 일체의 유기체 속에도 작동하고 씨알 하나하나의 그 뿌리·가지·소양분 속에도 법칙으로 존재한다. 이 법칙에 따르고 이 법칙에 순응하는 것이 법의 길이요, 도의 길이다.

　종교적인 관점에서 생각하면 무한의 우주 속에 생명을 갖는 인간은 근원적 불안에서 벗어날 수가 없고 특히 그리스도교 등 종교에서는 원죄原罪, 죄의 관념 속에서 사람은 불안을 느낀다.

　불교에서도 죄악·생사를 말한다. 죄의 문제는 도덕의 문제이기도 하지만 그 도덕의 문제는 형이상학의 종교문제에 직결된다. 생과 사에는 죄가 따른다. 힌두교에서는 생사문제를 '삼사라' 즉 유전流轉·윤회輪廻라 표현한다.

　생사는 처음이 있고 마침이 있는 것이 아니다. 생사유전은 무시무종無始無終이며 생사유전生死流轉이라 본다. 생사유전의 법칙은 곧 우주의 법칙이다. 사람의 삶의 정체는 '죄악생사의 범부凡夫'이며 인간세계는 생사해生死海이다. '생사유전'의 불교적 생각 속에는 무상無常의 관념이 있다.

　사람의 죄는 자기 밖의 운명이나 신神 속에 있는 것이 아니라 어디까지나 자기 자신 속에 있다. '있는 것', '존재하는 것' 속에는 '행함'이 있고 그 행함은 업業이 된다.

　불교에서는 자기중심성 또는 자기폐쇄성을 '무명無明'이라 본다. 무명은 아집我執이기도 하다. 키에르케골의 '절망에 이르는 병', '죽음에 이르는 병도 그렇지만 죄업罪業은 신체의 병이 아니라 인간의 '정신의 병', '자기의 병', '마음의 병'인 것이다. 절망도 마음의 병이다.

그리스도교나 불교에서는 절망을 거부한다. 죽음은 끝이 아니라 '자기 자신의 새로운 삶의 이행'이라 본다.

종교는 이를 '구제救濟'라 표현한다. 구제란 자기 자신의 심신深信 속에 절대적 존재, 진리의 존재의 빛을 투사하여 광대무변의 마음이 빛 속에 결합시켜 해탈의 경지에 도달해야 한다.

자기란 무엇인가?

자기란 죄악생사의 범부이기도 하다. 무한우주 속에 자기의 마음, 자기의 영혼을 투사하여 그 위대한 진리, 법과 도의 빛 속에 합일해야 한다.

2) 신앙과 생과 사

종교 중에서도 유교儒敎나 불교佛敎에서는 성자들이 생존할 당시에는 죽음 후의 세상에 대하여 직접 깊이있게 말하지는 않았다.

"죽으면 어떻게 됩니까?"

이런 물음에 대해 공자는 [석가도 그렇지만] 시원하게 대답을 않고 "죽은 뒤를 걱정하느니보다는 이세상을 바르게 착하게 살아라"라고 말했다.

"삶을 모르는데 어찌 죽음을 알겠느냐?"

"죽음을 생각하느니보다는 어찌 사느냐를 더 생각하는 것이 중요하다."

이것이 성자들의 가르침이다.

그러나 뒷날 그 제자들·신도들은 여러 이론을 도출 조탁하고 심화하고 유추하고 전이하여 유교에서도 죽음을 하늘에 연결해 갔고 특히 불교에서는 전생불·미래불·보살·여래의 세계로 확대하면서 다른 종교에서처럼 천당天堂·지옥地獄 등을 교리 속에 체계화해 갔고 마침내 이세상에서 저세상으로 나아갈 때는 이세상 삶에 대해 심판을 하여 죄의 유무에 따라 죽음 후의 세상을 선택 판결을 받게 된다는 교리들을 확립했다.

특히 이러한 내생來生의 죄에 대한 심판과 벌에 대한 신학적 이론을 최초에 확립한 것은 기원전 7세기경 태어난 조로아스터교이며 그 후 유태교·그리스도교 등 종교는 물론 불교도 대승불교화 되어가면서 지옥·천당의 심판교리가 체계화되어 갔다.

그리스도교에서는 「요한묵시록默示錄」에 세계의 종말과 최후의 심판에 대한 사생관死生觀이 제시되어 있다. 원래 그리스도교 등장 이전에도 '지옥'에 관한 개념은 있었다고 본다. '신의 나라' 이외의 고통받는 세계를 종교 속에 개입시키는 것이 바람직하다는 관점에 따른 것이라 보는 견해도 있으며 그 실례로는 초기의 그리스도교에서는 '지옥'의 존재는 그리 중요시하지 않았으며 바울은 죄인은 회개를 통해 신의 나라에 갈 수 있다는 점만을 강조했다.

사람이 죽으면 어떻게 되는가에 대해서는 『신약성서』의 「요한묵시록」에 잘 나타나 있다. 사람이 죽으면 최후의 심판을 받으며 그때 한 번 소멸한 신체와 영혼은 부활되며 성령에 의해 천상에도 가고 악인은 지옥에 떨어져 고통을 받게 된다.

이것은 단테의 『신곡神曲』에도 나타나 있다.

「요한묵시록」에 의하면 이세상은 종말이 오며 그 종말이 올 때는 여러 가지 천변지변이 일어나는데 그 과정은 예수에 의해 봉인된 7개의 함서가 풀려지고 이 지상에는 큰 재앙이 일게 되며 인류의 싸움, 사람끼리의 살육이나 기근·대지진이 일고 태양과 달이 떨어진다고 했다.

7개의 함서가 풀리자 7인의 천사가 강림나팔을 불며 천지가 진동하여 사람들은 죽는데 여섯번째 나팔이 울릴 때까지 지상은 3분의 1이 갈라지고 바다의 생물과 인간의 3분의 1이 사멸한다. 다시 일곱번째 나팔에 따라 '최후의 심판의 때'가 왔음을 알리며 7인의 천사는 7개의 병에서 신의 노여움을 지상에 쏟아 모든 인류는 절멸한다.

그 후 천년왕국이 출현하고 순교자들이 부활하여 메시아가 통치한다. 그러나 이 천년왕국도 마침내 사탄에 의해 멸하고 신과 천사 대 사탄의 결전이 행해져 신이 승리하게 된다. 그때 구세주 예수가 지상에 재림하여 사탄을 멸하게 된다.

천년왕국의 수립에서 다시 천 년이 경과된 때가 진정한 종말이 된다. 최후의 결전에서 신의 승리가 되자 최종심판이 행해지고 그때 선택된 사람만이 새 천지, 맑은 세계, 성스러운 에루살렘에서 영원의 목숨과 신과 함께 사는 천국의 영주권이 얻어진다.

「요한묵시록」에 나타난 신에 의한 파멸의 과정은 7개의 뿔, 7개의 눈을 가진 양¥[예수]이 7개의 봉인을 풀자 백마를 탄 사람이 싸움의 재앙을 인간에게 뿌리며 붉은 말을 탄 사람이 인류의 평화를 빼앗고 서로 죽이며 검은 말을 탄 사람이 저울을 가지고 나타나 청백의 말을 탄 사람이 검과 기아, 짐승과 죽음을 사람에게 내리며 순교자들은 지상에 사는 자들의 피의 복수를 부르짖고 대지진이 일어나 태양이 어두워지고 별이 땅에 떨어지면 7인의 천사가 7개의 나팔을 분다.

그때 땅 위에는 피에 섞인 비와 불덩이가 일며 산이 타고 바다는 생물이 죽어 피로 변하고 별이 떨어지며 땅은 어둡고 그 구멍에서 벌레가 나와 땅을 엄습하며 4인의 천사가 인간의 3분의 1을 멸한다.

최후의 심판은 이때 열리고 그 심판에 따라 에루살렘이 하늘에서 하강한다.

유태교에서는 종말관에 있어 『사해문서死海文書』가 발표된다. 종말관은 여러 가지 일어나며 40년간에 이르는 싸움이 최종전쟁에 돌입, 마침내 구세주 메시아가 나타나 천년왕국千年王國을 수립하고 그때 세계의 파멸에 이르며 최후의 심판이 행해져 영원의 왕국이 탄생한다고 했다.

또 「다니엘서」에는 네 마리 괴수가 나타나 세상을 뒤흔든 뒤 최후의 심판을 위하여 타오르는 불길 속에서 왕좌가 준비되어, 신이 그 왕좌에 타며 네 마리의 요괴들이 말살된다. 그때 '사람의 아들'이 강림하여 영원의 나라를 세운다. 이것이 유태교의 종말관이요 사생관이다.

이슬람교의 사생관·종말관은 이세상을 마칠 때 인간의 행동이 판단기준이 되어 최우의 심판이 내려짐을 말한다. 이슬람교에서는 내세는 천국天國과 지옥地獄으로 갈라지되 죽음은 '알라의 신이 정해진 문'으로 생각하며 그날이 바로 '최후의 심판'의 날이 정해지는 날로 본다.

그리스도교에서는 '뒷날의 제1의 심판의 개념'을 성립시켰으나 이슬람교에서는 죽은 자는 지하에서 그날을 기다린다는 것이다.

심판의 날은 알라신만이 알고 인간은 그것을 모른다. 그러나 마침내 종말의 날, 심판의 날이 온다는 개념은 같으며 『코란』에 의하면 심판의 날엔 하늘이 갈라져 허물어지며 별·태양·달이 암흑 속에 휩싸이고 산들이 모두 붕괴되어 최초의 혼돈상태에 빠진다.

그리고 천사가 두 번의 나팔을 불게 되는데 첫번째 나팔로 사람들은 의식을 잃고 두번째 나팔로 다시 깨어난다. 이때 과거에 죽은 자는 생전과 같은 모습으로 생환한다. 그리고 부활한 사람들은 알라신과 함께 무리를 지어 모이며 '최후의 심판'이 시작된다.

세계에서 일어난 모든 역사는 '최후의 날'에 이르기까지『천서天書』에 기록된다. 이슬람 신자의 일체의 생애에 관한 선행과 악행도『기록의 서』속에 기록되며 최후의 심판의 날에 천국행이냐 지옥행이냐의 행방을 결정짓는다.

최후의 심판에는 천사天使나 사람만이 아니라 혀·손·발·귀·눈·몸… 등 신체의 일부까지도 중요한 증인이 된다. 그 증인 앞에서 천사의 기록이 공개된다.

『코란』에 의하면 사람은 이세상에 살 때 선행과 악행을 기록하는 두 천사가 따라붙는다. 이슬람 신도를 향하여 왼쪽 천사는 선행을 기록하고 바른쪽 천사는 악행을 기록한다. 그리고 매주 목요일에 1주간 분량의 기록을 종합하며 '최후의 심판'자료로 삼는다. 사람은 이 기록과 함께 살고 기록과 함께 죽는다.

최후의 심판이란 이 선행과 악행의 수가 합하여 판단의 기준이 된다. 선행이 많으면 천국에 가고 악행이 많으면 지옥에 간다. 이때는 그 어떤 변명도 거짓도 통하지 않는다.

이러한 이슬람교나 그리스도교에 존재하는 종말관과 사생관의 계기는 페르시아에서 일어난 조로아스터교에서 근원적 선악관을 찾을 수 있다. 조로아스터교는 철두철미한 선善과 악惡 이분법의 사생심판관을 갖고 있다. 이것이 먼저 유태교에 이입되었고 다시 그리스도교 속에 사상이 이입되었으며 이슬람교에 이입되었다.

알라의 용서를 받은 자는 천국에 간다. 이슬람교가 그리는 천국은 먹을 것이 풍부하고 여러 과일이 주렁이며 처녀의 아내까지 주어지는 안락하고 평화스러운 곳이다. 지옥행이 결정된 자가 가는 곳은 영원한 고통이 있는 곳이다. 지옥은 불길이 타오르며 악마들이 들끓고 과일도 귀신머리 같은 열매만이 달린 곳이다.

이것이 신을 섬기는 이슬람교·유태교·그리스도교의 선善과 악惡이 연결되는 이세상의 삶과 사망 후 저세상의 밝고 어두운 두 극과 극의 세계이다.

우주가 '참우주'가 되려면 인간이 사유와 행동의 능동성을 버리고 우주 그 자체의 능동성에 몸을 맡겨야 한다. 술라이엘 마하의 이론은 '주관주의적인 종교관'이란 비판도 있지만 자기라는 존재가 우주라는 광대무변의 힘과 법, 질서에 의해서 생명을 살아간다는 점에서 일리가 크다.

인간이란 원래 사회나 역사 속에서 산다. 그러나 그러한 사회나 역사도 또한 무한한 우주 속에 있는 것은 확실하다. 그러니까 인간존재는 사회나 역사 속에 있으면서 동시에 우주 속에 있다. 우주 속에서의 인간은 무력의 감정이며 우주의 무한의 힘, 신에 의해 지탱되는 직접적 자각 그것이 신앙적·절대적·의존적 감정이다.

인간은 유한자有限者이다. 유한자인 인간은 무한의 세계 속에는 하나의 허무적 존재가 된다. 바닥이 안 보이기 때문이다.

키에르케골도 '인간의 불안'을 말했다. 하이데거도 "형이상학이란 무엇인가?"에서 인간존재의 근본기분을 '불안'이라 보았다. 불안 속에는 공포도 있다. 키에르케골은 '불안의 개념'에서 '불안은 인간존재의 본질'이라 했다. 종교란 바로 이 자리에서 싹이 튼다.

사람들은 우주를 향하여 "사람은 어디서 왔는가?"를 묻는다. 또한 "어떻게 사는 것이 우주의 법, 그 질서에 따르는 길인가?"를 묻는다. 그리고 "사람은 죽어서 시간의 저편 그 피안에 갈 때 우주와는 어떤 관계를 맺는가?…" 등을 묻는다.

"고대 인도에서는 이세상을 '고계苦界'라 표현하기도 했다. 그리하여 윤회전생을 통해서 이 '고계'에 몇 번이고 태어남을 말하기도 했다. 따라서 바라문교〔힌두교〕에서는 우주의 근본원리 브라만〔梵天〕과 개아個我의 원리, 아트만이 수행을 통해 완전히 결합하여 범아일여梵我一如가 되는 경지에 이르면 윤회전생에서 탈출 해탈된다고 가르친다."

불교도 이 사상은 거의 같다. 석가는 이세상은 고苦이고 무상無常이기에 수행을 통해 해탈을 얻기 위해서는 고苦의 원인인 번뇌煩惱를 떨어버리고 깨달음에 이르러 열반涅槃의 경지에 이르러야 함을 말했다.

그 열반의 경지는 불교경전에서 '정토淨土'로도 표현된다. 수행을 쌓아 대각大覺을 이루면 정토에 이르고 영원한 무우無憂의 불국에서 살게 된다고 가르치고 있다.

윤회전생은 깨달음에 이르지 못하는 번뇌 속에서 헤매는 사람만이 갖게 되는 것이다. 윤회전생에서 사람으로 다시 태어나더라도 번뇌의 고苦는 다시 겪게 된다.

윤회전생 문제를 유태교·그리스도교·이슬람교에서는 '부활復活'을 가르친다.

본시 '부활'이란 말은 이집트 '오시리스신앙'에서 나온다. 오시리스는 이집트의 왕이었는데 어느 날 동생에게 죽임을 당하여 그 시체를 짜게 짜게 찢어져버렸다. 이에 슬퍼한 그의 처 이시스는 오시리스의 유체를 주워모아 미라를 만들어 혼을 부활시켰다. 부활된 오시리스는 동생을 단죄하여 자기의 아들 호루스를 왕위에 오르게 한다.

이 신화에서 고대 이집트인은 '사자의 혼'은 원래모습의 육체에 복원 부활한다고 생각, 파라오 국왕의 유체는 모두 미라로 만들었고 일반민중도 그렇게 했다.

이집트 『사자死者의 서書』에는 이 부활을 위한 준비방법이 기록되어 있다. 이 『사자의 서』에 의하면 사자는 오시리스 심판 때 생전의 죄를 모두 고백하여 정의의 저울에 달아 사자의 정의가 새털과 같은 무게가 되면 혼이 사자의 나라에 다시 영입하여 부활하게 된다.

그리스도교·유태교·이슬람교에서는 이 지상에 남겨지는 육체에 대해서는 크게 무게를 두지 않는다. 육체란 죽음의 통과점이며 마침내 '신의 나라'가 건설될 때는 죽은 자가 모두 부활되어 최후의 심판대에 서게 됨을 말한다.

'신의 나라'란 무엇인가?

신의 나라 건설은 인간이 관여할 일이 아니다. 그것은 인간을 초월한 신들의 일이다. 신들은 그들의 나라가 있다고 믿는다. 그리스도교에서는 착한 사람이 죽으면 '신의 나라'에 간다고 말한다.

그리스도가 십자가에서 죽은 것과 다시 살아난 것을 '부활'이라 말한다. 예수는 '최후의 심판' 때 심판받아야 할 인간의 죄를 자기 자신이 짊어지고 십자가에 걸려 자기의 피로 속죄했기에 인간의 죄는 신의 아들에 의해 속죄 용서되었다고도 말한다. 따라서 예수의 부활은 '영원의 생명을 얻은 것'으로 해석도 한다.

신은 인간을 얼마나 사랑하는가?

신은 자기 아들을 십자가에 걸어 속죄함을 통해서 사람들의 죄를 씻어줄 정도로 인간을 사랑한다. 따라서 인간들은 그 신의 사랑을 믿고 죄를 회개하며 예수의 부활과 함께 영원한 하늘나라를 신앙하고 받들어야 한다고 말한다.

사람의 '죽음'이나 '목숨'도 예수의 간곡한 사랑 속에서 떼어놓을 수는 없다는 것이다. 이는 로마에의 편지나 바울의 말에서도 읽을 수가 있다.

부활을 믿는 그리스도교는 비교적 화장火葬을 피하기도 한다. 특히 이슬람교 신앙인들은 지옥의 징벌이 불이기 때문에 화장을 기피하고 매장을 많이 한다. 다만 불교에서는 유체는 의미가 없기에 태워버린다.

3) 삶의 밝음과 죽음의 어둠

사람의 생명은 영원하다. 그러나 이세상에서 선善한 일, 악惡한 일을 저지른 데 따른 심판과 보상은 반드시 뒤따른다.

신을 섬기고 그 가르침을 잘 따르면서 남을 구원·구제한 착한 사람은 신의 품에 안겨 천당에 가고, 나쁜 짓을 많이 하고 신을 배반한 사람은 벌을 받아 지옥의 어둠 속에 빠져 온갖 벌의 고통을 받는다. 이것이 대체적인 신앙세계의 생사관·사후관이다.

"사람은 죽으면 다음 세상에 간다."

이것은 어느 종교나 교리가 같다.

"다음 세상에 갈 때는 심판을 받아 다음 세상이 결정된다."

이 가르침도 같다.

불교의 경전을 보면 사람은 죽으면 다음 세상에 가는 것을 '야마' 또는 염마閻魔대왕이 결정하여 이승에서 저승에 다시 생환하는 기간을 중음中陰이라 했다. 이 기간이 49일이다. 7일마다 재판을 7회 받아야 한다.

첫 7일째 건너가는 강이 삼도천三途天이며 착한 사람은 다리를 건너고 악한 사람은 얕은 물속을 건너가다가 죄에 따라 극악한 사람은 탁류에 휩쓸려 고통을 받기 시작한다.

삼도천 언저리를 '새賽의 하원河源'이라고도 한다. 설화를 보면 부모보다 먼저 죽은 아이는 이 하원에 머물며 돌의 탑을 쌓는데 마귀가 이를 무너뜨린다. 여기에 지장地藏보살이 나타나 구원해 주는 것으로 되었다.

인도의 바라문·힌두교·불교·자이나교 등을 낳은 아리아민족은 고대부터 우주의 법〔달마〕을 신앙하고 모든 영혼은 영원히 불멸·불생한다고 했다.

사람은 이세상의 저지른 업業에 따라 죽으면 다시 천天·사람·아수라의 3선도三善道와 지옥·아귀·축생의 3악도三惡道에 윤회 전생된다는 것이다. 아귀·축생·아수라는 6도윤회설六道輪回說에서 나온 말이다. 단테나 밀턴은 천국과 지옥 사이에 연옥煉獄을 두기도 했다.

흔히 동양에서는 저세상을 황천黃泉이라 하기도 하고 명부冥府라 하기도 한다. 명부는 염라대왕이 다스리는 빛이 단절된 고통의 땅이다.

지옥이라는 말은 불교나 이슬람교 등에서도 나왔다. 본시 이 말은 산스크리트어 '나락가奈落迦'와 같은 뜻으로 쓰인다. 범어의 '나락[내락]'은 고통스러운 것, 싫은 것, 지옥 등의 뜻이며 '물이 없는 사막'이나 '절해고도' 같은 고통스런 곳 즉 타계他界의 뜻을 담고 있다.

나락은 '새賽'를 뜻하기도 하고 염마閻魔를 뜻하기도 한다. 이 말은 한 번 떨어지면 다시 솟아날 수 없는 절대절망의 땅의 상징이다. 이 말은 힌두교 성전 『베다』에도 많이 나온다.

'지옥'은 불교만이 아니라 고대 종교나 무속신앙에서도 '지하국', '무덤', '죽음의 신의 나라', '돌아올 수 없는 세계', '암흑의 악령의 집' 등의 뜻으로 썼고 간혹 '황천', '돌아올 수 없는 강', '고개', '강 건너 세상' 등의 뜻으로도 썼다.

인도의 힌두교 『베다』경전에는 이세상에서 죽은 사람이 하늘로 가서 신이 되어 살인자를 다스리는 내락가의 암흑대왕은 '야마'이며 이 야마가 바로 염라대왕이 되었다.

유태교에서는 '쉐올'이라 해서 '무덤'·'죽음'의 뜻으로 지옥을 말하기도 하고 바빌로니아나 아시리아에서는 칠흑처럼 캄캄해서 빠져나오려 해도 못 나오며 그곳에서 먼지·진흙을 먹고 사는 '아랄루'라 했다. 아랄루는 '죽음의 거처'이다.

그리스 호메로스가 쓴 문학 속에서는 지옥을 지하국 '하데스'라 했는데 그곳에는 죽은 자만이 머무는 곳이다. 게르만이나 북유럽 민족은 '헬'이라 일컬어 '죽음의 여신이 지배하는 땅', 왕이나 영웅을 제외한 사자가 가는 곳이라 했다. 뒷날 이 말은 그리스도교의 영향 속에서 독일어의 '호레', 영어 '헬'이 되어 각각 지옥을 나타내는 말이 되었다.

고대 수메르 사람들은 죽은 자가 한번 가면 돌아올 수 없는 나라 '쿠르'가 있다고 생각했고 조로아스터교에서는 좀더 이러한 지옥의 개념을 체계화해서 사람이 죽으면 '틴바트교〔木橋〕'라는 '죄의 심판교'를 건너며 그때 생전의 선행과 악행의 정도에 따라 다리에 물과 거울처럼 나타나〔비춰져〕 죄 많은 사람은 그 자리에서 떨어져 어두운 지옥으로 굴러떨어진다고 했다. 그러면 악인은 괴수의 먹이가 된다 하였다.

이렇게 이세상의 죄나 악의 심판과 지옥을 연결한 교리는 세계의 주요 종교로 일컫는 유태교·이슬람교·그리스도교·불교 그리고 유교·도교, 그밖에 민속교 등에서 한결같이 담고 있는 주요 교리적 지침이다.

그리스도교의 『신약』에 나타난 '게헤나'나 『구약』의 '느헤미야'에는 죄인이 이세상에서 죄를 회개하지 못하고 신에 대한 믿음을 갖지 못한 자는 최후의 심판을 받고 그 정도에 따라 영원한 불길이 솟는 '불 골짜기〔에루살렘 남쪽〕'에 떨어진다 했고 가톨릭교에서도 대죄인 줄 모르고 죄를 범한 자가 가는 곳을 '연옥'이라 했다. 이것은 단테의 『신곡』지옥편·정죄편 등에 나온다.

이슬람교는 최후의 심판에서 선악의 행위에 대한 심판이 이루어지고 믿지 않는 자는 영원한 불길이 타오르는 '자하남' 지옥에 떨어진다 했다.

중국의 고대사상에는 지옥을 명부冥府라 했다. 불교사상과 뒤에 습합. 죄를 지은 자의 죽음은 명부법관이 저승사자를 거느리고 태산부군泰山府君과 천신天神의 심판 속에 단죄를 한다고 말한다.

그러나 지옥에 대하여 가장 체계적으로 상세히 언급한 것은 불교이다. 경전 「구사론俱舍論」에 보면 고대 인도의 종교는 선인선과 악인악과 윤회사상 속에 이세상의 죄업은 저세상 내세에서 철저하게 심판하되, 가장 죄를 많이 지은 사람은 지옥에 떨어져 8열8한八熱八寒을 겪게 되고, 16유증遊增의 산간광야, 나무 밑, 공중 등에 떠돌며 영원한 고독 속에 빠진다 했다.

8열의 지옥은 다음과 같다.

- 죄인이 서로 죽이며 불 속에 헤매는 등활等活지옥
- 뜨거운 밧줄로 시체를 묶어 수족을 자르는 흑승黑繩지옥
- 여러 고통으로 한꺼번에 핍박하는 중합衆合지옥
- 많은 고통 속에 슬픈 고함을 지르게 하는 호규號叫지옥
- 무서운 고통으로 큰 비명을 지르는 대규大叫지옥
- 뜨거운 불길이 몸을 둘러쌓아 태우는 염열炎熱지옥
- 모든 몸뚱이가 서로 불꽃으로 뒤엉켜 타는 극렬極烈지옥
- 고통이 쉴틈없이 닥치는 무간無間 아비阿鼻지옥

이 가운데 호규지옥・대규지옥은 규환대규叫喚大叫지옥, 염열지옥・극렬지옥은 초열焦熱지옥이라고도 한다.

우리말에 극히 혼잡하고 무질서한 모습을 '아비규환'이라 하는데 이 말은 여기에서 나왔다. 8열지옥 다음 8한八寒지옥은 8열지옥 하나하나에 4개의 문이 있으며 그 4개의 문에 각각 4개씩의 가책苛責의 지옥이 있어서 모두 합하면 8열8한지옥에는 16개의 지옥, 전체는 128의 지옥이 있는 셈이다.

이러한 「구사론」 경전의 지옥 말고도 「십팔지옥경」 경전에는 이들과 별도로 18개의 지옥이 다시 있는 것으로 되었다. 이렇게 볼 때에 종교에

있어서 밝은 면[신의 면]과 어두운 면[악마의 면]은 종교의 존립근거가 되는 뿌리라 볼 수 있다.

　종교는 이세상을 바르게 살고 착하게 살고 진리를 존중하며 남을 도우면서 이세상에서 공덕을 쌓고 어려운 사람을 돕는 것, 그것이 종교가 갖고 있는 신이나 하늘을 섬기고 믿고 감사하며 죄를 회개해 나가는 밝은 길, 신의 품, 하늘의 도에 서는 길임을 말한 것이다. 만일에 이를 배반하고 어두운 길, 신을 저주하는 길을 택하면 종교는 가차없이 그를 징벌하고 어두운 형벌의 나락에 떨어지게 한다.

　인간에겐 선과 악이 있듯이 종교에는 밝은 하늘과 어두운 땅 속이 있다. 이 하늘과 땅, 빛과 어둠은 둘이지만 사실은 하나인 것이다. 그것은 이세상과 저세상은 둘이 아니라 하나의 세상인 것이다.

　종교에서 말하는 '염마대왕'은 본시 악마가 아니라 천상의 신이며 신은 선과 악을 하나로 다스리는 것에 불과하다. 이세상은 저세상인 것이다.

4) 티베트 『사자의 서』에서

　티베트 라마교 경전에는 『사자死者의 서書』 곧 '파드마삼바바'가 있다. 파드마삼바바는 본시 '연꽃 위에서 다시 태어난 자'의 뜻이다. 이 『사자의 서』 원제목은 『바르도퇴돌』로 '낮과 밤, 산 사람과 죽은 사람'이 "듣는 것만으로도 영원한 자유에 이른다"는 긴 뜻을 가지고 있는 이름이다.

"죽음을 배우라. 그래야만 참다운 삶을 배울 수 있다."

이것이 이 『사자의 서』 주제이다.

고대 히말라야 만년설을 넘어온 한 성자는 한 동굴 속에서 시간과 공간을 초월하는 우주의 소리를 명상·수행을 통해서 깨달았다. 성자는 그 진리를 100여 권에 담아 굴 속에 보관했는데 그 중 오늘날 65권이 전한다. 이 65권은 그대로 오늘날 티베트 라마교의 경전이 되었다.

"죽음을 배워라."

이 성자의 목소리는 세계의 지붕 히말라야의 백설을 타고 하얀 눈, 햇빛, 푸른 물과 함께 세상에 퍼졌다.

"삶과 죽음 사이의 진리, 우주의 자유를 누리는 진리"

이것이 이 『사자의 서』 경전의 맨 앞 주제의 말이다.

"삶은 죽음으로부터 나온다."

『사자의 서』는 과학적이고 명상적인 방법으로 인간존재를 탐구한 책이다. 많은 철학자들은 티베트 『사자의 서』를 이집트의 『사자의 서』와 함께 이세상에 존재하는 삶과 죽음의 철학서라고 말했다.

오늘날 라마교 주요경전의 하나인 『사자의 서』는 참다운 죽음의 예술을 배우는 책이라고 『사자의 서』를 번역 편집을 한 에반스 웬츠는 말한다.

"삶은 아름다워야 한다. 그러나 그보다 못지않게 죽음도 아름다워야 한다."

이집트 사람들, 그리고 티베트 사람들은 오늘날도 이세상의 차원에서 사후세계의 차원으로 의식체를 이동시키는 기술을 행하고 있다. 티베트나 이집트 사람뿐만이 아니라 오늘날 세계종교는 사실은 삶의 도와 죽음의 도를 다루는 집합체이다.

"'참다운 죽음은 참다운 삶이요', '죽음의 아름다운 빛은 삶의 아름다운 빛'이다."

대승불교에서는 인간을 영적으로 강화시켜 명상이나 삼매참선을 통해 죽음을 내다본다. 죽음을 내다보는 것이 삶을 내다보는 것이다.

바르도퇴돌 즉 『사자의 서』는 대승불교의 교리를 압축해 놓은 설명서이기도 하다는 평을 받는다. 『사자의 서』는 영원한 영혼의 윤회 즉 삼사라에서 죽음과 환생還生 사이의 중간상태에서 일어나는 윤회의 전체과정을 합리적으로 다루고 있다.

삶이란 업業 즉 카르마의 연결고리에 의해서 전개된다. 오늘날 세계의 어느 종교에서도 이세상은 그것으로 단절이 아니고 저세상의 천당·지옥으로 연결된다고 말한다.

우리의 눈에 보이는 것, 현존하는 것은 끝없는 우주의 파노라마에서 어떤 모양과 소리, 인식이 되는 것, 이것이 법신法身·보신報身·화신化身이다. 죽음에는 과정이 있다. 육체로부터 의식체를 완전히 분리하는 '바르도체' 과정을 겪는 것이 첫째 과정 '포아'이다. 이때에 사자의 영혼은 보이지 않는 정기화精氣化되어 49일 사이 빠져나간다.

인간의 몸은 하늘의 물·불·공기·바람·흙 등 원소로 되돌아가고 '아미타바' 곧 무한한 빛의 신에게 받쳐진 몸에서 죽음과 삶 사이 즉 '바르도' 두 사이에서 선과 악의 '카르마'를 재이고 태어남도 없고 형태도 없는 법신 보현普賢보살 곧 전선자全善者에게 가거나 현상을 일으킨 자, 원인의 원인, 만물의 씨앗, 정액, 무한한 공간의 어머니, 우주의 자궁인 비로자나불·바즈라 사트바·금강살타 등에 돌아간다. 또한 업에 따라 인간의 번뇌·욕망, 동물적인 세계로 가기도 한다.

『사자의 서』에는 환생사상에 관련하여 우주론이 나온다. 우주는 수미산須彌山이기도 하다. 수미산에는 '만다라'에 의해 모든 진리의 불과 보살·여래·명왕·천天 등이 진좌해 있다. 이들은 모두 우주를 다스리고 섭리하며 사람, 그리고 일체생명의 명命을 관리한다.

◎ 바르도퇴돌 그곳은 끝없는 공간도 아니요, 끝없는 생각도 아니요, 무無도 아니요, 생각과 생각 아님[想非想]도 아니다. 그곳은 이 세계도 아니요, 저 세계도 아니며, 그곳은 오는 것도 없고 가는 곳도 없고, 머묾도 없고 죽음도 없고 태어남도 없다. 그곳은 슬픔의 끝이다.

◎ 어떤 대상에 달라붙으면 떨어짐이 있지만 대상에 집착하지 않으면 떨어짐이 없다. 떨어짐이 없는 곳에 휴식이 있고 휴식이 있는 곳에 욕망이 없다. 욕망이 없으면 가고 옴이 없고 가고 옴이 없으면 죽음과 태어남이 없다. 죽음과 태어남이 없으면 이세상·저세상 그리고 '바르도', '그 사이'도 없다. 그러니 모든 슬픔도 끝난다.

◎ 제자들이여! 변하지 않고 태어나지 않고 만들어지지 않고, 형상을 갖지 않은 세계가 있겠는가? 만일 이런 불변·불생·부조不造·무형의 세계가 없다면 변화하고 태어나고 만들어지고 형상을 가진 세계로부터 벗어날 방법이 없을 것이다. 그러나 불변·불생·부조·무형의 세계가 있기 때문에 변화하고 태어나고 만들어지고 형상을 가진 세계로부터의 벗어남이 있는 것이다.

◎ 삼사라 곧 윤회에 나타나는 존재는 현상에 의존한다. 현상은 마음에만 나타난다. 실체는 없고 환영 즉 '라마'가 있을 뿐이다. 천신·악마·

신령·중생들과 같은 존재들은 어떤 곳에도 없다. 이 모두는 원인에 의존한 현상뿐이다. 원인이란 육체적 감각과 윤회의 삶을 추구하는 욕망이다. 이 원인이 깨달음으로 극복되지 않는 한 죽음은 태어남을 뒤쫓아 끝이 없다.

- 사후세계는 이세상에서 만들어진 현상들의 연속 업 즉 '카르마' 법칙에 지배를 받는다. 죽음과 환생 사이 중간 바르도에서 일어나는 일은 이 생에서 어떤 행위를 했는가에 따른다. 완전한 깨달음은 윤회계, 존재 자체가 환영 즉 '마야'이며 실재하지 않는 현상임을 안다. 깨달음은 인간세계에서도 다음 세계에서도 가능하다. 명상·수행은 바른 지식에 이르기 위한 필수과정이다. 바른 지식·명상에 이르기 위해서는 스승의 가르침을 받아야 한다.

- 이세상 인류의 가장 위대한 스승은 고타마 붓다이다. 그는 윤회의 큰 바다를 건너 열반 곧 '니르바나'에 이르기 위해 아득한 세월 이전부터 수많은 붓다들이 펼친 빛이다. 아직 환영幻影 즉 '마야'의 그물에서 완전히 벗어나지 못했지만 이 세계나 다른 세계에 존재하는 영적 깨달음의 보살 즉 '보디사트바'나 스승들보다 뒤처져 구도의 길을 걷는 신도나 제자들에게 거룩한 축복과 능력을 베풀 수 있다.

- 모든 존재의 궁극은 윤회로부터의 해탈이며 열반을 실현하는 데 있다. '니르바나'는 극락과 천상계·지옥계, 그밖에 6도六道세계를 초월한 벗어난 경지이다. 니르바나는 슬픔의 소멸, 존재의 근원, 흙·물·불·바람이 없는 세계, 불이 꺼진 하늘이다.

- 사후의 세계와 환생의 세계, 그 중간의 하늘, 그 세계는 꿈속에서 보듯 보며 업業에 따라 심령상태의 환각 속에 심판을 받는다. 이 세계, 이 차원에서 높은 하늘을 위해 자비와 수호의 신이 돕는다.

◎ 빛이 밝아오며 환생의 과정에 들어간다. 심령은 자궁 입구를 찾아 방황하며 그 속에 들지 않기 위해서는 오직 결심을 품고 선한 '카르마' 즉 업의 밧줄을 놓지 말아야 한다. 명상에 명상을 하면 원하는 것이 나타난다.

◎ 성교 중의 남녀 사랑은 폭풍우·충돌소리·유령들의 환영을 느끼다가 다시 마음을 찾는다. 태어나지도 않고 죽지도 않는 명상을 정진한다. 자궁문은 선택하는 것이다. 환생할 장소가 환영으로 나타나 여러 대륙, 여러 삶과 사람세계·짐승세계가 번갈아 출현한다. 이들로부터 자기를 지켜야 한다. 마지막으로 '자궁에 태어남'과 '초자연적 태어남' 두 가지를 선택한다. 명상을 계속하면 극락세계에서의 초자연적인 탄생을 얻고 자궁을 통한 인간세상으로 다시 돌아온다.

바르도퇴돌 즉 『사자의 서』는 다음과 같이 매듭을 지었다.

『사자의 서』의 가르침을 바로 이해하면 생전세계와 사후세계에서 방황할 필요없이 곧장 공중으로 난 수직의 길을 통해 곧바로 영원한 하늘, 자유세계에 이른다. 이것이 깨달음이다.

그러나 정말로 악한 '카르마' 즉 업을 가진 사람은 깨달음을 얻지 못하고 공포와 두려움에 휩쓸리게 된다. 그를 위해 자궁문 닫기와 선택에 필요한 수순을 가르치는 것이다. 악업을 쌓은 자라도 이 가르침을 듣고 깨달으면 된다. 만일 시신이 있다면 그 곁에 다가가서 사자의 영혼에게 이 가르침을 반복해서 들려주어 코에서 시신의 분비물이 나올 때까지 반복해야 된다.

이 가르침을 실천하기 위해 동물들을 도살해서는 안된다. 이 가르침은 명상이나 신앙을 실천하지 않더라도 이것을 보여주거나 가르침을 깊이 넣어주면 된다. 설사 악행을 저지른 카르마까지도 이 진리를 터득하면 통로를 통해 자유에 이를 수 있다. 이 비밀의 가르침을 통해 죽음의 순간에 붓다의 경지를 얻게 된다. 과거·현재·미래의 붓다가 나타나서 돕게 된다.

『사자의 서』는 오늘날 티베트 불교인 라마교의 경전으로 승도들의 빛이 되고 있고 많은 철학가·사상가에 의해 번역이 되어 전세계에 전파되어 있다.

『사자의 서』의 전체짜임은 첫째 권은 '차카이 바르도' 곧 '죽음의 순간의 사후세계'에서 최초의 빛으로 사자를 인도하는 시기와 사람, 다음이 '초에니 바르도' 곧 '존재의 근원을 체험하는 사후세계'를 담았다.

둘째 권은 '시드바 바르도' 곧 '사후세계의 몸'과 '초능력'에 대해 말했다. '사후세계의 존재의 특성', '자궁문 닫기', '자궁문 선택하기', '전체적인 결론' 등이 시드바 바르도의 내용이다.

그리고 뒤에 『사자의 서』 부록으로 '기원문'이 실렸다. 1927년 옥스퍼드대학 출판부에서 펴낸 『사자의 서』에는 독자의 이해를 위해 부록에 요가·탄트라·만다라·만트라, 스승과 제자의 입문, 존재의 근원, 남방불교와 북방불교, 그리고 기독교, 중세 기독교의 사후심판… 등 문제에 대해서도 해설을 붙였다.

생은 다만 그림자. 실낱 같은 여름 태양 아래 어른거리는 하나의 환영. 그리고 얼마만큼의 광기, 그것이 전부 우리에게 시간은 충분했다. 그러나 우리는 그만큼 살지 않았을 뿐이다.

5) 이집트 『사자의 서』에서

> 높이 떠오르라 태양의 신!
> 아름다운 아톰의 신!
> 떠오르라, 높이 떠오르라, 빛나게.
> 누운 자의 마음속에도 태양은 빛나라!
> 심장을 뚫고 빛나라!
> 악을 멸하고 좋은 바람을 일으켜
> 우리 모두를 기쁘게 하라!

이것은 고대 이집트 피라미드 속 사자의 미라 벽에 써놓은 주문呪文이다. 죽은 사람은 다시 부활시켜야 한다. 『파피루스』는 피라미드의 데스크이며 그 후인 무덤의 관에 쓴 『사자死者의 서書』의 한 구절이다.

기원전 2500년 전 지중해 남쪽 이집트는 나일강변에 거대한 왕국을 세우고 농경생활을 했다. 그들은 이세상에서 태양의 신을 섬겼고 어둠의 저세상 즉 명계冥界의 신 오시리스를 받들었다.

밝은 빛의 세계와 어둠의 지하의 세계, 생명을 가진 이승과 사자의 세계인 저승, 이 두 세계에 대한 신앙은 동서양이 같다. 하나는 천계天界 곧 빛의 세계요, 하나는 암흑의 명계冥界이다.

이집트인들은 영혼을 믿었다. 영혼은 내세에도 산다. 심장에서 벗어나 피안의 저승에서 산다. 히에로글리프 곧 성각문자聖刻文字는 이승과 저승을 연결하여 이승사람들의 소망을 사자에게 전한다.

묘 속 명계에서 재앙을 만나지 말고 영원히 살라. 묘 밑 명계에서 햇빛을 받는 이세상 삶처럼 살아라. 태양신을 우러러 받든 자는 저승에서도 명계의 신 오시리스의 은총 속에 영원히 명복을 누릴 수 있다.

이집트『사자의 서』는 이세상 사람의 기원문이요, 신에 대한 주문呪文이다. 주문은 사자를 위해 이세상의 신관神官이 무덤의 벽, 사자의 관에 새겼다. 주문은 인간이 신에게 보내는 언어이다.

- 이승에서 저승에 갈 때에는 오시리스 신에 의해 재판을 받는다. 사자는 오시리스를 대면해야 하고 죄를 고백해야 한다. 이때의 증거는 심장이다. 심장은 사고의 원천, 감정의 근원, 생명의 힘으로 믿었다. 천계의 태양계에서 명계 곧 어둠의 세계에 가려면 7개의 문을 거쳐야 하고 21개의 작은 문을 거쳐야 한다. '7의 숫자와 3×7의 숫자는 불교의 숫자와 같다.
- 사자의 심판이 끝나면 그 죄의 유무에 따라 저승의 낙원에 간다. 내세의 지복至福은 여신 하트호르 신이 수호한다. 하트호르는 오시리스신과 함께 사자에게 나일강물과 공기를 보낸다.
- 사자는 육체를 떠났어도 물과 공기·바람 속에서 신의 도움을 받아 영혼의 복을 누린다.
- 산 사람이 사자에게 보내는 파피루스 주문은 천계天界·명계冥界와 밝은 태양의 신, 어둠의 명계의 신을 잇는 다리요, 신비한 결합의 신통력

을 가진 경전이며, 신과 인간을 맺는 문서요 계약문이다. 그리고 영혼의 서사시요 주언呪言이다.

왕의 무덤 아닌 일반인의 미라 관 속에서도 사자의 낙원의 복을 비는 주문이 110가지, 사자의 재판에 관한 주문이 125가지, 태양신앙의 반영에 관한 주문이 17가지, 그밖에 사자의 혼 곧 '바'에게 물과 공기를 주어달라는 주문, 명계의 신들이 영혼을 지켜달라는 주문 200여 개가 오늘날 영국·독일·스위스 학자들에 의해 해독이 되었다.

이집트인들은 정신면·사상면의 강한 신앙을 가졌다. 많은 『사자의 서』 경문 속에서는 '생명력'·'생령生靈'·'활동력'·'혼'·'성령聖靈' 등 현대어에 해당되는 문구가 나온다.

- 이세상에서의 삶도 하늘에 연결지었고 저세상에서의 삶도 하늘에 연결지었다.
- 태양신은 절대의 신이요, 최고의 하늘이다. 태양은 빛으로 농작물을 키우고 풍요를 가져온 태양신은 '라'이다. '라'는 때로 새鳥 즉 '바'로 변신도 하고 암소(牧牛)로 변하여 재앙과 싸우기도 하고 명계의 입구를 지키기도 한다. 또한 해의 신神, 예배의 신도 있고 천공과 명토를 오가는 신들도 있다.

이집트 사람은 왕王은 반드시 오시리스의 부활 속에 보호받고 재생再生 속에 영원을 누린다고 믿었다. 거대한 피라미드는 왕의 하늘, 왕의 삶터이다. 천계는 북극성을 기준으로 돈다. 피라미드는 정확히 동쪽·서쪽·남쪽·북쪽을 가리켜야 한다.

나일강물이 흐르는 천계, 하늘의 바람이 부는 도원향桃園鄕, 내세의 보금자리, 어둡지만 태양의 신이 어루만지는 명계.

이것이 피라미드이다.

『사자의 서』 파피루스는 하나의 경문經文이요, 장례식·매장식의 제고문祭告文이요 주문呪文이다.

이 신관이 보내고 읽는 주문은 언령言靈이 있어 산 사람과 죽은 사람의 혼을 연결한다.

오늘날, 4천 년~3천 년 전 묘에 부장된 파피루스가 9기의 피라미드 속에서만도 675의 주문이 나왔다. 이집트 사람들은 고대 태양신을 신앙했다. 그리고 사자불멸의 하늘 곧 명계를 믿었다.

6) 생사유무를 초월해서

사람이 사는 이세상이란 무엇인가?
인간의 일생, 인간이 이세상에서 차지하는 공간은 극히 찰나이고 한 점點에 불과하다.
하루살이는 하루밖에 못 산다고 탓할 필요는 없다. 남산에 태어난 개미는 미국을 모른다고 탓할 필요는 없다. 사람에게 주어진 생生의 시간이나 공간도 광대무궁한 우주 속에서 볼 때에는 마찬가지이다.

사람은 신神의 세계를 모른다. 개미는 사람세계를 모른다.

이세상에 산(生)다는 것은 유有인가?

이세상에서 저세상으로 가는 것(死)은 무無인가?

이세상이 어디이고 저세상이 어디인가?

그것이 우주요 하늘, 신神의 세계이다.

그러나 이 거대한 우주의 질서와 섭리 속에서 생生도 없고 사死도 없는 생명체 인간은 이러한 대자연·대우주를 헤아려 보고 그 뜻, 그 길 속에서 살아가려는 영혼의 욕망이 있다. 그것이 신앙이다.

인간은 우주무상宇宙無常 속에서 '나'라고 하는 소우주 속에 대우주, 그 신의 뜻, 하늘의 길을 함께하려는 간절한 바램이 있고 소망이 있다. 그것이 신앙이다. 인간은 신앙이라는 빛을 가지고 있다.

삶이란 무엇인가?

죽음이란 무엇인가?

이 문제는 인간이 신앙을 통해서 밖에 들여다볼 수가 없다. 신앙이란 인간만이 가지는 영혼의 특혜이다. 다른 생명체에는 영혼이 없고 따라서 신앙도 없다. 대자연이나 우주의 질서에 따라 살아가면 그만이다. 하늘의 섭리에 따라 태어나고 자라고 죽으면 그만이다.

그러나 인간의 영혼, 인간의 마음, 인간의 머리에는 우주창조의 법의 뜻, 하늘창조의 도의 길, 신의 진리를 자율적으로 두드리고 깨달으며 실천해 가는 신앙의 길이 있다. 그 뜻, 그 길 속에서 삶과 죽음을 내다보아야 한다.

신앙은 두드리는 길이요, 나 자신을 깨우는 길이다.

신앙은 수행修行이다.

신앙은 '나'의 찾음이다.

'나의 삶'은 '나의 참'을 두드리고 닦는 수행 속에서 태어나고 '나의 죽음'은 '나의 빛'을 찾고 '나의 심신'을 닦아나가는 수행 속에서 영원한 길을 가는 한 과정에 불과하다.

눈을 감는 것이 죽음은 아니다. 그 죽음은 새로운 삶의 태어남이요, 이세상에 태어남은 또한 새로운 태어남 속에서의 죽음이다. 삶과 죽음은 같은 말이다. 이것은 하나의 고리이다. 삶이란 신의 뜻, 우주나 하늘의 뜻을 두드림이요, 죽음이란 그 뜻, 그 길, 그 빛 속의 찾음이다.

신앙이란 진정한 '나'를 찾는 길이요, 수행이란 '나' 속에 우주의 빛을 결합하는 일이다. '나'는 삶과 죽음이 하나인 소우주이다. 소우주는 그 모체인 대우주의 빛 속의 '나'이다.

삶과 죽음의 문제는 신앙으로 승화시키는 것이 중요하다. 나는 이러한 문제를 생각하는 데는 그 학습의 길, 탐구의 길, 신앙의 길이 모든 종교의 경전·성서들이라 생각한다.

『논어論語』를 읽으면 삶의 길이 보인다.

불경佛經을 펼치면 죽음의 길이 보인다.

성서들을 펼치면 신의 세계와 인간의 삶의 세계가 떠오른다. 삶의 문제, 죽음의 문제는 그 속에 있다. 특히 인도 힌두교의 경전『리그베다』속「우파니샤드」경전은 우주와 방황하는 인간의 혼을 잘 진무해 준다.

나는 삶의 진실, 죽음의 진실을 닦아나가기 위하여 이들 성자들의 말씀 즉 가르침을 두드리는 길이 중요하다는 생각을 한다.

사람은 불완전하다. 사람은 불안 속에 방황한다. 그 불안 중 가장 큰 것이 생과 사의 문제이다. 이 문제는 영원히 신앙에 의지하는 수밖에 없다.

　나는 종교의 경전 속에서, 성서 속에서 크게 방황을 달랜다. 특히 인도철학, 불교의 철학이 담겨 있는 『반야심경』에서 많은 감명을 받는다. 반야般若란 진리의 세계이다. '반야'의 경지는 생과 사를 구별하거나 '있다' '없다'를 초월하는 경지, '매달리거나' '집착하지 않는 경지'이다.

　'삶'이란 색色인지도 모른다. '죽음'이란 공空인지도 모른다. 『반야심경』 276 문자 속에는 '공空'자가 7회, '무無'자가 21회, '불不'자가 9회나 나온다. 있다는 것, 없다는 것, 살아 있다는 것이 무엇이고 간다는 것이 무엇인가? 모두 무無와 공空 속의 하나이다.